AF269405

Devocional para la Familia
Buscando a Dios en tu hogar
Tomo 2

Por Michael Grady

Devocional para la Familia - Tomo 2
Buscando a Dios en tu hogar
Publicado por Monsgo® 2024 una división de Vida Trading company LLC
1218 Interstate Blvd. Florence, SC 29501
www.monsgo.com

Originally published in english by Morgan James Publishing under the title "Making God Part of your Family. The Family Bible Study book"
Escrito por Michael Grady

ISBN: 978-1-949206-63-0

Diseño y diagramación: Alejandro Aparicio
Fotografía: Fernanda Reyes

Traducción por World Connect Lima SAC

Impreso en Colombia

La primera vez que conocí a Marjorie Underwood, mi futura suegra, me dijo de una manera muy clara lo que ella creía que su hija necesitaba que su esposo tuviera. Me atreví a cuestionar sus ideas. Al parecer, eso era lo que Marjorie quería escuchar. Me desafió a hacer lo correcto por su hija, quien pronto se convirtió en mi amada esposa, Nan.

Aunque no pasábamos mucho tiempo juntos, Marjorie y yo desarrollamos una fuerte conexión, que se convirtió en un respeto mutuo y, con el tiempo, en una admiración mutua. Pero cuando Nan y yo nos mudamos de Carolina del Norte a Carolina del Sur, nuestra conexión se rompió. Fui responsable de romper ese vínculo que tenía con Marjorie. La defraudé y lo sabía, pero nunca encontré una manera de enmendarlo.

Sin embargo, la vida con Dios está llena de bendiciones y sorpresas maravillosas. Cuando Nan le dio a su madre una copia del Tomo 1 de Devocional para la familia, Marjorie lo leyó. Estaba emocionada. Para usar sus palabras, dijo: "Al fin tengo un entendimiento claro de la Biblia y del mensaje de Dios. Ahora sé que tiene un plan para nosotros y, sobre todo, para mí". Dios utilizó mi libro para que volvamos a tener esa conexión. Compartió con entusiasmo mi libro con todas las personas con las que se encontraba en la casa de reposo en donde vive.

Aproximadamente una vez al mes, Marjorie me hace acordar que le lleve más libros para dárselos a las personas. Estoy impresionado de que Marjorie, que ahora tiene ochenta años, haya iniciado un nuevo ministerio. Me siento honrado de que Dios permita que mi libro sea usado como su método de testimonio. Gracias, Marjorie, por inspirarme y motivarme.

Y tengo el privilegio de dedicar el Tomo 2 de Devocional para la familia a mi suegra, Marjorie Blanchard Underwood.

Tabla de Contenidos

Agradecimientos

Mi familia de la iglesia me apoyó y me animó en mi primer libro, Devocional para la familia, creciendo juntos en Cristo, , he usado mucha veces sus comentarios para este segundo Tomo. Este es sobre todo el caso de mi grupo de estudio bíblico que se ha estado reuniendo todas las semanas durante treinta y tres años. Por ello, me gustaría darles crédito por ayudarme a comunicar mejor el mensaje de Dios con respecto a algunos de los eventos más difíciles de explicar que se debaten en el Tomo 2.

Además, me gustaría agradecer a dos mujeres con las que trabajo, JoAnna Hicks y Andrea Graham. Agradezco a Andrea por dedicar gran parte de su tiempo libre a brindar apoyo en la edición, y a JoAnna, por su ayuda fuera del horario laboral en muchas áreas, incluidas las críticas, el marketing, la creación de sitios web y por ayudarme a resolver mi tarea más difícil: ganar credibilidad en la comunidad literatura cristiana como un excontador público certificado que se convirtió en escritor.

También me gustaría agradecer a mi esposa, Nan, por su apoyo constante y contribuciones. Le agradezco aún más porque ella ve esto como "nuestro" proyecto para ministrar a la familia de Dios.

Una vez más, estoy muy agradecido con Free Bible Images (www.freebibleimages.org) por la generosa contribución de sus ilustraciones en este libro. Es importante que las familias tengan una imagen visual mientras leen y escuchan las verdades que se presentan en cada historia.

Finalmente, me gustaría reconocer al Dr. M. R. DeHaan, quien fundó la Radio Bible Class, que ahora es Our Daily Bread Ministries, por sus estudios bíblicos del Antiguo Testamento que han tenido una influencia duradera en mi comprensión del mensaje de Dios para nosotros.

He parafraseado muchas de las citas bíblicas que se encuentran en este libro para facilitar la lectura de la historia.

Introducción

Devocional para la Familia, Tomo 2, sigue contando las historias del Antiguo Testamento. El propósito principal de esta serie es dar vida al plan de Dios para usted y su familia, tal como él decidió revelarlo a través de su pueblo en el Antiguo Testamento. Espero que a través de las ideas que comparto, comprenda que estas historias son mucho más que una historia de los israelitas (la familia elegida por Dios). Las historias también son parábolas que brindan detalles de la guía de Dios para vivir la vida en esta tierra y su plan eterno de redención y salvación para todos los que eligen unirse a Él. Dios tiene un mensaje que realmente cambiará nuestra vida si nos tomamos el tiempo para leer y escuchar su Palabra.

En la actualidad, la familia se enfrenta a una avalancha de mensajes conflictivos y poco saludables, muy parecido a lo que pasaba en las familias del Antiguo Testamento. Durante las últimas décadas, nuestra cultura ha experimentado un cambio radical en la moral y las creencias, por lo que es más importante que nunca comprender los beneficios de tener un Dios amoroso y el respaldo de una familia unida en la cual apoyarse. Si no tiene la suerte de tener una familia de sangre, aún puede aceptar la invitación de Dios para unirse a él y a su pueblo, una familia conocida como el cuerpo de Cristo (la iglesia universal).

En comparación con los estándares mundiales, las historias presentadas en el Tomo 2 le enseñarán la importancia de la bondad y de anteponer las necesidades de los demás a las nuestras. Estas historias también destacan la fuerza que proviene de la unión y el trabajo en equipo. Es importante reconocer que las familias modernas pueden estar muy desunidas, es posible que tampoco brinden el amor, la sabiduría y las relaciones ricas que Dios pretendía brindarnos a través de la unión familiar. Estas historias demuestran que, como cristianos, debemos ser comprensivos y ofrecer apoyo a las personas a nuestro alrededor que necesitan amor, compasión y orientación.

Cuando aceptamos la invitación de Dios para que seamos parte de su familia, Jesús y todos sus seguidores también se convierten en nuestra familia (incluidos Adán y Eva, Moisés, Abraham y la familia elegida de Israel). Sin tener en cuenta quién sea nuestra familia terrenal, podemos experimentar cómo Dios, nuestro Padre, nos ama de una manera perfecta y siempre nos guiará con su sabiduría perfecta. Jesús no es solo nuestro Salvador y Dios, sino también es nuestro hermano. Se sacrificó para que podamos ser plenamente parte de su familia y compartir su herencia.

Oro para que estas historias nos ayuden a cada uno de nosotros a fortalecer nuestra familia mientras examinamos los éxitos y fracasos de nuestros patriarcas bíblicos. Deseo que este tema familiar, ser "parte de la familia de Dios", le brinde los recursos que necesita para convertirse en un miembro eficaz y valioso de la familia de Dios. Durante más de treinta años, enseñé en la escuela dominical y en estudios bíblicos para adultos, adolescentes y niños de ocho a doce años. La mayoría de los cristianos admiten la necesidad de tener un mayor conocimiento de la Biblia. Sin embargo, cuando se les pregunta por qué pasan muy poco tiempo leyendo la Palabra de Dios, la respuesta es siempre la misma:

- La Biblia es demasiado difícil de entender.
- Gran parte de la Biblia es aburrida.
- El Antiguo Testamento no es importante.

Espero cambiar estos conceptos erróneos, volviendo a contar las historias del Antiguo Testamento, haciéndolas más atractivas y fáciles de entender, muchas veces uniendo el Antiguo y el Nuevo Testamento. Pronto verá cuán importantes son realmente estas historias, tanto para nuestra vida diaria como para nuestra relación eterna con Dios y Jesucristo. Jesús usó parábolas para enseñarnos los principios de la vida, y de la misma manera, las historias del Antiguo Testamento nos guían y ayudan a través de las pruebas, adversidades y alegrías de esta vida mientras nos preparan para la eternidad. Aunque es posible que estas historias no lo llamen por su nombre, evocan hermosos retratos de Jesús, la fuente de nuestra salvación y redención.

Un libro de estudio bíblico para la familia: no un simple libro de cuentos

Si ha estado buscando una manera de leer la Biblia a sus hijos o con su familia y al mismo tiempo que les interese a personas de diferentes edades, este libro puede ser su respuesta. La mayoría de los libros de historias bíblicas están orientados a los niños pequeños, lo que hace que sean demasiado sencillas para que los adultos y los adolescentes puedan disfrutar leerlas. Por otro lado, los escritos como los libros de estudio bíblico suelen ser demasiado difíciles de entender para los niños y la mayoría de los adolescentes.

Estas historias son una combinación única; son tanto sencillas como para que los niños las puedan entender y también son profundas para ayudar a los padres y a los miembros mayores de la familia a crecer en el conocimiento y la sabiduría de la Palabra de Dios. Por lo tanto, este libro está escrito en un nivel para adultos, pero está estructurado para que se pueda leer y discutir junto con los miembros más jóvenes de la familia. Las historias tienen un tono conversacional para facilitar las discusiones. Es poco probable que los niños de ocho a doce años comprendan los mensajes por completo si los leen solos, pero si los leen junto con un padre, un abuelo o un profesor de la escuela dominical, el lector joven es bastante capaz de comprender el mensaje principal. Esta idea expresa mi propósito principal al escribir esta serie: que la familia pase tiempo juntos leyendo y entendiendo la Biblia. Además, me complace que a los adolescentes y los adultos jóvenes les haya parecido que los mensajes son muy importantes. Han dicho: "Por fin, entiendo de qué se trata el Antiguo Testamento y por qué es tan importante", y "Estoy intrigado con la profundidad que brindaste en cada historia, pero al mismo tiempo, hiciste que sea mucho más fácil comprenderla".

Por lo tanto, aunque este libro vuelve a contar historias de la Biblia, no es solo un libro de historias bíblicas. Es un libro de estudio en pequeñas dosis que invitan a la reflexión. En ese sentido, mi experiencia al leer estas historias a niños y adolescentes de primaria me ha demostrado que reservar de treinta a cuarenta y cinco minutos es una buena cantidad de tiempo para leer y discutir cada historia. Sin embargo, el libro también se puede usar para un devocional nocturno de diez a quince minutos con niños mayores que están en la primaria (de ocho a doce años) o como un estudio profundo para cristianos adultos que desean profundizar en la Palabra de Dios buscando las escrituras que se brindan al final de cada historia.

Ya sea que use estas historias para estructurar una discusión familiar profunda, las lea con sus hijos a la hora de acostarse o se tome el tiempo para el estudio bíblico personal y luego comparta lo que ha aprendido, su familia:

- Desarrollará una mejor y más profunda comprensión de Dios, nuestro Padre, y su Hijo, Jesús
- Aprenderá cómo nosotros somos parte de la familia de Dios
- Aprenderá cómo Dios espera que vivamos en medio de las alegrías y tristezas de la vida
- Pondrá en práctica lecciones prácticas y verdades eternas a las situaciones que enfrentamos en la actualidad.

Panorama bíblico: preparándonos para el estudio

Como se indica en la Introducción en el Tomo 1, la Biblia (la Palabra) es el mensaje de Dios para todas las personas. A través de su Palabra, encontramos que su mensaje comienza y termina con la revelación de Jesucristo, es decir, Dios diciéndonos quién es Jesús. Dentro de cada una de las historias bíblicas, Dios comparte lo siguiente con nosotros:

- La historia humana de principio a fin (nuestra historia familiar)
- Una guía para vivir nuestras vidas en la tierra
- Lo más importante, para nosotros, quién es Dios y su plan de salvación

El Antiguo Testamento se divide en tres secciones principales: (1) Historia y la Ley, (2) Poesía y Sabiduría, y (3) los Profetas. Sin embargo, todos los libros hacen referencia a Jesús, el Hijo de Dios. Jesús, en sus enseñanzas, nos dice que todo el Antiguo Testamento es un libro de profecías, o mensajes de Dios sobre el futuro. Jesús dijo a los líderes religiosos de su época que Moisés escribió sobre él, confirmando que Génesis es un libro de profecías e historias ilustradas que nos muestran quién es Jesús. Jesús nos enseña además que los Salmos y otros libros del Antiguo Testamento hablan de su vida y de cómo nos salvará. Pablo y otros autores de los libros del Nuevo Testamento afirman estos pronunciamientos de Jesús.

Retratos de Cristo

Las profecías se revelan cuando Dios proporciona la historia de la humanidad a través de su Palabra. Vemos imágenes, y a veces retratos más formales, de Jesús escondido en las historias del Antiguo Testamento de los patriarcas, los antiguos padres de la familia de Dios. En estas imágenes, no solo vemos a Jesús, sino que también aprendemos del plan de Dios para rescatarnos. Además, aprendemos a través de estas historias cómo Dios nos está llamando a vivir a su manera. Muchas de estas revelaciones están envueltas en un misterio hasta que se revelan en el Nuevo Testamento; algunas de ellas no podemos entenderlas todavía. Afortunadamente, los escritores del Nuevo Testamento nos dieron señales sobre estas historias del Antiguo Testamento

y, a través de sus revelaciones, vemos cómo los planes de Dios se revelaron por primera vez en las historias de los patriarcas.

Las imágenes que Dios hace para nosotros en el Antiguo Testamento vienen en diferentes formas, tamaños y matices. Algunas son audaces y claras, como la imagen de Abraham cuando sacrifica a su hijo Isaac como un símbolo increíble de Dios sacrificando a su propio Hijo por nosotros. Otros retratos son como siluetas, lo que dificulta un poco determinar quién está en la imagen. Pero a medida que conocemos más y mejor a nuestro Salvador, las siluetas se convierten en una imagen innegable que Dios pintó para nosotros.

Por ejemplo, supongamos que a alguien que no me conoce muy bien se le muestra la silueta de mi hija. Esta persona no podría decirle quién es y seguro no sabría mucho sobre ella. Pero alguien que ha pasado tiempo conmigo y mi familia reconocería fácilmente a mi hija y la llamaría por su nombre. Y eso es lo que sucede con nuestras lecturas del Antiguo y Nuevo Testamento. Cuanto más nos familiarizamos con ellas, más claras se vuelven las imágenes, incluso si algunas todavía están en forma de un misterio. Con un estudio más profundo de la Biblia, podemos comprender las imágenes que Dios ha diseñado para nosotros, y comenzamos a ver un retrato de cómo debemos vivir.

Entonces, ¿por qué Dios ha elegido hablar en imágenes y misterios en lugar de ser más directo? Los discípulos le preguntaron a Jesús: "¿Por qué hablas en parábolas?". Su respuesta fue que quería que estudiáramos sus historias. Aquellos que pensaban que las historias eran tontas o sin importancia no entendían su verdadero significado y las ignoraban. Solo aquellos que estaban realmente interesados en Él se tomaban el tiempo para entender. Al abrir nuestros ojos y oídos a la Palabra de Dios, descubrimos el significado de las historias, y el Espíritu Santo nos guía en este esfuerzo. El Espíritu Santo es Dios en forma de espíritu, el cual fue enviado a vivir dentro de los corazones de todos aquellos que creen que Jesús murió y resucitó por nosotros.

¿Qué tan ciertas son estas historias?

Entonces, se nos brindan estas historias para mostrarnos quién es Dios y su plan para nosotros. Pero, ¿son solo imágenes e historias, o se trata de personas reales? En los evangelios, Jesús habla de los hombres, mujeres y niños del Antiguo Testamento como personas reales que vivieron en la historia. Algunos ejemplos pueden ser útiles. Él dijo: "Así como pasó en los días de Noé, así será en los días del Hijo del Hombre". Dijo a los demás: "Antes que Abraham fuese, yo soy". Incluso habla de historias que son difíciles de creer, como cuando dijo: "Como sucedió en los días de Lot [...] [Él] salió de Sodoma, llovió del cielo fuego y azufre [...] Así será el día en que el Hijo del Hombre se manifieste [...] Acordaos de la mujer de Lot, que se convirtió en estatua de sal". Y finalmente, "Como estuvo Jonás en el vientre del gran pez tres días y tres noches, así estará el Hijo del Hombre en el corazón de la tierra tres días y tres noches". Jesús compara los eventos de su vida personal con las historias del Antiguo Testamento que son impresionantes y, a veces, difíciles de creer. Jesús afirma que sus eventos en el futuro eran tan reales como estas historias del Antiguo Testamento. Por lo tanto, si Jesús habló de estos antepasados como personas reales, ¿por qué no deberíamos hacerlo nosotros? Sin embargo, ya sea que crea o no que estas historias fueron eventos históricos, eso no cambiará las importantes aplicaciones prácticas que le brindarán a usted y su familia, o el mensaje que Dios revela sobre su plan para todos nosotros.

Cómo usar este libro

Si está leyendo este libro en un entorno familiar, le recomiendo que lea las historias en voz alta. Siéntase libre de hacer una pausa en medio de cada lectura para discutir un asunto específico o relacionar la historia con un evento o situación en la vida de su familia. De esta manera, permitirá que estas historias se conviertan en sus historias familiares. Después de cada historia, hay dos secciones que brindan discusión e investigación adicional. La primera sección incluye preguntas y comentarios para un análisis adicional, para ayudar a que los detalles de la historia influyan de una manera más profunda en sus vidas. La segunda sección incluye notas y referencias a otros pasajes relacionados de la Biblia para que su familia pueda aprender más sobre el significado y la importancia detrás de ciertas partes de la historia. Siéntase libre de buscar y leer estas referencias juntos, según la edad, las necesidades y los intereses de su familia.

No es suficiente acoger estas historias como si fuera su propia historia familiar, también debemos aceptar que constituyen la Palabra de Dios que está escrita para cada uno de nosotros. Dios le ha dado el regalo de la Biblia para ayudarle a desarrollar una relación cercana con Él y para darle guía y consuelo en cada circunstancia de su vida, ya sea significativa y abrumadora o que parezca que no tiene importancia. Mi deseo es que cada vez que lea este libro, no solo encuentre nuevos detalles que no había visto antes, sino que, lo que es más importante, también crezca, tanto juntos como una familia y en su relación personal con Dios.

Una nota sobre el Tomo 2

Mientras algunos grupos de prueba leyeron un borrador del Tomo 2, llegó un mensaje constante que al principio me sorprendió. Muchas personas dijeron que estas historias alcanzan un nivel más profundo que las del Tomo 1. Aunque esa no era necesariamente mi intención, después de reflexionar sobre este aporte, me di cuenta de que esa es la forma en la cual Dios brindó las historias. Muchas de las historias del

Tomo 2 son difíciles de asimilar, ya que se relacionan con las realidades más duras de la vida:

1. ¿Por qué Dios ordenó a los israelitas que maten a las mujeres y a los niños junto con los soldados enemigos?
2. ¿Es el Dios del Antiguo Testamento diferente al Dios del Nuevo Testamento?
3. ¿Cómo pudieron los israelitas haber sido testigos de tantos milagros y, sin embargo, ser tan desobedientes a Dios?
4. ¿Cómo pudo el pueblo de Dios ser tan pecaminoso, violento e irrespetuoso, tanto con Él como con los demás?
5. Cuando los israelitas adoraban a Dios de la manera adecuada, ¿por qué a veces tenían dificultades?
6. ¿En realidad, Dios permite que Satanás se salga con la suya con nosotros? ¿Satanás realmente gobierna este mundo? ¿Terminará el gobierno de Satanás?
7. ¿Es realmente necesario que suframos las pruebas y adversidades de esta vida para sentir a Dios?
8. ¿Por qué Dios dice que hacer lo correcto según nuestra opinión es lo contrario a seguir sus caminos?

Todas estas preguntas y más se abordan en la narración de las historias de este Tomo, que comprende los libros del Antiguo Testamento de Josué, Jueces, Rut, Job y 1 Samuel.

1
Josué lleva a los israelitas a la Tierra Prometida

Josué 1-5

Al final del Devocional para la Familia, tomo 1, el pueblo de Dios se encontraba peregrinando por el desierto. Los israelitas habían estado muy asustados de entrar a la Tierra Prometida porque el enemigo era demasiado fuerte, o eso era lo que ellos pensaban. Debieron haber sabido que Dios los guiaría hacia la victoria. Dios estaba tan enojado con ellos que los hizo peregrinar por el desierto durante cuarenta años, hasta que todos los hombres mayores de veinte años murieron, excepto Josué y Caleb. Estos dos hombres fueron los únicos espías de los doce que envió Moisés para investigar su nueva patria y dijeron: "Con la ayuda de Dios, podemos conquistar la tierra".

Al final del Devocional para la Familia, tomo 1, el pueblo de Dios se encontraba peregrinando por el desierto. Los israelitas habían estado muy asustados de entrar a la Tierra Prometida porque el enemigo era demasiado fuerte, o eso era lo que ellos pensaban. Debieron haber sabido que Dios los guiaría hacia la victoria. Dios estaba tan enojado con ellos que los hizo peregrinar por el desierto durante cuarenta años, hasta que todos los hombres mayores de veinte años murieron, excepto Josué y Caleb. Estos dos hombres fueron los únicos espías de los doce que envió Moisés para investigar su nueva patria y dijeron: "Con la ayuda de Dios, podemos conquistar la tierra".

Josué asume el liderazgo del pueblo de Dios

Antes de que Moisés muriera, le hizo saber al pueblo de Israel que Dios había elegido a Josué para que lo reemplazara y liderara la nación. Cuando Dios estuvo listo, le habló a Josué:

Levántate, cruza el río Jordán, que estoy listo para dar la tierra a mi Pueblo. Así como estuve con Moisés, estaré contigo. Sé fuerte y valiente; no te dejaré ni te abandonaré.

Por lo tanto, Josué dijo a los israelitas que se prepararan para servir al Señor. Si estaban dispuestos a ser obedientes, Dios los bendeciría y les daría la tierra que prometió a sus padres. ¿No sería genial saber que Dios no lo dejará ni lo abandonará en ninguno de sus esfuerzos? Dios está con nosotros, sin importar cuán desobedientes seamos, y nos ama sin importar lo que hagamos. Pero así como Josué nos contó en esta historia, Dios espera que nos comprometamos a seguir sus mandamientos. Cuando nos equivocamos, él nos llama al arrepentimiento. Cuando seguimos ese comportamiento, él no nos defraudará.

Los israelitas estaban emocionados, pero sentían temor, ya que no estaban entrenados para la batalla. ¿Dios realmente iba a estar allí? A veces, todos tenemos miedo. ¿A qué le tienes miedo? ¿A los insectos? ¿A la oscuridad? ¿Al fracaso? ¿A un jefe? ¿Al cáncer? Dios puede ayudar y le protegerá, pero debe acercarse a Él. Veamos cómo Dios ayudó a los israelitas.

Mientras el pueblo se preparaba para cruzar el río Jordán, Josué envió dos espías para investigar la ciudad de Jericó; esta ciudad sería el primer campo de batalla. Poco después de que los espías entraran a Jericó, se enteraron de que el pueblo estaba muy asustado debido a los dos

millones de israelitas que estaban acampando al otro lado del río. El pueblo de Jericó había oído hablar de las poderosas victorias que Dios había dado a su Pueblo durante su viaje desde Egipto. Aunque esos acontecimientos sucedieron cuarenta años antes, sabían sobre la división del mar Rojo y la destrucción del ejército egipcio.

Los espías encontraron ayuda a través de una mujer que se llamaba Rahab. Cuando el rey se enteró de que se estaban quedando con ella, envió a sus hombres a la casa de Rahab para capturar a los espías. Rahab les dijo que los espías salieron por las puertas de la ciudad, aunque en ese momento ella los estaba escondiendo en su techo. Cuando los hombres salieron de la ciudad para perseguir a los espías, Rahab ayudó a los dos israelitas a escapar, dejándolos bajar por una cuerda a través de una ventana de su casa. Ella les aconsejó que abandonaran la ciudad y se dirigieran a la región montañosa para esconderse de quienes los buscaban.

Antes de que los espías se fueran, Rahab les pidió que le retribuyeran su amabilidad, salvándola cuando regresaran para conquistar Jericó. Por ello, le dijeron que ate un cordón escarlata en su puerta para que ellos identificaran su casa. Luego, los dos espías escaparon, y después de tres días de esconderse, regresaron donde estaba Josué para informarle todo lo que había sucedido. Le contaron lo asustado que estaba el pueblo de Jericó y de la buena obra de Rahab. Josué se entusiasmó al saber que el pueblo estaba asustado y dijo: "Jehová ha entregado toda la tierra en nuestras manos".

No se nos dice de una manera específica por qué Rahab ayudó a los espías. Sin embargo, creo que escuchó su corazón y decidió que el Dios de los israelitas era el único Dios verdadero. Por lo tanto, tomó la decisión de ayudar a los espías, a pesar de que todo su pueblo servía a otros dioses. Es posible que nos enfrentemos a decisiones similares en nuestras vidas. Escuchamos a nuestro alrededor, en la televisión y en las noticias, que las creencias cristianas son tontas y que los mandamientos de Dios no son los correctos para seguir. ¿Puede nombrar algunos ejemplos de programas de televisión que son irrespetuosos o se ríen de los caminos de Dios?

¿Podría ser tan valiente como Rahab y elegir estar del lado de Dios, aunque podría tener problemas por hacerlo? ¿Qué hubiera pasado si los hombres que ella escondía hubieran sido encontrados en su techo? ¿Qué hubiera pasado si después los atrapaban y confesaban que ella los había ayudado? Nuestras decisiones no siempre serán fáciles, pero Rahab obtuvo una gran recompensa por tomar la decisión correcta. No solo ella y su familia se salvaron cuando los israelitas vinieron a destruir Jericó, sino que también nos enteramos después de que se casó con Salmon, un descendiente de Judá[1].

Juntos, tuvieron un hijo que fue uno de los antepasados del rey David y Jesús. ¡Qué gloriosa recompensa por elegir a Dios cuando nadie más a su alrededor lo hizo! ¿Cómo se sentiría ser uno de los antepasados directos de Jesús?

Arca del pacto

Mientras los israelitas esperaban en el lado este del río Jordán a que los espías les informaran los hechos, Dios compartió sus planes con Josué. Había mucho por hacer y llevaría mucho tiempo preparar a tantas personas para que entren a la Tierra Prometida.

Muchos años antes, Dios ordenó a Moisés que construyera un cofre de oro con dos ángeles, uno frente al otro encima del cofre[2]. Este hermoso cofre y su contenido debían ser recordatorios de las promesas de Dios a los israelitas. El cofre se guardaba en una tienda llamada el Tabernáculo, que era el lugar donde Moisés, y luego los sacerdotes, visitaban a Dios. Este cofre se conoció como el Arca del pacto; "pacto" significa la promesa de Dios. El Arca fue un recordatorio de que su Pueblo servía a un Dios fuerte y poderoso que hacía milagros para ellos. El Arca que construyó Moisés fue el elemento esencial para guiar al pueblo a través del río.

Dentro del Arca se encontraba lo siguiente[3]:

- Las tablas de piedra en las que Dios mismo inscribió los Diez Mandamientos;
- La vara de madera de Aarón, de la cual brotaron almendras de manera milagrosa, como una señal de que su familia se convertiría en los sumos sacerdotes de Israel[4]; y
- Un pedazo de maná como un recordatorio de la fidelidad de Dios a su Pueblo Elegido; el maná era un pan especial que Dios proveía a los israelitas todas las mañanas durante los cuarenta años que peregrinaron por el desierto. El día que los israelitas cruzaron el río Jordán, el maná del cielo se terminó porque "fluía leche y miel" de su nueva tierra.

Cruzando el Jordán

Cuando los espías habían informado los hechos y los sacerdotes estaban listos, Josué ordenó:

Cuando veas que los sacerdotes llevan el Arca del pacto, entonces sabrás que el viaje ha comenzado. Sin embargo, mientras sigas al Arca, asegúrate de no acercarte a ella, porque el poder del Señor está en el Arca.

Cuando los sacerdotes que llevaban el Arca pisaron el río Jordán, el agua dejó de fluir, lo que permitió a los israelitas cruzar por tierra seca. Esto, por supuesto, fue un recordatorio de cómo Dios abrió el mar Rojo, y así como Dios estaba con Moisés, estaba con Josué mientras guiaba al pueblo de Dios a la Tierra Prometida. ¿Se imagina lo que pensaba el pueblo en las ciudades cercanas? Primero, dos millones o más de personas estaban cruzando a su tierra, y luego vieron un evento aún más aterrador: el agua que fluía por su ciudad retrocedió, creando un muro de agua. La Biblia dice que sus corazones se derritieron y no había espíritu en ellos, es decir, ya no tenían ningún conflicto.

¿Cree que el pueblo que vivía aguas arriba salió a ver el espectáculo? ¿O cree que se quedaron dentro de sus casas, temblando de miedo por lo que Dios pudiera hacerles? El juicio de Dios vino para los habitantes de esta tierra, así como un día el juicio de Dios vendrá sobre nosotros. ¿Va a elegir estar con Él ahora? ¿O va a temblar de miedo, esperando que su juicio venga sobre usted? Ahora es el momento de elegir. Cuando todos los israelitas cruzaron el río Jordán, pero antes de que los sacerdotes con el Arca salieran del río, una persona de cada una de las doce tribus recibió instrucciones de sacar una piedra grande del lecho del río. Con estas doce piedras, Josué construyó un altar a la orilla del río como un recordatorio para que los hijos de Israel se acuerden de que el Señor estuvo con su pueblo cuando entraron a la Tierra Prometida y que estaría allí para ellos en el futuro.

Nosotros también necesitamos construir altares durante nuestra vida, o tal vez lo entendería mejor si le recomiendo que construyamos recuerdos de las veces que Dios intervino en nuestras vidas e hizo un cambio en ellas. Cuando relatemos estos eventos, el recuerdo que tenemos nos hará acordar de que fue Dios quien nos ayudó, no solo fue la suerte o un giro del destino. Debemos guardar estos recuerdos en un "cofre del tesoro" en nuestro corazón para que cuando pasemos por tiempos difíciles, podamos recordar que Dios está con nosotros y vendrá a rescatarnos de nuevo. Para que no los olvides, le recomiendo que escribas estos recuerdos y reflexiones acerca de ellos cuando tenga dificultades para escuchar a Dios. Lo mejor de todo es que podemos saber que "una vez que crucemos el río Jordán", cada uno de nosotros recibirá nuestra Tierra Prometida: una "mansión" en el cielo que podemos esperar por la eternidad[5]. ¿Qué recuerdos hay en el "cofre del tesoro" de su corazón para que se acuerde de ellos cuando tenga problemas?

En este día, los israelitas vieron la manifestación del poder de Dios y reconocieron que el Señor ahora estaba con Josué. Dios lo honró tal como había honrado a Moisés antes que él. El pueblo ahora estaba listo para seguir a Josué. Sin embargo, antes de que el Señor les permitiera entrar en la batalla, cada hombre tenía que ser circuncidado. ¿Por qué? Durante los años de peregrinación por el desierto, los israelitas no habían circuncidado a todos los niños varones, que era su parte del pacto que Dios hizo con Abraham, su "padre", para ser su Dios.

Nuestro propio campo de batalla

Los israelitas fueron liberados de la esclavitud cuando salieron de Egipto, pero tenían que luchar antes de poder vivir en paz en la Tierra Prometida. La Biblia nos dice que Satanás es el gobernante de este mundo y debemos estar preparados[6]. Necesitamos obedecer los mandamientos de Dios y adorarlo, tal como los israelitas cumplieron con el requisito de Dios de que todos los varones fueran circuncidados. ¿Hay promesas que le ha hecho a Dios que ha olvidado por mucho tiempo? ¿Necesita el perdón de Dios por algo que ha hecho? ¿Necesita perdonar a alguien por algo que le hicieron? ¿O necesita reconocer que Jesús es su Salvador y comenzar a seguirlo? Cuando estemos bien con Dios, podemos unirnos a la batalla. Nuestro enemigo es poderoso y no queremos subestimarlo.

Dios nos dio el plan que debemos seguir. En la carta del Nuevo Testamento de Pablo a los Efesios, nos dice que debemos "mantenernos firmes y vestirnos con toda la armadura de Dios". Comparó la armadura de Dios con la armadura de un soldado de ese día y dijo: "Nuestra batalla no es contra nuestros semejantes, sino contra el diablo y su ejército de ángeles malvados en los lugares celestiales" (un mundo espiritual que no podemos ver). Finalmente, Pablo dijo: "Debemos orar en todo momento"[7]. Por lo tanto, debemos someternos a Dios. Él nos ayudará a luchar contra nuestro enemigo, y la victoria será nuestra.

En nuestras próximas dos historias, veremos las batallas que se llevaron a cabo en la Tierra Prometida. Dios dio la tierra a los israelitas, pero no sin una pelea. El pueblo de Dios se liberó de la esclavitud y estaba listo para recibir su recompensa de la Tierra Prometida, pero eso no llegaría sin pruebas y adversidades. Cuando estaban siguiendo a Dios, su poder se imponía. Sin embargo, cuando dudaban y se apartaban de Dios, el enemigo ganaba la batalla. Como cristianos, nosotros también somos libres de la esclavitud del pecado y nos dirigimos a nuestra Tierra Prometida (el cielo). Al igual que con los israelitas, nuestro viaje no estará exento de batallas y dificultades a lo largo del camino. Sin embargo, cuando estamos siguiendo a Dios, podemos saber que Él está con nosotros y que la victoria final merecerá todas las pruebas; nuestro sufrimiento se recompensará de una manera maravillosa. Estas historias del Antiguo Testamento ayudan a enseñarnos cómo sobrevivir.

Preguntas para profundizar

- Prepararse para la batalla es muy importante. Explica cómo prepararse a la manera de Dios es distinto a cómo se aprende en este mundo.
- Rahab se puso a sí misma y a su familia en un gran riesgo cuando escondió a los espías. ¿Cuál fue su recompensa? Comente cómo puede defender a Dios y cómo esa decisión podría lastimarle ahora, pero algún día recibirá una recompensa.
- ¿Está listo para servir a Dios de la manera que Él elija?

Para estudio adicional

1. Mateo 1:5. Salmón fue el padre de Booz y su madre fue Rahab.
2. Éxodo 37:1-9: Bezaleel hizo un arca y la cubrió de oro puro, con dos ángeles querubines, uno frente al otro.
3. Hebreos 9:4: Dentro del arca estaban las tablas de los pactos, la vara de Aarón que reverdeció y el maná.
4. Números 17:1-8: Un representante de las doce tribus colocó una vara en la tienda de reunión, y fue la vara de Aarón la que se convirtió en almendras maduras, mostrando que su familia había sido elegida para ser la familia sacerdotal de Israel.
5. Juan 14:1–3: No se angustien. En la casa de mi padre hay muchas moradas, voy a ir allí a preparar un lugar para vosotros.
6. Juan 12:31; 14:30: El gobernante de este mundo (el diablo) será expulsado porque no puede encontrar nada malo en la vida de Jesús.
7. Efesios 6:10-18: Sea fuerte en el Señor; vista su armadura para luchar contra el enemigo (el diablo) que vive en el mundo espiritual y viene a este mundo para hacerle daño. Manténgase firme poniéndose toda la armadura de Dios y cúbrala toda con oración.

2

Josué en la batalla de Jericó

Josué 5-6

En nuestra última historia, Josué guiaba a los israelitas a la Tierra Prometida. Pero había grandes batallas que pelear antes de que pudieran disfrutar los frutos de la tierra y las promesas de Dios de paz y consuelo. Nosotros también tenemos batallas que debemos enfrentar y un enemigo que resistir mientras vivimos y aprendemos a servir a nuestro Dios y Salvador, Jesucristo. Estamos llamados a ponernos la armadura de Dios y mantenernos firmes. Estas batallas son una preparación para el enfrentamiento final que vendrá en el tiempo señalado por Dios cuando regrese para tomar el control de este mundo que la humanidad entregó a Satanás en el Jardín del Edén. En la historia de la batalla de Jericó, vemos un retrato de cómo se desarrollará la batalla en el futuro; esta historia es una profecía del fin de los tiempos.

Instrucciones de Dios para la batalla

Mientras Josué contemplaba la próxima batalla, vio a un hombre de pie con una espada como si estuviera listo para el combate. Josué preguntó: "¿Eres de los nuestros, o de nuestros enemigos?". El hombre respondió: "Vengo ahora como capitán del Señor de los ejércitos". Al darse cuenta de que se enfrentaba a un ángel de Dios, Josué se postró rostro en tierra. El ángel le dijo a Josué que se quitara las sandalias porque el lugar donde pisaba era sagrado. ¿Recuerda que Dios le habló a Moisés desde la zarza ardiente y le dijo lo mismo?

Entonces el Señor le dijo a Josué: "He entregado en tus manos a Jericó con su rey y sus valientes guerreros". Dio a Josué instrucciones específicas para la batalla; los hombres de guerra, los sacerdotes que llevaban el Arca del pacto y siete sacerdotes más con trompetas marcharían una vez alrededor de las murallas de la ciudad en total silencio, excepto los siete sacerdotes que tocarían sus trompetas. Después de terminar de marchar, regresarían al campamento, dejando al pueblo en Jericó, preguntándose qué pasaría después.

Josué debía seguir el mismo procedimiento durante seis días. Luego, en el séptimo día, los soldados y los sacerdotes debían dar siete vueltas alrededor de la ciudad. Cuando terminaran la séptima vuelta, los sacerdotes debían hacer sonar de manera prolongada el cuerno de carnero. Cuando los hombres escucharan el sonido, debían gritar muy fuerte, y los muros de la ciudad se derrumbarían, permitiendo que los guerreros de Josué atacaran y destruyeran a todos los que estaban dentro.

Las instrucciones de Dios ordenaban que ningún hombre, mujer o niño quedara con vida, incluso los animales debían ser asesinados. Todo el oro, las joyas preciosas y los objetos de valor pertenecerían al Señor; nadie debía quedarse con el botín de la victoria. Debido a que Dios era responsable de la victoria, todo el botín sería el tesoro de Dios. Era muy importante que se siguieran de manera exacta las instrucciones de Dios; esta fue una prueba para asegurar que la familia elegida de Dios obedeciera todas sus instrucciones.

Entendiendo los caminos de Dios

Antes de leer cómo acabó la batalla, considero que será útil analizar las instrucciones muy preocupantes que dio Dios. ¿Por qué Dios ordenó que incluso las mujeres y los niños que se veían inofensivos fueran asesinados? Eso no se parece al Dios de amor, misericordia y perdón que leemos en el Nuevo Testamento. Este es un buen momento para explicar que las historias del Tomo 2 con frecuencia revelarán mensajes difíciles que amplían nuestras creencias y nos hacen pensar fuera de nuestra zona de confort. Considero que el mejor lugar para comenzar con las verdades problemáticas es reconocer que los caminos de Dios no son nuestros caminos. En nuestro estado humano, no somos capaces de ver y comprender todas las circunstancias de la vida desde su perspectiva.

Muchas veces, la Biblia no nos dice el punto de vista de Dios sobre las acciones de las personas y, a veces, no vemos ninguna disciplina o consecuencia directa por haber tomado, al parecer, malas decisiones. En estos casos, nos queda interpretar las instrucciones de Dios, basándonos en la lectura de otros pasajes de la Biblia. Otros versículos pueden dar señales sobre la historia y permitirnos comprender, en la medida de lo posible, el carácter de Dios. Por lo tanto, debemos actuar con el conocimiento de que servimos a nuestro Dios, quien es mucho más compasivo y misericordioso de lo que podemos comprender, y aprender a aceptar su juicio, incluso cuando no podemos entender sus razones.

En lo que respecta a este pasaje, doy la siguiente explicación: no se nos dice con qué frecuencia Dios pudo haber dado oportunidades para que estas personas se arrepientan de sus malos caminos. Sabemos por las historias en el Tomo 1 que Dios intentó con mucho entusiasmo que todos lo sirvieran. Sin embargo, la raza humana desarrolló un estilo de vida que solía excluir a Dios; estaban comprometidos a satisfacer sus propios placeres egoístas y, sin darse cuenta, servían al dios de este mundo (el diablo). Por lo tanto, Dios no tenía otra opción que el juicio, así como no tendrá otra opción cuando lleguen los "últimos días" y Jesús regrese para recuperar este mundo para su Padre. El juicio que se llevó a cabo en Jericó es una profecía de ese evento futuro.

Muchas veces, encontramos en las Escrituras que Dios es justo, equitativo y dispuesto a dar varias oportunidades. Si los niños, que fueron asesinados por la orden de Dios, tenían la voluntad y capacidad para recurrir a él, entonces creo que Él los recibió en su hogar celestial. Si fueron demasiado jóvenes para decidir por sí mismos, no los condenaría, y ellos también serían recibidos en el hogar celestial de Dios. Pero tenía que eliminar la posibilidad de que estos niños se casaran con los israelitas, contagiando de esa manera a la familia de Dios con su innato comportamiento inmoral y malvado. Dios había separado a los israelitas de todas las demás personas del mundo durante los últimos cuatrocientos años. Incluso les permitió soportar la esclavitud para preservar el carácter y las cualidades que necesitaba que un pueblo tenga para servir al único Dios verdadero. Si permitía que estos habitantes de la Tierra Prometida se convirtieran en parte de la familia de Dios, todos sus esfuerzos por separar a Israel habrían sido en vano.

Además, es aún más importante tomar en cuenta que solo pensamos en función de nuestros ochenta o noventa años anticipados en esta tierra, pero Dios piensa desde el punto de vista de la eternidad. Por lo tanto, desde una perspectiva eterna, considero que Dios les dará a las personas que en ese entonces residían en la Tierra Prometida la misma oportunidad y consideración que se las da a todos los demás.

La batalla

Cuando llegó el día de comenzar la batalla en Jericó, los hombres de guerra armados iban primero, luego los siete sacerdotes que tocaban sus trompetas y después de ellos iban los sacerdotes que llevaban el Arca del pacto. Como ordenó Josué, no se oyó ninguna voz; las trompetas brindaban el único sonido mientras el pueblo de Dios marchaba alrededor de las murallas de la ciudad.

Imagine lo que estaba pasando dentro de la ciudad de Jericó ese primer día. Como explicaron los espías, la gente ya estaba asustada, temblando al pensar en lo que les podría pasar. Y ahora, al ver todo un ejército marchando en silencio, ¿qué iban a pensar? El pueblo se quedó esperando un ataque que no ocurrió.

El segundo día, los hombres de guerra marcharon de nuevo alrededor de Jericó, junto con los sacerdotes que llevaban el Arca y tocaban las trompetas; todo estaba en silencio, excepto el inquietante sonido de las siete trompetas. El tercer día sucedió lo mismo, y así fue durante los primeros seis días. Cada día, el pueblo de Jericó se asustaba más y más. ¿Cuándo ocurriría el ataque? ¿Por qué no lo terminaban de una vez?

En el séptimo día, algo cambió. Cuando terminaron de marchar alrededor de la ciudad, Israel continuó por segunda vez y luego por tercera vez. Ahora, ¿qué cree que estaba pasando en la mente del pueblo de Jericó? Durante seis días, había sucedido lo mismo, y ahora estaba ocurriendo algo diferente. ¿Los puede ver hablando con sus vecinos? ¿Sería este el día? ¿Sobrevivirían al ataque? Debieron ser momentos aterradores para los habitantes de Jericó.

Finalmente, en la séptima marcha alrededor de la ciudad, hubo un sonido fuerte y constante de las trompetas. Al mismo tiempo, Josué llamó a los soldados a gritar muy fuerte. El ruido fue tan fuerte que los muros de la ciudad se cayeron. Y cuando "los muros de la ciudad se derrumbaron", los hombres de guerra pudieron correr directamente a la ciudad y atacar al pueblo de Jericó. En ese momento, las personas estaban tan asustadas que no podían responder, por lo que los israelitas ganaron sin perder una sola vida. Como Dios ordenó, nadie sobrevivió en Jericó, excepto la familia de Rahab, que hizo lo que se le ordenó y ató un cordón escarlata a su puerta.

¿Recuerda a Rahab? Ella ayudó a los espías a escapar de los hombres de Jericó. Cuando los israelitas atacaron la ciudad, los dos espías recibieron instrucciones de recuperar a Rahab y su familia, y escoltarlos fuera de la ciudad, cumpliendo de esta manera su promesa. Como conté en la última historia, Rahab se convirtió en un miembro valioso de la Familia Elegida.

¿Cómo pudieron las personas que gritaron hacer que una pared tan gruesa y fuerte simplemente se derrumbara? Hace algunos años, hubo un comercial de televisión en el que una mujer cantaba una nota tan alta que rompió un vaso. ¿Pudo haber sucedido algo similar ese día en Jericó? Estoy seguro de que sí, pero me gusta pensar que hubo algo más que solo la física. Aprenderemos en las próximas historias que los ángeles

de Dios ayudaron a la nación de Israel a pelear sus batallas. Una vez, la Biblia incluso describe a los ángeles en una formación de batalla, listos para luchar por la nación de Israel[1]. También sabremos que Miguel, el arcángel, fue designado como el protector militar de la nación de Israel para luchar contra Satanás y sus ángeles[2].

Por lo tanto, aunque no se menciona en la historia, me gusta pensar que el ejército de ángeles de Dios estaba alrededor de la ciudad de Jericó. Cuando las personas gritaron, los ángeles usaron algún tipo de "mazo" espiritual para golpear las paredes, lo que provocó que se derrumbaran. Por supuesto, no sabemos esto; pero recuerde que nos dijeron que antes de que comenzara la batalla, Dios envió un ángel que parecía un guerrero con la espada desenvainada y listo para el combate. Por ello, pienso que este ángel despejó el camino para que los israelitas entraran a Jericó.

Se nos enseña una gran lección de esta batalla; el poder de Dios está disponible para nosotros cuando nos comprometemos a seguir todas sus instrucciones de una manera cuidadosa y en su totalidad. En la próxima historia, aprenderemos qué sucede cuando las personas no siguen las instrucciones de Dios y cómo la desobediencia perjudica al pueblo de Dios. Mientras escribo estas historias, esto mismo está sucediendo en los Estados Unidos. Muchas personas ya no siguen las instrucciones de Dios, incluso muchos que participan de una manera activa en la iglesia. Y muchas veces, los cristianos eligen creer lo que piensan que es correcto, en lugar de seguir la Palabra de Dios.

Hemos permitido que la sociedad y nuestros amigos influyan en lo que creemos que es correcto. Como consecuencia, hemos perdido el poder de Dios que está disponible para nosotros porque no estamos comprometidos a seguir todas sus instrucciones. Aprovechemos esta oportunidad para analizar cómo estamos viviendo nuestras vidas y cómo con frecuencia dejamos que otros nos digan lo que está bien y lo que está mal, en lugar de buscar la guía de Dios. Lo reto a que se tome un tiempo cada día para aprender más sobre la Palabra de Dios y se comprometa más a seguir la guía de Dios. Si lo hacemos, considero que veremos el poder de Dios activo en la tierra una vez más.

Profecía de los últimos días

Al inicio de esta historia, conté que la batalla de Jericó fue una predicción de la batalla final entre Dios y su enemigo, Satanás. Veamos qué perspectiva puede darnos esta batalla del Antiguo Testamento sobre el plan de Dios para lo que la Biblia llama los últimos días. El término "últimos días" significa el fin del gobierno de Satanás en la tierra, el momento cuando Dios venga a recuperar la tierra para su pueblo. Con Dios como el líder, Josué y los israelitas recuperaron la Tierra Prometida, que había sido tomada por los cananeos, los filisteos y los otros pueblos de la tierra. De la misma manera, Dios regresará y llamará a su ejército para que tome el control de este mundo que le pertenece por derecho.

Veo una comparación notable entre la batalla de Jericó y la descripción del Nuevo Testamento sobre los últimos días, sobre todo en los pasajes de Apocalipsis, el último libro de la Biblia. Apocalipsis describe siete juicios sellados que se derramarán sobre la tierra. Como se describe en este libro de la Biblia, cuando llegó el momento de abrir el séptimo sello, hubo siete trompetas de juicios[3]. ¿Puede comenzar a ver la relación? Las marchas que se realizaban todos los días alrededor de Jericó representan de manera simbólica cada uno de los primeros seis juicios sellados que conducen a la batalla final que Apocalipsis llama el Armagedón[4]. Las siete veces que el ejército dio la vuelta alrededor de Jericó en el séptimo día son como las siete trompetas del juicio que saldrán del séptimo sello en Apocalipsis. Tenga en cuenta que los sacerdotes llevaban siete trompetas en su marcha alrededor de Jericó. Y hay algo más.

Estos eventos condujeron al ataque en la batalla de Jericó y, de manera similar, los eventos que se describen en Apocalipsis conducirán a la batalla para recuperar la tierra en Armagedón. Es interesante notar que los siete juicios que salen del séptimo sello fueron identificados por las trompetas. Los gritos del ejército de Israel, el fuerte sonido de las trompetas después de la séptima vuelta alrededor de Jericó y la destrucción de la ciudad se comparan con los últimos días descritos en el Nuevo Testamento cuando Jesús regresa. 1 Tesalonicenses 4 dice:

Porque el Señor mismo, con voz de mando, con voz de arcángel, y con trompeta de Dios, descenderá del cielo[5].

Con la venida del Señor, comienza la batalla final de Armagedón. Juan escribe sobre esto en Apocalipsis 19:

Entonces vi el cielo abierto; y he aquí un caballo blanco, y el que lo montaba se llamaba Fiel y Verdadero, y con justicia juzga y pelea [...] Y los ejércitos celestiales, vestidos de lino finísimo, blanco y limpio, le seguían en caballos blancos [...] Y vi a la bestia, a los reyes de la tierra y a sus ejércitos, reunidos para guerrear contra el que montaba el caballo, y contra su ejército. Y la bestia fue apresada, y con ella el falso profeta [...] Y los demás fueron muertos con la espada[6].

Por lo tanto, al comenzar con el sonido de la trompeta y los gritos del ejército de Dios, la victoria es de Dios, tanto en Jericó como en Armagedón. Al igual que los habitantes de Jericó, los que están en la Tierra y los del ejército de Satanás no tendrán ninguna posibilidad contra el ejército del Señor en Armagedón. La batalla habrá terminado antes de que comience. Jesús capturará a la bestia y al falso profeta, y los arrojará al lago de fuego como castigo por sus obras, y los que adoran a dioses falsos serán muertos con la espada. Nadie se salvará.

Los siervos fieles de Dios deben estar listos para la venida de Jesús en todo momento. Si no estamos listos, nos perderemos su venida y, lo que es peor, es posible que no sobrevivamos a su juicio severo[7]. Aquellos que no decidan servirle recibirán el mismo destino que el pueblo de Jericó.

Para llegar a la Tierra Prometida (el cielo), debemos despejar el camino, es decir, deshacernos del enemigo. De manera simbólica, la caída de Jericó fue la venida del ejército de Dios para recuperar lo que es suyo (la Tierra). Él ya nos recuperó a nosotros (los creyentes) cuando Jesús resucitó de entre los muertos. Sin embargo, Jesús dejó en claro que nuestra tarea es bastante diferente a la orden de tomar Jericó. Él nos ha enseñado un nuevo camino, uno que es más difícil porque es muy opuesto a nuestra predisposición natural. Nuestra lucha no es matar a nuestros semejantes. Al contrario, estamos llamados a ofrecer amor, gozo, paz, paciencia, benignidad, bondad, fe, mansedumbre y templanza; no hay nadie quien esté en contra de estas cosas[8]. Debemos actuar de esta manera, incluso cuando no somos tratados con la misma consideración; por eso nuestra lucha es muy exigente. Sin embargo, cada vez que vivimos a su manera, estamos haciendo que la causa de Dios avance. Así como Jesús nos enseñó a orar, Dios quiere que se "haga su voluntad en la tierra como en el cielo"[9].
Sea como Rahab y elija servir a Dios. De esa manera, cuando venga Jesús, le oiremos decir: "Bien, buen siervo y fiel; sobre poco has sido fiel, sobre mucho te pondré; entra en el gozo de tu señor"[10].

Preguntas para profundizar

- ¿Qué haría si se da cuenta de que un ángel de Dios vino a visitarlo? ¿Cree que los ángeles todavía visitan la Tierra?
- ¿Qué tan asustado hubiera estado si un enemigo rodeara los muros de su ciudad seis días seguidos y solo tocara sus trompetas? Luego, imagine que el séptimo día, el ejército dio siete vueltas a la ciudad. ¿Qué hubiera pensado?
- ¿Hasta qué punto permite que sus amigos le ayuden a decidir lo que está bien y lo que está mal? Dios nos ha llamado a buscar un consejo sabio, así que asegúrese de que sus amigos y aquellos a quienes escuche estén en armonía con los caminos de Dios y no con los caminos de este mundo.
- ¿Estará listo cuando Jesús regrese para recuperar la Tierra? ¿Estará allí para que se una a su ejército? Si es así, ¿De qué manera puede cambiar la forma como trata a sus amigos ahora? ¿Sus vecinos? ¿Incluso sus enemigos?

Para estudio adicional

1. 2 Reyes 6:14-18: El ejército sirio rodeó la ciudad amurallada, listo para atacar, pero Eliseo no estaba preocupado de que caballos con carros de fuego estuvieran alrededor de él. Eliseo llamó a los ángeles para herir al enemigo con ceguera.
2. Daniel 10:10-14, 21: Miguel, arcángel y príncipe de Israel, acudió al rescate del mensajero de Dios. Miguel fue designado por Dios para ser el príncipe o protector de Israel.
3. Apocalipsis 5:1; 6:1-4; 8:1-7: Se abrieron siete sellos para pronunciar el juicio sobre la Tierra, y cuando se abrió el séptimo sello, reveló siete trompetas de juicio.
4. Apocalipsis 16:16: Los ejércitos reunidos en Armagedón.
5. 1 Tesalonicenses 4:16: Jesús vendrá con la voz del arcángel y la trompeta de Dios
6. Apocalipsis 19:11-21: Jesús viene y es animado por un ejército de ángeles, así como por santos (creyentes/siervos). Se le llama Fiel y Verdadero y el Rey de Reyes.
7. Mateo 25:44-46: A aquellos que no ayudaron a otros, como Dios les pidió, se les dijo: "En la medida en que no ayudaron a otros, tampoco me ayudaron a mí. Por lo tanto, irán al lugar del castigo eterno".
8. Gálatas 5:22-23: El fruto del Espíritu es amor, gozo, paz, paciencia, benignidad, bondad, fe, mansedumbre, templanza; contra tales cosas no hay ley.
9. Mateo 6:10: Jesús, en sus instrucciones durante su Sermón del Monte, nos llama a orar para que se haga la voluntad de Dios en la tierra como en el cielo.
10. Mateo 25:21: Bien, buen siervo y fiel; sobre poco has sido fiel, sobre mucho te pondré; entra en el gozo de tu señor

3

Josué continúa liderando a Israel en la batalla a través de la Tierra Prometida

Josué 7-12

Después de la victoria en Jericó, el pueblo entendió claramente que Dios estaba con ellos. Por fin, estaban entrando en la Tierra Prometida, y esta vez creían que les pertenecía para tomarla. La entrada de Israel fue emocionante, pero al mismo tiempo aterradora, incluso edificante. Los años de espera por fin valdrían la pena. Los israelitas estaban entrando en una tierra en la cual Dios prometió que fluiría leche y miel, y Él estaría allí para guiarlos a la victoria. Por lo tanto, el Señor estaba con Josué, y su fama se extendía por toda la tierra.

El fracaso no es una opción, ¿o sí?

Los israelitas ahora estaban listos para atacar la próxima ciudad a medida que avanzaban hacia la Tierra Prometida. Una vez más, Josué envió espías, y los hombres regresaron, diciendo que la ciudad de Hai no era tan fuerte como Jericó. Sugirieron que Josué necesitaba solo dos o tres mil personas para conquistar Hai. Josué estuvo de acuerdo. Sin embargo, cuando los hombres atacaron la ciudad, sucedió algo muy inesperado. Los hombres de Hai estaban tan asustados que atacaron con todas sus fuerzas y ganaron la batalla contra los israelitas.

¿Dónde estaba Dios? ¿Por qué no protegió a su familia? Josué postró su rostro ante Dios y rasgó su ropa como un símbolo de su desesperación por la derrota. Le preguntó a Dios qué pasaría cuando sus enemigos supieran que el pueblo de Israel había huido porque temían a los hombres de Hai. El Señor ordenó a Josué:

Levántate; ¿por qué te postras así sobre tu rostro? Israel ha pecado. Durante la batalla de Jericó, alguien tomó joyas preciosas del pueblo de Jericó y las han escondido. Por lo tanto, yo no seguiré a tu lado hasta que recuperes lo que tomaron.

Al día siguiente, Josué reunió al pueblo para explicarles la situación. Ordenó al pueblo que viniera ante él, tribu por tribu, y cuando llegaron, Dios señaló la tribu que cometió el pecado. Luego, cada familia dentro de esa tribu se presentó ante Josué y de nuevo, Dios escogió a la familia que había sido desobediente. Cuando la familia se presentó ante Josué, Dios señaló a Acán, el hombre que pecó contra Él y la nación de Israel.

Este es un claro ejemplo de la omnisciencia de Dios; Él lo sabe todo. Josué exigió que Acán le dijera lo que había hecho, y que glorificara y alabara a Dios. Acán respondió: "He pecado contra el Dios de Israel. Cuando vi las cosas hermosas, no pude resistirme y me las llevé". Si Israel debía tomar el control de la Tierra Prometida con éxito, el pueblo no podía tener a nadie entre ellos que no estuviera dispuesto a ser completamente obediente a Dios.

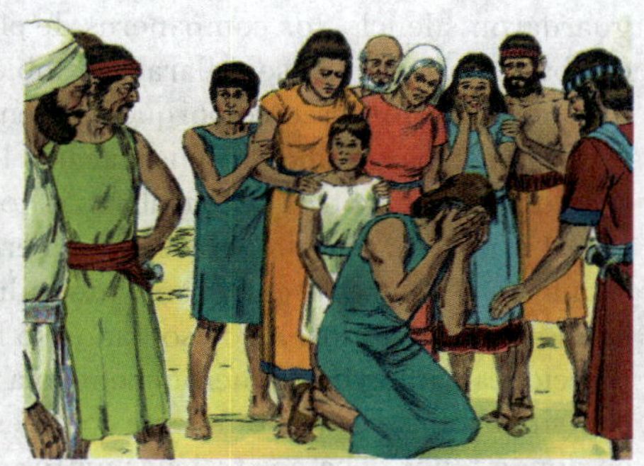

Josué y el pueblo siguieron las instrucciones de Dios para llevar a cabo una sentencia de muerte para Acán y toda su familia.

Comprendiendo el castigo

Sin dudas, esto parece un castigo muy duro para Acán y su familia. Cometió un pecado al ver cosas muy hermosas, pero luego estuvo dispuesto a admitir su pecado. Entonces, ¿por qué Dios ordenó que lo mataran? Para entender el castigo severo, debemos reconocer que los israelitas estaban en una batalla por sus vidas contra un enemigo muy fuerte. Como aprendimos en el capítulo 1 de este Tomo, la batalla no era solo contra sus enemigos humanos, sino contra las fuerzas espirituales en los lugares celestiales que las lideraba el diablo. Todos, y Dios se refería a todos, tenían que ser tratados como uno. Y si Dios iba a hacer milagros como los había hecho en Jericó, toda la nación tenía que seguir todas sus instrucciones.

Dios había sido claro con Josué y el pueblo: nadie podía llevarse algo en esta batalla en particular. Esta fue una prueba, y Dios necesitaba asegurarse de que su pueblo estuviera de acuerdo con sus planes. Y si cada persona no estuviera dispuesta a seguir cada instrucción, sus planes no hubieran tenido éxito. Si Dios dejaba pasar este caso con esta única familia, eso volvería a suceder, y el pueblo no iba a poder tomar el control de la tierra que les había prometido. Este castigo, en realidad, llamó su atención. ¿Por qué Dios no le dijo a Josué con anticipación que alguien había pecado? ¿Por qué Josué no le había pedido a Dios de la misma manera que siempre lo había hecho antes? Tal vez Dios necesitaba que el pueblo viera lo que sucedería cuando fueran desobedientes. Después de todo, se enfrentaban a una tarea difícil e importante. Cuando se haya purificado su pecado y castigado al hombre que había sido desobediente, Dios estaba listo de nuevo para proteger a su familia y llevarlos a la Tierra Prometida.

Vemos este tipo de castigo comunitario en la actualidad. ¿Puede recordar un momento en que su hermano o hermana no hizo lo que sus padres le pidieron y, como consecuencia, se castigó a toda la familia al no poder ir a algún lugar como estaba planeado? Durante mis días en la escuela, mis profesores no nos dejaban salir al recreo hasta que todos estuvieran callados. Por ello, una vez cuando el profesor dijo que guardaron silencio, los compañeros de clase comenzaron a decirle a los demás que estaban hablando que se callaran. También recuerdo varias ocasiones en las que no nos dejaron salir al recreo porque alguien había estado muy inquieto esa mañana. El profesor estaba tratando de enseñar una lección valiosa; éramos un equipo, e incluso si solo uno de nosotros se portaba mal, toda la clase se perdería el recreo.

Al principio, esto no parece justo. Pero pregúntele a cualquier persona que haya estado en el campo de entrenamiento militar si su sargento no inculcó este concepto en la mente de todos. A los soldados se les enseña que deben seguir todas las instrucciones para evitar poner en peligro a todo el batallón. Aunque no solemos lidiar con situaciones de vida o muerte como esta, nos enfrentamos a muchas situaciones en donde todos debemos trabajar juntos como un equipo. Y cuando no funcionamos como un equipo unido, la consecuencia será el fracaso.

Lo mismo ocurre con la familia de Dios. Todos debemos trabajar juntos o, de lo contrario, nuestro enemigo, el diablo, podrá hacernos daño. Aunque puede parecer injusto o cruel que el inocente sea castigado junto con la persona que no hizo lo correcto, es por el bien de todos darse cuenta de lo importante que es trabajar juntos[2]. No podemos ver lo que Dios ve, por lo que debemos aprender a confiar en Él, incluso cuando no entendamos[3]. Si bien Acán y su familia perdieron la vida, esto no significa que no fueran parte de la familia de Dios; Acán se arrepintió y confío en que lo veremos en el cielo.

Israel vuelve al buen camino

Dios dijo a Josué que iba a aprovechar su error. Dio instrucciones a los soldados para que fingieran que estaban asustados de nuevo y huyeran de la batalla. Y cuando los soldados enemigos los persiguieron como lo habían hecho antes, Josué tendría un segundo ejército escondido para emboscar al enemigo cuando pasara. De esta manera, mientras todos los soldados de Hai peleaban contra los israelitas, un tercer ejército entraría en la ciudad para destruir por completo las casas y a todas las personas que quedaban ahí. Una vez más, ni siquiera una persona iba a quedar con vida. Como aprendimos antes, era muy importante para Dios que todos siguieran sus instrucciones.

De nuevo, esta orden puede parecer muy dura. Pero Dios estaba haciendo todo lo que podía para darle a la nación de Israel la oportunidad de servirle a Él y solo a Él; de esa manera recibirían las muchas bendiciones que estaban reservadas para ellos. Si Dios hubiera permitido que los habitantes de la Tierra Prometida permanecieran, ellos continuarían sirviendo a sus dioses e influyendo a la Familia Elegida para que siguiera sus caminos, que eran malos ante el Señor. Considero que Dios le estaba dando a la humanidad (no solo a los israelitas) todas las oportunidades para seguir sus mandamientos y amarlo como ellos prometieron que lo harían.

A medida que seguimos contando las historias de esta Familia Elegida, aprenderemos que incluso la nación de Israel no pudo permanecer obediente o seguir los mandamientos de Dios de manera constante. Cuando esto se demostró, sin lugar a dudas, Dios estuvo listo para enviar a su Hijo, Jesús, para mostrarnos el camino correcto. Dios esperaba que la humanidad finalmente aceptara que necesitamos a Jesús y que nadie puede tener éxito sin Él. Al creer y confiar en Jesús, podemos regresar a la familia, a pesar de nuestras debilidades y pecados[4].

En Hai, los israelitas recibieron el mensaje. Estaban dispuestos a seguir a Dios y las instrucciones que dio a Josué y, en su mayor parte, así lo hicieron por el resto de la vida de Josué. Esta vez, Dios permitió que el pueblo se quedara con los tesoros (oro,

joyas y ropa fina) que eran el botín de la victoria. Cuando somos obedientes, Dios está listo para dar y da en abundancia[5], pero necesita saber que podemos manejar la situación.

Después de la victoria en Hai, Josué construyó un altar donde el pueblo podía adorar y ofrecer sacrificios al Señor. Josué escribió los Diez Mandamientos en este altar de piedras como un recordatorio para seguir a Dios. ¿Recuerda mi recomendación en la primera historia de Josué? Debemos construir recuerdos de los momentos en los que sabemos que Dios estuvo con nosotros y colocarlos en el cofre del tesoro de nuestro corazón. Incluso escríbalos para que pueda leerlos cuando enfrenta dificultades; estos recuerdos pueden ayudarle a superarlas.

Aprendiendo a mantener a Dios informado

Sin embargo, el hecho de que estemos dispuestos a seguir los mandamientos de Dios no significa que no cometeremos errores. Incluso Josué fue engañado por los gabaonitas, una de las tribus de Canaán. Los gabaonitas vieron lo que sucedió en Jericó y Hai, y se asustaron. Diseñaron un plan para salvarse. Se vistieron con ropa vieja y colocaron comida pasada y crujiente en sus mochilas. Se presentaron ante Josué y los otros líderes, y dijeron que vivían en un país vecino, y habían viajado muchos días para hacer las paces. Engañaron a los israelitas por su apariencia y ellos no consultaron a Dios sobre lo que debían hacer. Lamentablemente, Israel hizo las paces con este pueblo y prometió que no los destruiría. Pero, como recordará, Dios había dado instrucciones muy claras: los israelitas no debían hacer las paces con nadie que viviera en la Tierra Prometida.

Poco tiempo después, se supo que estas personas habían engañado por completo a la Familia Elegida. Sin embargo, Dios no permitiría que los israelitas se retractaran de su acuerdo de vivir en paz con esta tribu. Como no pudieron matarlos, estos gabaonitas se convirtieron en siervos de Israel.

Cuando los reyes vecinos se enteraron del tratado de paz, se enojaron con los gabaonitas por no unirse a ellos en la lucha contra su enemigo común, los israelitas. Cinco reyes de los alrededores reunieron sus ejércitos y se prepararon para destruir a sus vecinos. Los gabaonitas pidieron ayuda a Josué. Para evitar cometer otro error, Josué consultó al Señor para ver qué debía hacer. Dios dijo a Josué que estaría con él e Israel saldría victorioso.

Josué decidió marchar toda la noche para sorprender y confundir al enemigo. Cuando los israelitas se acercaron a su campamento, los soldados enemigos no estaban preparados para pelear y comenzaron a correr. Mientras huían, el Señor arrojó grandes piedras de granizo desde el cielo. Más soldados enemigos murieron debido al granizo en lugar que por la espada. A medida que avanzaba la batalla, Josué sabía que cuando se oscureciera, el enemigo podría escapar, por lo que clamó a Dios por un gran milagro. En presencia de su ejército gritó:

Oh, sol, detente en Gabaón

Dios honró su pedido y la noche nunca llegó; el sol y la luna se detuvieron. Es decir, el sol no salió durante todo un día. La Biblia dice que nunca hubo un día como este antes o después. Esto le dio a Josué y su ejército el tiempo necesario para destruir completamente al enemigo.

Los cinco reyes que planearon el ataque contra los gabaonitas escaparon y Josué los encontró escondidos en una cueva. Ordenó a sus hombres que hicieran rodar grandes piedras sobre la entrada y siguieran luchando contra los soldados restantes. Cuando terminó la batalla, Josué ordenó que se quitaran las piedras. Llevó a los reyes ante Israel, y declaró a sus líderes: "Sed fuertes y valientes, porque así hará Jehová a todos vuestros enemigos contra los cuales peleáis".

Al atardecer, en el segundo día, Josué colgó a los cinco reyes en árboles y en la puesta del sol los arrojó a la misma cueva donde se encontraban escondidos y cubrió la entrada con grandes piedras. Esta cueva se convirtió en un monumento y un recordatorio de lo que Dios haría con los enemigos de Israel. Este monumento es otro recordatorio de que Dios quiere que recordemos las veces que intervino en nuestras vidas para que nuestra fe y creencia en Él puedan permanecer fuertes.

Tratando de entender la soberanía de Dios

Como compartí en las dos primeras historias de este tomo, puede ser difícil para nosotros entender por qué un Dios amoroso ordenaría que mataran a cada una de estas personas. ¿No los amaba? Sí, los amaba. Entonces, ¿cómo Dios mostró su amor a las otras naciones y familias? El Libro de Romanos nos dice que la naturaleza invisible y verdadera de Dios está disponible y es visible para cualquiera que realmente la busque[6]; el pueblo decidió no amarlo. El plan de Dios no era destruir a la humanidad, sino salvarla. Como he descrito varias veces en esta historia y en otras anteriores, Dios dio a los hombres y a las mujeres todas las oportunidades para amarlo, pero en todas eligieron no hacerlo. Dios ilustró por primera vez este plan en la historia de Abraham (en Génesis) cuando Dios decidió que la única manera en que la humanidad lo reconocería como el único Dios verdadero era al concentrar sus esfuerzos en esta única familia.

Para salvar a la humanidad (es decir, a todos nosotros), Dios sabía que necesitaba a esta única familia, y luego a esta única nación (los israelitas), para reconocerlo como el único Dios verdadero. Y aunque tomaría muchos años y muchos fracasos, los israelitas finalmente lograrían este objetivo. Cuando lo hicieron, era el momento adecuado para que Jesús viniera y salvara a todos. Ahora, todas las naciones (es decir, todos) tienen la oportunidad de convertirse en miembros de la familia de Dios. Hasta que Jesús regrese para llevarnos al cielo, nuestra tarea es reconocer la soberanía de Dios y aceptar que Él tiene el control[7].

¿Está dispuesto a unirse a la familia de Dios? Puede unirse tan solo eligiendo creer y confiar en Jesús, el Hijo de Dios. Dios envió a Jesús a morir y resucitar para salvarnos del castigo que de otro modo hubiéramos recibido, y nos dará una vida eterna llena de bendiciones.

Preguntas para profundizar

- ¿Alguna vez ha tomado una decisión y poco tiempo después se ha dado cuenta de que fue un gran error? ¿Se dio cuenta de que si le hubiera preguntado a uno de sus padres, a su jefe o a su pastor, esa persona podría haberle ayudado y podría haber evitado el error?
- ¿Le cuesta entender por qué Dios ordenó a los israelitas que mataran a todos, incluidas las mujeres y los niños que no estaban en la batalla? ¿Le ayudó esta historia a entenderlo? Si no es así, ¿por qué cree que el plan de Dios era matar a aquellos que vemos como inocentes cuando Jesús nos dijo claramente que amemos incluso a nuestros enemigos?
- Josué no preguntó a Dios si los gabaonitas estaban siendo honestos. ¿Está olvidando preguntarle a Dios acerca de los asuntos en su vida? Él le responderá si lo escucha, aunque eso puede llevar un tiempo y es posible que tenga que ser paciente.
- Dios es el gobernante sobre todas las cosas. ¿Está listo para dejar que Él tenga el control? ¿Cómo le beneficiará permitir que Dios tenga el control de su vida?

Para estudio adicional

1. 1 Reyes 16:34: Hiel, el betelita edificó Jericó con la pérdida de Abiram, su primogénito, echó sus cimientos, y con la pérdida de su hijo menor, Segub, levantó sus puertas, conforme a la palabra que el Señor había hablado por medio de Josué, hijo de Nun.
2. Eclesiastés 4:9-12: Mejores son dos que uno porque si cayeren, el uno levantará a su compañero; pero ¡ay del solo! que cuando cayere, no habrá segundo que lo levante. También si dos durmieren juntos, se calentarán mutuamente; mas ¿cómo se calentará uno solo? Y si alguno prevaleciere contra uno, dos le resistirán; y cordón de tres dobleces no se rompe pronto.
3. Proverbios 3:5-6: Confía en el Señor con todo tu corazón; no te apoyes en tu propia prudencia, si no reconócelo en todos tus caminos, y él enderezará tus veredas.
4. 1 Juan 1:7-9: Si andamos en luz como Jesús está en luz, tenemos comunión unos con otros, y la sangre de Jesús nos limpia de todo pecado. Si decimos que no tenemos pecado, nos engañamos a nosotros mismos y la verdad no está en nosotros. Si confesamos nuestros pecados, él es fiel y justo para perdonar nuestros pecados y limpiarnos de toda maldad.
5. Lucas 6:38: Dad y se os dará, remecida y rebosando; porque con la misma medida con que medís, os volverán a medir.

6. Romanos 1:18-20: Porque la ira de Dios se revela desde el cielo contra toda impiedad e injusticia de los hombres que detienen con injusticia la verdad; porque lo que de Dios se conoce les es manifiesto, pues Dios se lo manifestó. Porque las cosas invisibles de él, su eterno poder y deidad, se hacen claramente visibles desde la creación del mundo, siendo entendidas por medio de las cosas hechas, de modo que no tienen excusa.

7. Dios es soberano y tiene el control:

   a. 2 Crónicas 20:6: Oh Señor, Dios de nuestros padres, ¿no eres tú Dios en los cielos, y tienes dominio sobre todos los reinos de las naciones? ¿No está en tu mano tal fuerza y poder, que no hay quien te resista?

   b. Romanos 9:15-20: Dios le dijo a Moisés: "Tendré misericordia del que yo tenga misericordia, y me compadeceré del que yo me compadezca". La Escritura dice a Faraón: "Para esto mismo te he levantado, para mostrar en ti mi poder, y para que mi nombre sea anunciado por toda la tierra". De manera que de quien quiere, tiene misericordia, y al que quiere endurecer, endurece. Pero me dirás: ¿Por qué, pues, inculpa? porque ¿quién ha resistido a su voluntad? Mas antes, oh hombre, ¿quién eres tú, para que alterques con Dios? ¿Dirá el vaso de barro al que lo formó: Por qué me has hecho así?

4

Josué conquista la tierra y la divide entre las tribus de Israel

Josué 11-24

Josué conquistó de forma sistemática las ciudades y varios reyes que vivían en la Tierra Prometida. Los enemigos de Israel eran conocidos por diferentes nombres, pero la Biblia con frecuencia se refiere a ellos de manera colectiva como "cananeos". Los israelitas conquistaron a todos en la batalla y ganaron porque Josué y el pueblo obedecieron los mandamientos del Señor. Las Escrituras dicen: "El Señor endureció el corazón de los cananeos". Interpreto que esto significa que estos cananeos estaban tan concentrados en sus propios caminos que cuando Dios les presentó la oportunidad de hacer lo correcto, eligieron ser desobedientes; de esta manera, sus corazones se endurecieron para Dios. Como consecuencia, cada tribu fue destruida en su totalidad, sin sobrevivientes. Incluso la familia de gigantes que asustó a diez de los doce espías hace cuarenta años fue derrotada. Los israelitas se enriquecieron al dividir el botín de sus enemigos conquistados.

Repartiendo la Tierra Prometida entre los miembros elegidos de la familia

Aunque aún quedaba mucha tierra por conquistar, Josué y su ejército destruyeron las principales fortalezas. Dios dijo a Josué que era el momento de dividir la tierra y dejar que cada tribu se hiciera cargo de su propio territorio individual. A las tribus de Rubén, Gad y la mitad de Manasés se les dio la tierra al este del río Jordán. Esta tierra había sido conquistada bajo el liderazgo de Moisés antes de que los israelitas cruzaran el río. Ahora era el momento de que estas tribus regresaran a casa. Para dividir la tierra al oeste del río, Josué, el sacerdote Eleazar y los líderes de la familia de cada una de las diez tribus restantes se reunieron para repartir la tierra a cada familia.

A la tribu de Judá se le permitió elegir primero su tierra para honrar la promesa que Dios le dio a Caleb. Caleb fue el espía que, con Josué cuarenta años antes, dijo que la tierra podía ser conquistada porque Dios estaría con ellos. Por lo tanto, Dios dio a Caleb la primera opción de cualquier tierra dentro del territorio de Judá[1]. Eligió la tierra que ahora se conoce como Hebrón para que sea su hogar. Aunque Caleb era mucho mayor, todavía era muy fuerte como el día cuando Moisés lo envió a espiar. Estaba listo para conquistar y destruir a los que vivían en la tierra de Hebrón. Caleb prometió entregar a Acsa, su hija, para que se casara con la persona que más ayudara a conquistar su tierra. Este valiente guerrero no solo se casaría con Acsa, sino que también recibiría la herencia que le pertenecía. Otoniel, quien después se convirtió en el primer juez de Israel, conquistó una de las principales ciudades y poco tiempo después se casó con Acsa.

La tierra se dividió entre el pueblo, tal como Dios había indicado a Moisés años antes. Cada familia de los hijos de Jacob, ahora conocida como las doce tribus de Israel, recibió su territorio. Recuerde, Israel fue el nuevo nombre que Dios le dio a Jacob. Debido a que José era el hijo favorito de Jacob, su familia recibió una doble bendición. Por lo tanto, dos tribus llevan el nombre de los hijos de José, Efraín y Manasés, en lugar de una tribu de José. Si recuerda, Jacob dijo que a la familia de Simeón no se le daría un territorio especial debido a los malos caminos de Simeón, por lo que su familia recibió tierras dentro de la tribu de Judá. ¿Recuerda al otro hijo de Jacob a cuya tribu no se le dio un territorio específico propio? Le haré recordar quién era esta familia y le explicaré dónde vivían un poco después.

Cuando una familia se quejó de que el enemigo parecía demasiado fuerte para ellos, Josué les recordó que podrían conquistar la tierra sin importar cuán fuerte pudiera ser el enemigo porque Dios estaba con ellos. Aun así, algunas familias se retrasaron. Josué preguntó: "¿Hasta cuándo van a esperar para tomar posesión del territorio que les otorgó el Señor?".

Creo que tenemos problemas similares en la actualidad. ¿Demora en hacer algo que sabe que tiene que hacer por temor? Aunque sus compañeros de trabajo, padres o amigos le digan que no se preocupe, es muy natural ceder a la ansiedad y posponer las cosas por miedo. Pero necesitamos saber que podemos confiar en que Dios estará allí con nosotros. Así que anímese y haga las cosas que sabe que debe hacer.

Para ayudar a las tribus, Josué recomendó que enviaran espías para inspeccionar la tierra y escribir descripciones para que así todos supieran los límites exactos de su tribu. Cuando se midió la tierra, Josué hizo un registro permanente del territorio de cada tribu, y les perteneció para siempre.

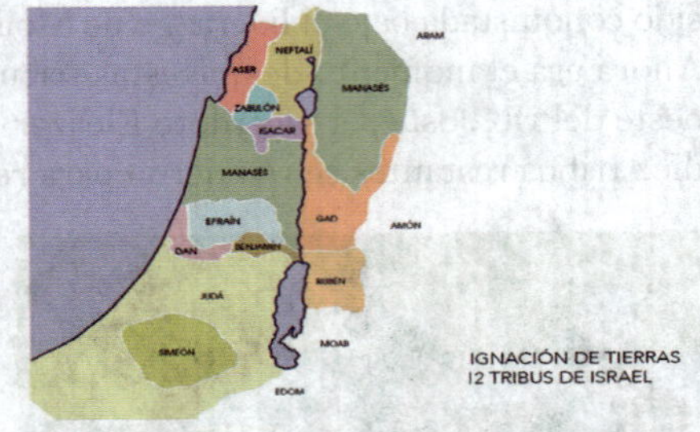

Año del Jubileo

¿Cómo Dios dispuso que cada tribu conservara su tierra para siempre? En la Ley de Moisés, Dios estableció instrucciones específicas. No solo cada tribu recibió un territorio específico, sino que también cada familia recibió una porción de tierra como propia. Cultivaron la tierra durante seis años, pero en el séptimo año, no debían cultivar nada en absoluto. Dios les estaba enseñando que la tierra necesitaba descansar para poder regenerarse; no tenían fertilizantes como los tenemos ahora. Dios prometió que les daría alimento en el año en que la tierra quedara estéril.

Luego, después del año cuarenta y nueve (siete veces siete) o en el año cincuenta, habría una celebración llamada el Año del Jubileo. Si una familia vendía o perdía su tierra por cualquier motivo, la recuperaría durante el Año del Jubileo. Por ejemplo, si una familia empobrecía y les quitaban la tierra, sabían que volvería a ser de ellos durante la celebración del jubileo. Para determinar cuánto se debía pagar por la propiedad, el comprador tenía que saber cuántos años faltaban para el Año del Jubileo. Si acababa de pasar el año del jubileo, el comprador conservaría la tierra durante cuarenta y ocho años más. Por otro lado, si faltaban cinco años para el Año del Jubileo, el comprador solo pagaba por usar la tierra durante cinco años. De esta manera, Dios se aseguró de que todos mantuvieran la tierra dentro de su familia durante las generaciones futuras. Dios quería que cada familia tuviera la capacidad de cuidar de sí misma[2].

Esta es una muestra de cuánto Dios se preocupa por todos y cada uno de nosotros; Él realmente suplirá nuestras necesidades. El pueblo judío ya no sigue estas reglas y se ha acabado el tiempo para el Año del Jubileo. Sin embargo, Dios conoce el tiempo, y considero que esta celebración del Jubileo tiene mucho significado para nosotros en la actualidad y algún día volverá a ser relevante. Así como los israelitas sabían que se les devolverían su tierra algún día, esta tierra será devuelta a la familia de Dios en el último gran Año del Jubileo.

Déjeme explicarle. Si bien Jesús nos dijo que no sabemos ni el día ni la hora en que Dios enviará a Jesús de regreso para recuperar este mundo y todos los santos[3], creo que regresará durante un Año del Jubileo. Solo que no sabemos cuál año. Se le obligará a Satanás que devuelva su gobierno de este mundo a Dios; su tiempo habrá terminado[4]. Y aunque Satanás no renunciará de manera voluntaria a su control, Jesús vendrá y tomará lo que es suyo por derecho[5]. Como he explicado en historias anteriores, cada celebración y evento que Dios le dio a su pueblo en la Ley de Moisés es un retrato que predice algún evento futuro en el plan de Dios para la humanidad. El Año del Jubileo no es la excepción. Pero, como siempre, Dios no intervendrá antes de que sea el momento adecuado. Por lo tanto, hasta ese entonces, Satanás seguirá gobernando nuestro mundo.

Como Dios nos dice en el Nuevo Testamento, nuestra ciudadanía está en el cielo[6], no aquí en el mundo de Satanás. Por ello, debemos acatar las reglas de Dios y las leyes de Dios y, en la medida de nuestras posibilidades, llevar la voluntad de Dios a la tierra como lo es en el cielo[7]. Un día, Jesús vendrá para recuperar la tierra de las manos de Satanás[8]. Y después de que esto se haya cumplido, Dios creará un cielo nuevo y una tierra nueva[9], libres de todos los cambios devastadores que han ocasionado los juicios de Dios. Estas transformaciones comenzaron con la destrucción del Jardín del Edén cuando el hombre (Adán) pecó e incluyen el momento en que Dios envió lluvia por primera vez y destruyó el mundo con el Diluvio. Hasta que Jesús regrese, estamos llamados a estar alerta[10] y listos para reinar con Él[11].

Se les dan ciudades a los levitas

Le recordé antes que a otro de los hijos de Jacob no se le dio ningún territorio específico para su tribu. En una de las historias anteriores de Moisés del Tomo 1, discutimos sobre la tribu de Levi. A esta familia se le dio la responsabilidad de ser sacerdotes, directores de música, cantantes, músicos y administradores, llevando a cabo todas las funciones necesarias para realizar sacrificios, ofrendas y deberes religiosos según la Ley de Moisés, al igual que nuestros pastores y el personal de la iglesia en la actualidad. A los levitas se les dieron ciudades dentro del territorio de cada tribu porque Dios quería que cada tribu tuviera un lugar para adorar con un acceso para que los sacerdotes se confesaran y hagan peticiones a Dios. Los levitas eran pagados por las familias del territorio donde vivían. Los hijos de Aarón eran los sacerdotes de las tribus de Judá, Simeón y Benjamín, y se les dieron trece ciudades y pastos para vivir y criar ovejas. Otros hijos de Levi fueron sacerdotes en los otros territorios.

Seis ciudades fueron designadas como Ciudades de Refugio. Estas ciudades se crearon para ser un refugio seguro para cualquiera que matara a otra persona. La persona podía escapar a la ciudad designada, y nadie podía hacerle daño hasta que su caso fuera visto ante los ancianos (jueces). Si los ancianos llegaban a la conclusión de que se había asesinado a la persona sin intención, sin premeditación ni malicia, se perdonaba la vida del asesino, pero tenía que permanecer en la Ciudad de Refugio hasta que el sumo sacerdote muriera[12]. De esta manera, Dios estaba brindando una manera para que "prevalecieran las cabezas más frías". Podemos aprender una valiosa lección de este mensaje.

Es importante terminar bien

Josué ayudó al pueblo a conquistar las tierras, pero era su responsabilidad individual terminar lo que los israelitas comenzaron juntos. Y el Señor les dio descanso por todas partes, conforme a todo lo que había prometido a sus padres. Ningún enemigo pudo mantenerse en pie. Qué poderoso testimonio para la nación de Israel y para nosotros también.

Nosotros también tenemos la oportunidad de dar un testimonio como ese, demostrando mediante nuestras acciones que Dios nunca nos defraudará. Podemos tropezar y caer, pero Él estará allí para levantarnos. También considero que Dios esperaba que los israelitas aceptaran su regalo de esta Tierra Prometida con gran humildad, entendiendo plenamente que se lo entregó a un gran costo que incluía la vida de muchos hombres, mujeres y niños que habitaban la tierra antes. Además, Dios espera que aceptemos las muchas bendiciones maravillosas que nos brinda con la misma humildad.

Josué lo resumió todo en su discurso de despedida al pueblo:

Elijan ustedes mismos hoy y decidan si van a servir a los dioses de los amorreos y los cananeos, en cuya tierra viven, o a los dioses falsos que sus antepasados eligieron para servir muchas veces. Por mi parte, mi familia y yo serviremos al Señor.

Nosotros también tenemos la opción de ser obedientes o desobedientes. Si elegimos ser desobedientes, pagaremos las consecuencias. Sin embargo, Dios en su misericordia estará listo para perdonar. Tal como veremos varias veces en las próximas historias, Dios siempre fue misericordioso y estuvo dispuesto a aceptar a los israelitas, y hará lo mismo por nosotros. Es nuestra decisión seguir sus mandamientos o seguir nuestros propios caminos. Cuando aprendamos que nuestros caminos son los caminos equivocados, Dios está esperando con los brazos abiertos que regresemos. ¿Cómo podemos evitar tomar malas decisiones y, por lo tanto, el sufrimiento y los problemas que las acompañan? Elijamos como hizo Josué hace tantos años:

"Pero yo y mi casa serviremos al Señor".

Preguntas para profundizar

- ¿Puede recordar un momento en el que Dios entregó lo que prometió? Dios hizo muchas promesas a los creyentes. ¿A dónde acude para encontrar estas promesas?
- ¿Por qué nuestra ciudadanía está en el cielo cuando vivimos aquí en la tierra? Mientras piense en esto, recuerda que Satanás es el gobernante de este mundo. ¿Cuándo obtiene alguien su ciudadanía celestial?
- Josué escogió servir al Señor. ¿A quién elegirá?

Para estudio adicional

1. Deuteronomio 1:35-36: A Caleb se le dio la opción de elegir la tierra debido a su confianza en Dios. Solo él y Josué se pusieron del lado de Moisés y Aarón para entrar a la Tierra Prometida cuarenta años antes.
2. Levítico 25:8-17: Cada quincuagésimo año era el Año del Jubileo cuando la tierra se devolvía a su dueño original. Si la tierra se transfería a otras manos, el precio de venta se determinaba por el número de años que faltaban para el próximo jubileo.
3. Mateo 24:36: Nadie, sino solo el Padre, sabe el día o la hora en que el Hijo del Hombre (Jesús) regresará.
4. Apocalipsis 20:1-3, 10: El tiempo de Satanás en la tierra termina cuando es arrojado al abismo por mil años; luego, es liberado por un corto tiempo y luego arrojado al lago de fuego donde será atormentado día y noche.
5. Apocalipsis 19:11-13; 19-21: Jesús regresa en su caballo blanco y gana la batalla de Armagedón.
6. Filipenses 3:20: Nuestra ciudadanía está en los cielos.
7. Mateo 6:10: El Padrenuestro nos pide que oremos para que venga el reino de Dios y que se haga su voluntad en la tierra como en el cielo.
8. Apocalipsis 19:11, 14, 19-21: Jesús regresa sobre un caballo blanco, listo para derrotar al diablo y sus fuerzas.
9. Apocalipsis 21:1-2: Se crean un cielo nuevo y una tierra nueva así como el primer cielo y la tierra pasaron, con la ciudad santa de Jerusalén como su centro.
10. Mateo 24:36, 42: Nadie sabe el día ni la hora en que Jesús regresará. Por lo tanto, esté alerta.
11. 2 Timoteo 2:11-12: Si morimos con [Jesús], también viviremos con él y reinaremos con él.
12. Números 35:9-35: Dios estableció una Ciudad de Refugio para mantener el orden en la vida de su pueblo. Se dieron instrucciones para el juicio de una persona que mató a otra persona y para el castigo correspondiente.

5

El período de los jueces

Jueces 1-3, 9-12

Ahora que la Familia Elegida estaba firmemente establecida en la Tierra Prometida, Josué encargó a cada tribu que se hiciera cargo de su territorio asignado. Aunque Josué había liderado al ejército contra los habitantes más fuertes de la tierra, quedaban muchas fortalezas más pequeñas para que cada una de las tribus las conquistara por su cuenta. Los instruyó a servir al Señor para que Dios siguiera cuidándolos. Desafortunadamente, las tribus no obedecieron por completo las instrucciones de Josué. Fueron a su territorio asignado, pero algunas familias hicieron las paces con los habitantes existentes y vivieron juntos en armonía. Aunque esto puede sonar como lo que hay que hacer, Dios sabía que los israelitas elegirían seguir los caminos de estos nuevos vecinos en lugar de la Ley de Moisés. No pasaría mucho tiempo antes de que los israelitas supieran por qué Dios les pidió que eliminaran a su enemigo en lugar de hacer las paces.

Los israelitas se apartan del plan de Dios

Los cananeos adoraban a dioses falsos y cada grupo servía a un dios diferente bajo el gobierno de su propio rey. Las ceremonias religiosas de los cananeos incluían actos de adoración que eran abominables para Dios, y muchas veces, los servicios de adoración involucraban placeres malvados, incluyendo actos inmorales. Se hizo muy difícil para los israelitas abstenerse de estos actos malvados porque fueron tentados por el placer que les brindaban esos actos.

Poco tiempo después, los israelitas desarrollaron un patrón de comportamiento que no pudieron romper por casi mil años. Continuaron llamando a Dios como su Dios, pero también se unieron a sus vecinos en sus ceremonias religiosas inmorales. Desde la perspectiva de Dios, era como si los israelitas no lo adoraran

en absoluto porque su comportamiento violaba por completo las leyes que le había dado a Moisés. Dios sabía que su pueblo seguiría los malos caminos de sus vecinos, lo que explica por qué les ordenó aniquilar por completo a los cananeos.

¿Hay algo en su vida que es tan divertido que lo hace a pesar de que sabe que está mal? Tal vez le guste ser malo con su hermanito o su hermanita, o tal vez habla de la gente en el trabajo a sus espaldas. ¿Se dice a sí mismo: "El domingo es el único momento en que puedo descansar o dormir"? Tal vez va a partidos de fútbol o viaja durante el fin de semana en lugar de asistir a la iglesia. De vez en cuando es comprensible, pero permitir que nuestras circunstancias eliminen o reemplacen a la iglesia o nuestro tiempo con Dios no debe convertirse en una rutina. Muchas veces, Dios queda fuera cuando algo o alguien más toma su lugar. No debemos permitir que esto suceda.

No pasó mucho tiempo antes de que los cananeos recuperaran sus tierras y oprimieran al pueblo de Dios. Esta acción ilustra una segunda parte de su patrón de comportamiento: cuando la opresión se volvió demasiado agobiante, los israelitas clamarían a Dios por ayuda. Dios, en su misericordia, les enviaría ayuda al hacer que un líder surja entre ellos, quien se haría cargo y liberaría a los israelitas de sus enemigos. Estos líderes no solo eran comandantes militares, sino también jefes, se les denominaba jueces, y resolvían conflictos entre las tribus y los miembros de la familia. El resto de este capítulo contiene historias que ilustran este patrón de entregarse al pecado y luego clamar por su liberación.

Dios llama a los jueces para liberar a la Familia Elegida

La primera vez que su Familia Elegida clamó, Dios envió un ángel con este mensaje para dar una advertencia al pueblo:

Yo los saqué de Egipto e hicimos un pacto juntos. Prometí protegerlos. Prometieron no hacerse amigo de los habitantes de esta tierra. No me obedecieron. Por tanto, no expulsaré a los pueblos para que se vuelvan como espinas en su costado, y sus dioses sean una trampa para ustedes.

La ira del Señor estalló contra Israel, y los entregó en manos de sus enemigos. Después de varios años, la Familia Elegida se dio cuenta de su pecado y clamó a Dios por su perdón. Dios se compadeció de los gemidos de su pueblo oprimido y afligido por el enemigo. Por lo tanto, nombró a Otoniel como juez para liberar al pueblo. Quizás recuerde del capítulo 4 cuando Otoniel conquistó al pueblo de Hebrón para la tribu de Caleb y, como recompensa, recibió a la hija de Caleb, Acsa, para que sea su esposa. Luego, Otoniel se enfrentó contra sus enemigos, y el Espíritu del Señor vino de una manera poderosa sobre él para que pudiera prevalecer sobre su enemigo y convertirse en el primer juez de Israel. Bajo el liderazgo de Otoniel, el pueblo decidió obedecer los mandamientos de Dios y descansó durante los cuarenta años que Otoniel fue su juez.

Después de la muerte de Otoniel, los hijos de Israel volvieron a hacer el mal ante los ojos de Dios. Por lo tanto, otra vez, Dios permitió que sus enemigos se rebelaran contra ellos y tomaran posesión de su tierra. En consecuencia, los israelitas sirvieron al rey de Moab durante dieciocho años. Y, una vez más, clamaron a Dios por un libertador. Esta vez, Dios envió a Aod, un benjamita zurdo, a pelear contra el rey de Moab y su ejército. Aod fue ante el rey fingiendo estar subordinado a él al llevar un tributo (un pago para evitar que el rey dañe al pueblo).

En realidad, el rey de Moab era un hombre obeso. Aod se acercó al rey y le dijo: "Tengo un mensaje secreto para ti, oh rey". Cuando el rey se levantó de su trono, Aod extendió su mano izquierda, sacó la espada que llevaba en su muslo derecho y la clavó en el vientre obeso del rey. La hoja y la empuñadura fueron tan profundas que la mano de Aod se hundió en su vientre y quedó cerrado por completo. Aod dejó su espada en el vientre del rey, salió y cerró las puertas con llave. Cuando los sirvientes vinieron a ver cómo estaba el rey, pensaron que había cerrado la puerta para ir al baño, así que se fueron. Cuando los sirvientes regresaron y encontraron al rey muerto, Aod ya se había ido.

Cuando los israelitas supieron lo que Aod logró, se alegraron de responder al sonido de su trompeta. Aod reunió a las tropas para la batalla y el ejército de Moab fue destruido por completo bajo su liderazgo. La tierra de Israel tuvo paz durante ochenta años.

El patrón de mala conducta continúa

Tiempo después, luego de la muerte de Gedeón (un juez que aprenderá en el capítulo 7), los hijos de Israel una vez más se alejaron de Dios e hicieron el mal ante sus ojos. Abimelec, el hijo ilegítimo de Gedeón, decidió convertirse en el líder de los israelitas. Mató a setenta de sus medios hermanos para despejar el camino y tomó el control con la ayuda de la familia de su madre. Poco tiempo después, Dios envió un espíritu maligno para dividir a Abimelec y los familiares de su madre, lo que ocasionó una guerra civil. Justo cuando parecía que Abimelec saldría victorioso, una mujer arrojó una gran piedra desde una torre, aplastando la cabeza de Abimelec.

Después de la muerte de Abimelec, Dios nombró otro juez, Tola, para salvar a Israel, y el pueblo se alejó de sus malos caminos. Desafortunadamente, esto no duró mucho. Tan pronto como murieron Tola y Jair (otro juez después de Tola), el pueblo volvió de nuevo a sus malos caminos. Esta vez, Dios los entregó en manos de los filisteos. Después de ver el error de sus caminos, el pueblo volvió a clamar a Dios:

Hemos pecado contra ti, pues te hemos abandonado por adorar a falsos dioses.

Aún frustrado con el pueblo, Dios arremetió:

Los he salvado demasiadas veces; ustedes volvieron a abandonarme y sirvieron a otros dioses, por lo tanto, no los volveré a salvar. Clamen a los dioses que han escogido y que ellos los libren en tiempo de angustia.

Sin embargo, cuando el pueblo de Dios finalmente se alejó de sus ídolos y le mostró a Dios que, en realidad, querían servirle, Él ya no pudo soportar más su sufrimiento. Por lo tanto, Dios nombró a Jefté para liberar a su pueblo. Jefté era fuerte y valiente, un guerrero valiente. No obstante, el pueblo no estaba muy contento con Jefté, ya que era hijo de una ramera (una mujer a la que se le pagaba por sus favores sexuales). A pesar de su rechazo, con el enemigo en la puerta de sus casas, llamaron a Jefté para que fuera su jefe y los guiara en su lucha.

Los amonitas afirmaron que Israel se había apoderado de su tierra. Por lo tanto, Jefté envió un mensaje a su enemigo, los amonitas, diciendo: "Israel no tomó la tierra de Moab, ni la tierra de Amón". Si recuerda, Moab y Amón eran hijos de Lot, y Dios le dio esta tierra a Lot y a sus descendientes[1]. Además, Jefté les dijo:

Ahora están tratando de poseer la tierra que tomamos de los amorreos (otro enemigo vecino); esto no es lo que Dios les dio. Por lo tanto, están haciendo mal al intentar hacer la guerra con nosotros. El Señor demostrará quién tiene la razón y juzgará entre los dos, dándonos la victoria.

Pero el rey de Amón ignoró el mensaje de Jefté y comenzó la batalla.

Luego, el Espíritu de Dios descendió de manera poderosa sobre Jefté, e hizo un voto al Señor:

"La primera persona que me reciba cuando regrese en paz será del Señor". Israel ganó la victoria con facilidad, y cuando Jefté llegó a casa después de la victoria, su hija fue la primera en recibirlo. Ella era su única hija, y vino con panderos y danzas. Cuando la vio, rompió en llanto. Para honrar a su padre, su hija, de manera voluntaria, se convirtió en una ofrenda al Señor al no casarse con un hombre; ella dedicó su vida a Dios. Todos los años, las hijas de Israel conmemoraban su compromiso con Dios para honrarla. Sin embargo, Jefté hizo poco para que el pueblo acudiera de nuevo a Dios, y solo vivió seis años más.

Estos ejemplos demuestran que muchas veces, durante los cuatrocientos años que estuvieron bajo el gobierno de los jueces, el pueblo de Dios sirvió a sus propias necesidades egoístas, prestando muy poca atención a Dios.

La dificultad de obedecer a Dios

¿Por qué fue tan difícil para la nación de Israel honrar constantemente a Dios y obedecer sus mandamientos? Después de todo, todo parecía ir tan bien cuando seguían a Dios: las cosechas crecían en abundancia, sus familias eran felices, los enemigos se alejaban de sus tierras y las peleas entre hermanos eran pequeñas y fáciles de resolver[2]. Pero como los seres humanos somos tan egoístas, siguieron eligiendo sus propios caminos. ¿Cree que lo hubiéramos hecho mejor?

Es fácil ver lo que los demás deberían hacer y criticar sus decisiones, pero no es tan fácil cuando nosotros somos tentados a compartir placeres egoístas con nuestros vecinos. Incluso Pablo, quien escribió muchos de los libros del Nuevo Testamento, tuvo que esforzarse mucho para hacer lo correcto. Aunque amaba y servía a Dios mejor que nadie, admitió que cometía errores con frecuencia. No obstante, reconoció que Jesús lo ayudó y salvó cuando hizo algo malo[3].

Al igual que los israelitas, nos solemos preocupar solo por el momento, sin tomar en cuenta las consecuencias que tendrán nuestras acciones. Solo nos arrepentimos después de que tenemos problemas o cuando aprendemos las consecuencias de nuestros errores. Muchas veces, solo nos arrepentimos de haber sido descubiertos por nuestros pecados o de tener que pagar un precio muy alto. ¿Cómo podemos comenzar a permitir que Dios nos ayude? Solo cuando nos arrepentimos de nuestras acciones con el compromiso de no volver a hacerlo, estamos realmente arrepentidos. Es en ese momento cuando Dios interviene y viene a rescatarnos.

Nuestra tarea es enfocarnos en Dios, y cuando lo hagamos, tendremos la sabiduría y la fortaleza para ver y hacer lo que es mejor. Es entonces cuando podemos anticipar las consecuencias y evitar la tentación, incluso cuando es algo que realmente queremos en ese momento. Dios sabe lo que es mejor para nosotros. Cuando aprendamos a confiar en Él, le serviremos y Él nos dará bendiciones más allá de lo que podemos imaginar[4]. No siempre sabemos cuándo vendrán estas bendiciones (en este mundo o en el futuro), pero la Biblia es clara en que cuanto más sacrifiquemos, más bendiciones recibiremos en la eternidad[5].

Preguntas para profundizar

* ¿Puede ver por qué fue tan difícil para los israelitas seguir el plan de Dios?
* Con frecuencia, un nuevo ministro vendrá a una iglesia y sucederán muchas cosas buenas. Luego, cuando el ministro se va, todo parece derrumbarse. ¿Tiene una explicación? ¿Cómo se compara esto con los jueces en Israel?
* ¿Qué lo tentaría y haría que se alejara del plan de Dios?

Para estudio adicional

1. Deuteronomio 2:9, 19: Dios dio la tierra al este de la Tierra Prometida a Moab y Amón, los hijos de Lot. Instruyó a los israelitas que dejaran esta tierra en paz porque no era de ellos.
2. Deuteronomio 28:1-14: Dios prometió una gran cosecha, una familia feliz y una vida exitosa si su pueblo obedecía la Ley de Moisés.
3. Romanos 7:15-25: Pablo dijo que luchó por hacer lo que sabía que era lo correcto; se dio cuenta de que el mal estaba en él, pero también supo invocar a Dios, quien lo ayudaría y salvaría de todos sus pecados.
4. Efesios 3:20: Y a Aquel que es poderoso para hacer todas las cosas mucho más abundantemente de lo que pedimos o entendemos, según el poder que actúa en nosotros.
5. 1 Pedro 1:6-7: Aunque suframos diversas dificultades en esta vida, los que sufran serán glorificados con Jesús cuando él regrese.

6
Débora y Barac

Jueces 4-5

omo hemos visto en las historias anteriores sobre la Familia Elegida de Dios, la nación de Israel tuvo dificultades para obedecer los mandamientos de Dios. Después de la muerte de su líder Aod, los israelitas volvieron a hacer el mal ante los ojos de Dios. Y como consecuencia, Dios permitió que Jabín, rey de los cananeos, conquistara su tierra; Jabín trató a los israelitas con mucha dureza. Después de veinte años de dominación y crueldad, Israel clamó a Dios para que los ayude. En ese momento, Israel no tenía un rey, por lo que Dios nombró jueces (líderes) para llevar a su pueblo a la victoria sobre sus enemigos, guiarlos y resolver las discrepancias entre el pueblo.

Débora, profetisa y jueza en Israel

En esta historia, Dios envió su promesa de liberación a través de una profetisa llamada Débora. Al igual que un profeta varón, transmitió mensajes de Dios al pueblo. Ella también fue llamada por Dios para juzgar a Israel. La Biblia no explica por qué a una mujer se le dio este rol de líder, pero sabemos que los hombres no estaban guiando al pueblo a seguir a Dios. Los hijos de Israel acudieron a ella para un juicio en un lugar conocido como la Palmera de Débora. Sin embargo, ella no era una líder militar. Ella se enteró por Dios que Barac era el líder militar elegido para liberar a su pueblo de la opresión de Jabín. Sin embargo, Barac no estaba tan seguro. Por lo tanto, él le dijo: "Solo iré si tú me acompañas".

Débora estuvo de acuerdo, pero le dijo a Barac que no recibiría todo el crédito por la victoria. Ella profetizó que una mujer mataría a Sísara, el líder del ejército de Jabín. Cuando Sísara se enteró de que Barac venía tras él, reunió todos sus novecientos carros de hierro para asustar al ejército de Israel. Sísara esperaba que los israelitas estuvieran demasiado asustados para pelear. Pero Débora, teniendo en cuenta que Dios estaba con los israelitas, dijo a Barac: "Levántate, el Señor ha salido delante de ti". Con esta confirmación, Barac lideró el camino y, como prometió Débora, el Señor ayudó a los israelitas a derrotar al ejército de Sísara y sus carros de hierro. Sin embargo, Sísara escapó y Barac la persiguió.

Un final sorprendente para la batalla

Sísara escapó a una ciudad donde el pueblo no era parte de la lucha; encontró refugio con un hombre que se llamaba Heber, o eso pensó. La esposa de Heber, Jael, tenía otros planes. Jael invitó a Sísara a esconderse en su casa y fingió protegerlo colocando una gran alfombra sobre él para esconderlo de Barac. Sin embargo, después de que Sísara se instaló de forma segura en su escondite, Jael tomó una estaca de la tienda y un martillo, y clavó la estaca a través de la alfombra por su sien. Cuando llegó Barac tiempo después, Jael lo llevó adentro para mostrarle el cadáver de Sísara debajo de la alfombra.

La primera vez que leí la historia, realmente esperaba que Débora fuera la que matara al líder enemigo, ¿tú no? Sin embargo, Débora no era la líder militar; ese era el trabajo de Barac. Pero debido a que él no estaba dispuesto a confiar en Dios sin la ayuda de Débora, Dios le quitó una parte del crédito de la victoria a Barac. Esto no significa que Dios no usó a Barac de una manera poderosa. De la misma manera, el hecho de que decepcionemos a Dios no significa que no nos usará. Aun así, nos perdemos algunas de las bendiciones que Dios quiere darnos cuando no confiamos plenamente en él[1]. En tiempos bíblicos, era importante que el líder del ejército fuera reconocido como el vencedor frente a su pueblo. Para recibir el crédito por la victoria, el líder victorioso mataría al líder del enemigo para que todos lo vieran. Sin embargo, en este caso, Barac perdió el privilegio de matar a Sísara.

Como profetizó Débora, una mujer (Jael) mató a Sísara, el líder del enemigo de Israel. Como consecuencia, Jael se hizo famosa en todo Israel. Débora y Barac escribieron una canción en su honor y le dieron el crédito por asegurar la victoria sobre su enemigo. Por lo tanto, a Barac no le importó compartir el crédito con una mujer, y no se resistió a compartir el rol de líder con Débora por el resto de su vida. Durante los siguientes cuarenta años, Débora y Barac juzgaron a Israel en paz.

Esta historia es uno de los pocos lugares en el Antiguo Testamento donde a una mujer se le dieron más responsabilidades de liderazgo con autoridad que los hombres[2]. Por ahora, ya habrá descubierto mi forma de interpretar estas historias del Antiguo Testamento; si es así, sabrá que considero que Dios está tratando de enseñarnos lecciones al revelarnos sus caminos a través de estos eventos históricos. ¿Por qué Dios eligió compartir esta historia con nosotros? ¿Y por qué Dios colocó a Débora en esta posición de autoridad?

Relación del mensaje de Débora y Barac en la actualidad

¿Cómo se relaciona esta historia con nosotros en la actualidad? Si recuerda, uno de los castigos que se le dio a la mujer en el Jardín del Edén era que el hombre tuviera "autoridad" como cabeza de familia[3]. Sin embargo, ¿qué pasa si un hombre necesita o solicita la ayuda de una mujer, como lo hizo Barac con Débora? ¿O qué pasa si un hombre no cumple con sus deberes, abdicando de esta manera (renunciando) a su rol? El fracaso de cada hombre dejaría un vacío. Debido a que el pueblo de Dios volvió a ser desobediente, es posible que Dios haya elegido a Débora como juez porque los hombres de su época no habían cumplido su responsabilidad.

Creo que los eventos de esta historia se parecen a lo que está sucediendo en nuestro mundo actual. Con los cambios en la tecnología y el estilo de vida, es menos común que las mujeres se queden en casa para ocuparse de las responsabilidades diarias. Los hombres han necesitado y han pedido ayuda a las mujeres en el lugar de sus trabajos, de manera similar a cómo Barac solo sería líder con la ayuda de Débora. Y también, así como los israelitas, muchas veces el hombre no ha cumplido con sus responsabilidades de liderazgo que se le asignó, tanto como líder en la iglesia y como cabeza de familia.

Como consecuencia, las mujeres han asumido de una manera correcta (considero) posiciones de liderazgo.

Sin embargo, algunas iglesias cristianas admirables todavía creen firmemente que es responsabilidad exclusiva del hombre liderar la iglesia, y las mujeres de esas congregaciones pueden estar de acuerdo. En realidad, Pablo se sintió así cuando les dijo a los corintios que las mujeres debían guardar silencio en la iglesia[4]. ¿Es posible que ambos puntos de vista sean correctos?

Las Escrituras claramente apoyan la visión de Dios del hombre y la mujer como iguales, tanto en la creación como en la eternidad[5]. Entonces, ¿por qué Dios puso al hombre como la autoridad? Fue la decisión de Eva, cuando comió del fruto prohibido, lo que ocasionó el rol que se le asignó a la mujer[3]. Si las mujeres ahora pueden ser líderes, ¿qué cambió? Analicemos las Escrituras para comprender este cambio de roles.

El rol de la mujer en la iglesia

Desde principios del siglo XX, han surgido discrepancias sobre el rol de la mujer en la sociedad y, sobre todo, en la iglesia. En la actualidad, muchas grandes trabajadoras y líderes mujeres sirven en la iglesia. Pero el hecho de que las mujeres hayan asumido un rol de liderazgo no significa que Dios lo haya respaldado. En el pasado, la sociedad no solía permitir que las mujeres ocuparan una posición de liderazgo, y eso sucedía en la iglesia. Dado que la sociedad ha cambiado, muchos líderes cristianos ahora creen que es aceptable permitir que una mujer asuma un rol de liderazgo en la iglesia. Pero el hecho de que la sociedad haya cambiado no significa necesariamente que las iglesias deban seguirla.

Existen evidencias importantes en la Biblia que limitan los roles de liderazgo que las mujeres deben tener en la iglesia[6]. Pablo fue claro cuando dijo que no permitía que las mujeres lideraran en su iglesia; él creía que esta orden procedía de Dios[7]. Pedro dijo que las mujeres debían someterse o ser sumisas a la autoridad de sus esposos[8]. Sin embargo, tenemos pruebas de que no todas obedecieron a Pablo en la orden de que las mujeres guarden silencio en la iglesia, y algunos pasajes en las Escrituras apoyan roles más amplios para las mujeres en la iglesia.

Primero, podemos tener un concepto erróneo del rol de Dios para las mujeres en los tiempos bíblicos. El Libro de los Proverbios revela una perspectiva mucho más amplia de la mujer como colíder de la familia, con una posición también en la sociedad. Proverbios 31 describe la visión de Dios de una esposa ideal:

Mujer virtuosa, ¿quién la hallará? Porque su estima sobrepasa largamente a la de las piedras preciosas[9].
Considera la heredad, y la compra, y planta viña del fruto de sus manos[10].

¿Creía que comprar y sembrar era solo un "trabajo de hombres"? No es así, según Proverbios. La esposa excelente también está llamada a hacerse fuerte. Y no solo hacía ropa, sino que vendía la ropa a los comerciantes en el mercado. Estas escrituras animan a las mujeres a ser buenas personas de negocios.

Proverbios continúa diciendo que se anima a una mujer a compartir su sabiduría, y es importante escuchar sus enseñanzas sobre la bondad[11]. La descripción de la esposa "excelente" termina diciendo que una mujer que teme al Señor es la que debe ser alabada[12].

¿Sabía que el ministerio de Jesús fue financiado por mujeres?[13] ¿Y que las mujeres formaban parte del grupo de discípulos que lo seguían en sus viajes de un lugar a otro?[14] Mientras sus doce apóstoles se escondían o corrían con temor después de su arresto, un grupo de mujeres estuvieron con él al final mientras lo veían sufrir en la cruz; estas mujeres fueron también las que fueron a la tumba después de la muerte de Jesús y a quienes Jesús se les apareció por primera vez después de su resurrección[15].

Además, un hecho importante es que Felipe, uno de los siete elegidos para ayudar a los doce apóstoles a servir a las viudas, tenía cuatro hijas que eran todas profetisas[16], lo que significa que no permanecieron en silencio en la iglesia. De hecho, incluso Pablo dio instrucciones sobre la manera adecuada para que las mujeres oraran y profetizaran en la iglesia[17]. Así que Pablo reconoció que no todas las iglesias seguían sus prácticas para que las mujeres guardaran silencio.

Pero, en su mayor parte, las mujeres desempeñaron un rol de apoyo. Y hasta hace poco, la práctica de Pablo de tener solo hombres como autoridad era el punto de vista que predominaba. ¿Ha aprobado Dios un cambio? Creo que la historia de Débora y Barac es una profecía que se hizo realidad a partir del siglo XX. Como lo ha hecho muchas veces antes, Dios tuvo que encontrar otra fuente para llevar su Palabra a la humanidad. Si no estamos siguiendo el plan de Dios, Él le dará nuestras responsabilidades y bendiciones a otra persona; al igual que con Débora y Jael, ha elegido mujeres para que le ayuden como sus mensajeras en la actualidad. La necesidad se creó cuando los hombres solicitaron la ayuda de las mujeres y también cuando los hombres no cumplieron su responsabilidad de ser líderes fuertes. Dios está dando responsabilidad compartida a hombres y mujeres para liderar como lo hizo con Débora y Barac. Jesús dijo: "Si el pueblo calla, las piedras gritarán"[18]; entonces, ¿por qué no las mujeres?

Demasiados hombres han permanecido en silencio y necesitan la ayuda de su "compañera". ¿Esto niega el castigo que Dios le dio a la mujer en el Jardín del Edén? No necesariamente. De lo contrario, también se podría decir que el hombre estaba tratando de revertir su castigo cuando inventó el tractor para reducir el trabajo duro que se necesitaba para cultivar la tierra. Aunque este ejemplo puede que no sea exactamente el mismo, es bastante parecido para aclarar el punto de vista.

Un testimonio personal

Cuando tenía doce años, una mujer dirigió un avivamiento en mi iglesia local. ¡Sí que era una predicadora inusual en 1961! Una noche nos dijo que dependía de cada persona elegir creer que Jesús vino a salvarnos de nuestros pecados. Ella preguntó: "¿Alguien quiere aceptar a Jesús como su Salvador esta noche?". Crecí en la iglesia; sabía quién era Dios y, todo el tiempo, acepté lo que me enseñaron acerca de Jesús. Pero nunca, de la manera como ella lo dijo, "elegí creer de una manera en particular" que Jesús era mi Señor y Salvador.

Así que esa noche caminé hacia el frente de la iglesia para clamar a Jesús como mi Salvador. No puedo decir que fui muy diferente después de eso, pero las cosas en mi vida cambiaron. Desde ese día, he tenido la certeza de que tengo un Salvador que murió por mí, incluso si no obedezco todos los mandamientos. Sé que tengo un Padre Celestial y un Salvador que me aman y quieren que esté con ellos para siempre. Ese mismo año, comencé a leer mi Biblia casi todos los días, y hasta el día de hoy, cincuenta y siete años después, he seguido con esta práctica.

Creo firmemente que mi cambio sutil, pero significativo se dio, en parte, a que Dios obraba a través de una mujer. Si bien nuestra "experiencia" personal no puede invalidar la Palabra de Dios, esta puede ayudarnos a interpretar las Escrituras de una manera correcta. Estoy agradecido por esta mujer que habló esa noche, y creo que ella era una ministra de Dios. ¿He justificado lo que quiero creer o he interpretado la Biblia de una manera correcta? Aunque pasaron muchos años antes de que hiciera esa relación, la historia de Débora y Barac me ayudó a comprender la voluntad de Dios para que las mujeres participen de una manera activa en el liderazgo de la iglesia.

Solución de las discrepancias

Como he señalado, incluso durante los primeros años de la iglesia, no todos siguieron el mismo plan y el mismo rol para las mujeres. Pablo dijo que las mujeres debían estar en silencio en la iglesia[7], mientras que otras iglesias en la época de Pablo permitían a las mujeres profetisas[16, 17]. Hoy no somos diferentes. No creo que ningún grupo esté equivocado mientras siga la dirección de Dios. Pablo se quedó en la casa con Felipe, cuyas hijas eran profetisas[19]. Sin dudas, incluso con diferentes puntos de vista, estos dos pudieron llevarse bien. ¿Qué podemos concluir?

Si los hombres asumen toda la responsabilidad en el liderazgo de la iglesia, y la iglesia cree que los hombres deben mantener este rol, agradezcamos que los hombres de Dios estén dispuestos a ponerse de pie y ser contados como líderes de Dios. Después de todo, están siguiendo el plan establecido por Pablo en el Nuevo Testamento. Y de la misma manera, animo a aquellas iglesias que no permiten que las mujeres desempeñen ciertos roles de liderazgo a que acepten a otras iglesias que lo hacen, basándose en que estas mujeres están desempeñando el rol que se les pidió, u ocupando las posiciones de los hombres, al igual que Débora y Jael lo hicieron en esta historia del Antiguo Testamento.

Este es mi relato y mi interpretación; cada uno de nosotros es responsable ante Dios de buscar la verdad que la Biblia tiene para ofrecer. Si busca la sabiduría y la guía de Dios con la ayuda del Espíritu Santo, él le dará la interpretación adecuada. Necesitamos asegurarnos de que no estamos solo justificando lo que queremos creer. Cuando realmente intentamos interpretar la Palabra de Dios de manera correcta, considero que Dios honrará nuestras diferentes opiniones y conclusiones si aprendemos a estar en desacuerdo con amor y respeto mutuo.

Preguntas para profundizar

- ¿Aprendió de Barac que debemos confiar en Dios, incluso cuando tenemos miedo? Nuestra confianza pertenece a Dios, no a los demás. ¿No es bueno saber que Dios entiende y le enviará ayuda de todos modos?
- ¿Qué dice su iglesia acerca de las mujeres que ocupan posiciones de liderazgo en la iglesia?
- No importa lo que crea sobre el rol de una mujer en la iglesia, ¿se da cuenta cómo todos seremos iguales a los ojos de Dios en el cielo?
- Debido a que todos somos diferentes, no todos pensaremos igual. Por lo tanto, debemos aprender a no estar de acuerdo en el amor, respetando las opiniones y sentimientos de los demás. Sin embargo, es de igual manera importante mantenerse firme en lo que Dios dice que es correcto e incorrecto.

Para estudio adicional

1. 1 Corintios 3:15: Las acciones y actividades en nuestra vida que no son beneficiosas para Dios ocasionarán la pérdida de las bendiciones que Dios tiene guardadas para nosotros.
2. 2. Mujeres líderes y profetisas en otras partes del Antiguo Testamento:
    a. 2 Reyes 11:1-4: Atalía tomó el trono después de la muerte de su hijo y gobernó el Reino de Judá durante siete años.
    b. 2 Reyes 22:14-20: Los líderes de Israel acudieron a Hulda, una profetisa, en busca de consejo.
3. 3. Génesis 3:16: Parte del castigo de Eva por comer la manzana fue que el hombre (su esposo) estaría a cargo.
4. 4. Corintios 14:34-35: Las mujeres deben guardar silencio en la iglesia.
5. 5. El hombre y la mujer fueron iguales en la creación y seguirán siéndolo en la eternidad:
    a. Gálatas 3:28
    b. 1 Corintios 11:11-12

6. Se impusieron limitaciones al rol de la mujer en la iglesia, sin embargo, no está claro si hubo una regla en contra de las mujeres líderes:
    a. 1 Timoteo 2:12: Pablo le dijo a Timoteo, con respecto al rol de la mujer en la iglesia, "no permito a la mujer enseñar, ni ejercer dominio sobre el hombre, sino estar en silencio".
    b. 1 Corintios 14:34: Pablo llama a las mujeres a guardar silencio en la iglesia.
    c. 1 Timoteo 3:1-16: Pablo le da instrucciones a Timoteo para los líderes. Al describir el rol principal en la iglesia (obispo), solo enumera a los hombres; al describir un rol de liderazgo de apoyo (diácono), las personas tienen diferentes interpretaciones sobre si las mujeres podrían asumir este puesto.
    d. 1 Corintios 11:5: Pablo reconoce que a las mujeres se les permite orar y profetizar, por lo que debe haber sido una decisión personal que él prefiriera que las mujeres guardaran silencio, no algo que Dios limitó.
7. 1 Corintios 14:34-38: Pablo comparte que las mujeres deben guardar silencio en la iglesia y que él recibió este mandato de Dios.
8. 1 Pedro 3:1-2: Las mujeres deben reconocer el rol del esposo como el que tiene autoridad.
9. Proverbios 31:10: Una esposa excelente vale mucho más que las piedras preciosas.
10. 10. Proverbios 31:16: Esta excelente esposa compra un campo; con sus ganancias planta un viñedo.
11. Proverbios 31:26: Una mujer enseña sobre la bondad.
12. Proverbios 31:30: La mujer que teme al Señor será alabada.
13. Lucas 8:3: El ministerio de Jesús fue financiado por mujeres ricas.
14. Lucas 8:1-2: Había mujeres entre los discípulos de Jesús que lo seguían mientras viajaba de un lugar a otro.
15. Un grupo de mujeres vio como Jesús sufría en la cruz y fue a la tumba después de su muerte. Jesús se apareció por primera vez a estas mismas mujeres después de su resurrección:
    a. Mateo 27:55-56
    b. Juan 19:25
    c. Mateo 28:1-8
16. Hechos 21:9: Las hijas de Felipe eran profetisas, lo que significa que hablaban sobre los mensajes de Dios (Ver también Hechos 6:1-5).
17. 1 Corintios 11:5: Pablo instruye a las mujeres a orar y profetizar en la iglesia con la cabeza cubierta.
18. Lucas 19-39-40: Jesús les dijo a los líderes judíos que si el pueblo guardaba silencio, las rocas gritarían.
19. Hechos 21:8-9: Pablo se quedó en casa de Felipe en su camino a Jerusalén. Las hijas de Felipe eran profetisas.

7

Gedeón, el más pequeño se convierte en el más importante

Jueces 6-8

Después de cuarenta años de paz, los israelitas volvieron a hacer el mal ante los ojos de Dios, y el Señor los entregó en manos de los madianitas por siete años. El poder de los madianitas era tan fuerte que el Pueblo de Dios se escondió en cuevas para escapar de su ira. En el tiempo de la cosecha, los madianitas robaban el producto después de que se terminaba todo el arduo trabajo. Israel se dio cuenta de su necesidad y, de nuevo, clamó al Señor por su ayuda.

Dios llama a un líder insólito

Dios envió un profeta para contarle a Israel sobre sus malos caminos y cuán desobedientes habían sido. Al mismo tiempo, Dios envió un ángel a Gedeón, uno de los hijos de Manasés. El ángel se presentó a Gedeón diciendo: "El Señor está contigo, oh valiente guerrero". Gedeón estaba perplejo. Si el Señor estaba con él, ¿por qué su pueblo luchaba con su enemigo? Gedeón se sintió abandonado por Dios, pero Dios lo conocía mejor y dijo a Gedeón: "Ve con tu fuerza y salvarás a Israel de la mano de los madianitas".

Gedeón se asustó y le preguntó a Dios cómo podía liberar a Israel. Gedeón explicó que Manasés no era una tribu fuerte y que su familia no era muy apreciada en Manasés. Además, era el hijo menor de su familia, sin una posición para reclamar ningún liderazgo o autoridad. Recuerde, el hijo menor de una familia heredaba menos y se sometía a lo que su hermano mayor le diera. En ese caso, ¿cómo esperaba Dios que Gedeón asumiera algún rol de liderazgo? Cuando el ángel se le apareció por primera vez, estaba haciendo pan en un lagar para tratar de evitar que los madianitas se enteraran de lo que estaba haciendo. Estaba muy asustado. ¿Cómo podría enfrentarse a los madianitas y ayudar a liberar a su pueblo?

La posición de Gedeón dentro de la nación de Israel me da la oportunidad de compartir una lección importante. A Dios no le interesa nuestra posición social o estatus aquí en la tierra. Una vez más, aprendemos que los caminos de Dios no son como los caminos del hombre. Él puede y usa a cualquiera que esté dispuesto a servirle, desde el más grande hasta el más pequeño[1]. Él no hace distinción de personas[2]. Puede que se sienta tan pequeño como Gedeón, el hermano menor de una familia insignificante, pero Dios puede usarlo y lo usará. Prepárese para su llamado porque él está preparado para darle lo que necesita. Veremos que Dios permitió que Gedeón lo pusiera a prueba para que pudiera estar seguro de que era Dios quien le decía que haga esta tarea, la cual no se sentía digno de hacer. Dios demostró varias veces que estaría con él durante todo el camino. Y si Dios llama, hará lo mismo por usted. Por lo tanto, incluso si no siente que es tan fuerte, inteligente o popular, puede confiar en que Dios estará allí con usted y le dará lo que necesita, de una forma sobrenatural, si es necesario.

Gedeón defiende el nombre de Dios

Gedeón le pidió a Dios: "Si he hallado gracia, por favor dame una señal de que eres tú quien me habla". Según las instrucciones del ángel, Gedeón preparó un altar y colocó sobre él la carne de un cabrito y pan. Luego, el ángel tocó la carne y el pan con su vara, y salió fuego del altar y consumió la comida. Al instante, el ángel del Señor desapareció de su vista. Hasta ese momento, Gedeón no entendía que un ángel estaba con él, pero ahora temía por su vida. Sin embargo, Dios habló a su corazón y lo convenció de que no moriría. Luego, Gedeón dedicó el altar a Dios y lo llamó "El Señor es paz".

Esa noche, Dios le dio instrucciones específicas a Gedeón para que tomara dos toros para ofrecerlos como sacrificio. Antes del sacrificio, se le dijo que derribara el altar de Baal y Asera, el dios y la diosa de los madianitas. En su lugar, Dios quiso que se construyera un altar donde se pudieran ofrecer los toros como sacrificio, utilizando la madera del ídolo de Asera. Gedeón tomó diez hombres de la casa de su padre e hizo como el Señor le ordenó. Lo hizo de noche porque tenía demasiado miedo de los madianitas.

Cuando los madianitas se levantaron temprano en la mañana, descubrieron lo que había sucedido. "¿Quién hizo esto?", ellos preguntaron. No les tomó mucho tiempo descubrir que fue Gedeón. Los hombres fueron inmediatamente a la casa de Gedeón y exigieron que se les entregara. Pero el padre de Gedeón dijo: "¿Van a defender a Baal? Si, en realidad, es un dios, él mismo se vengará" (es decir, ¿haría el trabajo de Baal por él?). Los madianitas se fueron sin Gedeón, cuyo nombre fue cambiado ese día a Jerobaal, que significa, "Que Baal luche contra él".

Gedeón necesita garantías con la guerra inminente

Los madianitas se enojaron y enviaron su ejército al valle de Jezreel para hacer la guerra a los israelitas y castigarlos por su insolencia. Pero Gedeón ahora tenía el Espíritu del Señor con él, así que tocó una trompeta llamando al ejército de Israel para que viniera a ayudar. Gedeón todavía quería saber que Dios estaba con él, así que preparó una prueba. Puso un vellón de lana en el campo de trillar y declaró: "Si el rocío estuviere en el vellón solamente, quedando seca toda la otra tierra, entonces entenderé que salvarás a Israel por mi mano". A la mañana siguiente, el suelo estaba seco y el vellón mojado, tanto que se llenó un tazón de agua con el vellón. Pero Gedeón aún no estaba seguro. Por lo tanto, volvió a pedir a Dios: "No se encienda tu ira contra mí. Pero, ¿puedo pedir un favor más? Te ruego que solamente el vellón quede seco, y el rocío sobre la tierra". Y Dios lo hizo tal como Gedeón le pidió. Gedeón ahora estaba listo para la batalla.

Jerobaal, como ahora se llamaba a Gedeón, llevó su ejército al manantial de Harod. Pero a Dios le preocupaba que hubiera demasiados en el ejército de Gedeón. Dios no quería que el pueblo se jactara de ser responsable de la victoria. Quería que supieran que fue Dios quien los liberó. Gedeón tenía un ejército de treinta y dos mil; los madianitas tenían un ejército de 135.000. Me parece que Gedeón no tenía suficientes soldados, pero Dios pensó lo contrario y le ordenó a Gedeón que les dijera a todos los que tenían miedo que se fueran a casa. Veintidós mil abandonaron el campamento y regresaron a casa. Ahora, en realidad, parecía que Gedeón estaba en desventaja. Pero Dios no había terminado; sintió que todavía había demasiados en el ejército de Gedeón. Para ir a la guerra en aquellos días, cada ejército se alineaba en los extremos opuestos del valle, y hasta mil hombres de cada lado marchaban hacia el medio. Si los hombres de Gedeón ganaron de una manera abrumadora todas las veces, seguramente pensaron que ellos ganaron la batalla, en lugar de Dios.

En consecuencia, Dios instruyó a los diez mil hombres restantes para que tomaran agua del manantial de Harod. Cuando los hombres fueron a tomar agua, trescientos hombres se arrodillaron y se llevaron el agua a la boca y la lamieron, mientras que otros 9.700 pusieron sus rostros en el agua y la tomaron directamente del manantial.

¿Quiénes cree que fueron los soldados que estaban mejor preparados? Por supuesto, fueron los trescientos que se arrodillaron y se llevaron el agua a la boca, manteniendo la vista en alto y buscando cualquier peligro. De una manera sorprendente, Dios envió a casa a los 9.700 hombres. Esto dejó a Gedeón con solo trescientos hombres para luchar contra el enorme ejército de los madianitas.

Dios entrega la victoria

Dios le dijo a Gedeón que ahora estaba listo para la batalla y cuando obtuvo la victoria, no pudieron negar que fue Dios quien los liberó. Esa noche, Dios le dio a Gedeón una idea de su plan; quería aliviar a Gedeón de cualquier temor que aún tenía y mostrarle que Él (Dios) estaba a cargo. Ordenó a Gedeón que llevara a su sirviente con él y se escabullera al campamento de los madianitas. Cuando Gedeón llegó al lugar del campamento, un hombre estaba contando un sueño a sus compañeros soldados, diciendo: "He aquí yo soñé un sueño: Veía un pan de cebada que rodaba hasta el campamento de Madián, y llegó a la tienda, y la golpeó de tal manera que cayó, y la trastornó de arriba abajo, y la tienda cayó". Uno de los soldados respondió: "Esto no es otra cosa sino la espada de Gedeón. Dios ha entregado en sus manos a los madianitas".

Cuando Gedeón escuchó a los hombres hablar, se inclinó como señal de adoración. Regresó al campamento y dijo a sus hombres: "Levántense porque el Señor ha entregado a los madianitas en sus manos". Gedeón dividió a los trescientos hombres en tres escuadrones y le dio a cada uno una trompeta, un cántaro vacío y una antorcha. Les dijo que lo miraran y que hicieran lo que les indicaba. Cada uno de los tres ejércitos de cien hombres rodeó todo el campamento de los madianitas. En el momento oportuno, todos tocarían las trompetas, romperían los cántaros, agitarían sus antorchas y proclamarían: "Una espada para el Señor y para Gedeón". Pero en lugar de atacar el campamento, los trescientos hombres permanecieron en su lugar. Los madianitas despertaron de su sueño, gritando y gateando en diferentes direcciones en una gran confusión. Todavía estaba oscuro y estaban tan asustados que tomaron sus espadas y comenzaron a matarse unos a otros, pensando que el otro era el enemigo. Los que no murieron huyeron.

Ahora era el momento de llamar a los refuerzos israelitas de la tribu de Efraín para perseguir a los soldados madianitas. Los hombres de Efraín mataron a Oreb y Zeeb, dos de los reyes de Madián. Cuando llevaron las cabezas de estos dos líderes a Gedeón, le preguntaron: "¿Por qué no nos llamaste para pelear contra los madianitas?". Estaban muy enojados con Gedeón, pero él les respondió con tranquilidad: "¿Qué he hecho que se compare con lo que  has logrado al matar a estos dos reyes?". Como consecuencia, su ira se calmó y los hombres de Efraín quedaron satisfechos con su contribución.

Gedeón, con sus trescientos hombres y ahora otros con él, siguieron peleando todo el día, y al final del día, se cansaron. Pidió a los hombres de las ciudades de Sucot y Peniel que les den pan y agua a sus hombres. Estos hombres no estaban convencidos de que Gedeón ganaría la batalla, por lo que rechazaron su pedido. Gedeón prometió vengarse cuando su victoria fuera segura. En ese momento, solo quedaban quince mil hombres en el ejército madianita; ciento veinte mil ya estaban muertos. Después de que los quince mil hombres restantes fueron capturados y asesinados, Gedeón regresó para castigar a los hombres que se negaron a dar pan y agua a sus hombres.

Luego, Gedeón dirigió su atención a los dos reyes de Madián capturados que quedaban. Debido a que mataron a miembros de su familia, pronunció una sentencia de muerte sobre estos dos reyes. Primero, trató de dejar que su hijo tuviera el honor de matarlos, pero era demasiado joven y tenía miedo de hacerlo, por lo tanto, Gedeón los mató él mismo. Aunque nuestra cultura actual considera esto como demasiado violento, así era cómo las personas en los tiempos del Antiguo Testamento establecían autoridad y respeto.

Comprendiendo el estilo de vida severo de esos tiempos

Todo esto de golpear y matar nos parece que no es correcto. A lo largo de la historia, lo que es aceptable ha cambiado. La sociedad sigue lo que los líderes en la actualidad creen que es correcto. Desafortunadamente, los líderes pocas veces preguntan a Dios lo que Él piensa. Muchas cosas han cambiado en la cultura estadounidense desde que yo era joven. Creo que estos cambios van en contra de lo que Dios elegiría, pero los que toman las decisiones no están de acuerdo. Y Dios ha escogido permitir que el hombre tome las decisiones. Por desgracia, aunque de manera comprensible, Dios también dejará que paguemos las consecuencias de nuestras malas decisiones.

Ahora bien, ¿por qué Dios honraría acciones tan violentas? No es que Dios honre el estilo de vida de esos tiempos, sino que elige no intervenir. Es difícil para nosotros aceptarlo, pero recuerde, hace muchos años Él decidió que debido a que el pueblo se puso en su contra de una manera tan violenta, se concentraría en una sola familia, la de Abraham, Isaac y Jacob. Y Jesús nos dijo que Dios aceptará ciertas acciones del hombre que no son parte de su plan, incluso las acciones que cometieron aquellos que fueron miembros de la Familia Elegida[3], mientras trabaja para lograr su mayor propósito: reconciliar a la humanidad con Él. Por lo tanto, desde un punto de vista de la eternidad, Dios tiene en mente lo que es mejor para nosotros.

Los hombres de Israel querían que Gedeón los gobernara como rey. Pero Gedeón, conociendo a Dios y conociendo su lugar, dijo: "Yo no los gobernaré a ustedes ni tampoco los gobernará mi hijo. El Señor los gobernará" (RVA-2015). Gedeón pidió que cada hombre le diera un aro de oro que fue usado por los soldados madianitas. Lamentablemente, en contra de los mandamientos de Dios, Gedeón usó los aros para hacer un ídolo. No obstante, Gedeón juzgó a Israel durante cuarenta años y, con excepción de esa imprudencia, sirvió fielmente a Dios e Israel permaneció en paz con sus enemigos.

¿Está listo para seguir a Dios cuando le llama a hacer un trabajo que parece demasiado grande? Muchos líderes de la iglesia en la actualidad se están alejando de lo que es correcto ante Dios. Les interesa demasiado sus propios deseos y se han olvidado de Dios. Dios está esperando a alguien que se una a su causa[4]. Si escucha atentamente, puede darse cuenta de que le está llamando. Si es obediente, recibirá muchas bendiciones y verá a Dios obrar milagros en su favor, tal como lo hizo con Gedeón. Él puede estar llamándolo para despertar a los líderes de la iglesia y que guíen a todos nuevamente hacia Dios.

Preguntas para profundizar

- ¿Alguna vez ha sentido que no es suficiente? ¿Alguna vez ha sentido que no es especial? Gedeón no pensó que fuera digno o especial, pero Dios sabía lo contrario. Dios tiene planes especiales para cada uno de nosotros. ¿Cómo puede darse cuenta de los planes que Él tiene para usted?
- ¿Se da cuenta cómo Dios da garantías cuando no estamos seguros o cuando entramos en un territorio peligroso para Él? Hizo milagros en tres momentos diferentes para Gedeón; Dios entendió que Gedeón necesitaba tranquilidad debido a su inseguridad y la severidad de la tarea.
- ¿Por qué parece que incluso las mejores personas cometen errores, como lo hizo Gedeón? ¿Cómo puede evitar esa trampa?

Para estudio adicional

1. Jesús enseñó durante todo su ministerio que los más pequeños son los más importantes en su reino. Jesús no solo enseñó este mensaje, sino que también lo puso en
   práctica con el ejemplo: (1) cuando dejó el trono de Dios para hacerse hombre; (2)
   cuando lavó los pies sucios e inmundos de los discípulos; y (3) cuando murió en la
   cruz y resucitó para salvarnos como el máximo ejemplo de humildad y sacrificio:
   a. Mateo 20:25-28: Este mundo tiene una visión del más importante, pero en el
      mundo de Dios, el más importante es el más pequeño, el siervo. Jesús no vino
      para ser servido, sino para servir en lugar de nosotros.
   b. Filipenses 2:6-8: Jesús renunció a su trono celestial y se humilló a sí mismo y
      se hizo hombre para morir en la cruz por todos nosotros.
   c. Juan 13:13-15: Jesús mostró a los discípulos que mientras él era su maestro,
      realizaba el más humilde de los deberes, que era lavar los pies de alguien. Quería
      que siguieran su ejemplo de servir a los demás.
   d. Hebreos 7:25-27; 9:14-15, 24, 28: El sacrificio perfecto de Jesús, quien murió
      en la cruz para salvar a cada uno de nosotros que somos creyentes.
2. Santiago 2:1-3: A Dios no le gusta que mostremos favoritismo. Todos son igualmente especiales para él.
3. Mateo 19:7-8: Dios permitió a los israelitas ciertos privilegios (en este caso, el
   divorcio) que en realidad no era lo mejor para el hombre porque Él entendía sus
   debilidades.
4. Timoteo 2:1-7: Todos estamos llamados a unirnos como soldados de Cristo. Como
   cualquier soldado, debemos soportar las dificultades; como cualquier atleta, debemos esforzarnos en lo que Dios nos ha llamado a hacer.

8

Sansón, juez de Israel: Parte 1

Jueces 13-16

El nacimiento de Sansón

En los tiempos de los jueces, antes de que hubiera reyes en Israel, los filisteos gobernaban sobre los israelitas porque, de nuevo, los hijos de Israel estaban haciendo el mal ante los ojos del Señor. Había un hombre de la familia de Dan que se llamaba Manoa, cuya esposa no podía tener hijos. Un día, el ángel del Señor se le apareció a la esposa de Manoa y le dijo que daría a luz un hijo. Debido a que el Señor tenía planes especiales para su hijo, el ángel le dijo que no debía tomar vino ni comer ningún alimento inmundo. Después de dar a luz al hijo, no debía cortarle nunca el cabello; iba a vivir toda su vida como nazareo.

Según la Ley de Moisés, un nazareo podía vivir su vida dedicada al Señor durante una semana, un mes o un año, pero en este caso muy especial, su hijo debía vivir toda su vida como nazareo. Y si seguía las instrucciones de Dios, recibiría poderes especiales que Dios usaría para ayudar a los israelitas contra su enemigo, los filisteos. Se convertiría en lo más parecido a un superhéroe que este mundo jamás haya visto, y su fuerza sería tan grande que podría vencer a todo un ejército por sí mismo.

La esposa de Manoa corrió a contarle a su esposo sobre la visita del "hombre" de Dios. Todavía no sabía que el visitante era un ángel. Manoa oró y le pidió a Dios que enviara a este hombre para que regrese. Dios escuchó su pedido y envió al ángel a visitarlo una vez más. El ángel dio instrucciones adicionales para criar al niño en los caminos del Señor. Ahora, Manoa todavía no estaba convencido de que fuera un ángel, así que le pidió que se quedara a cenar. El ángel no quiso comer con ellos, pero dijo que podían hacer un sacrificio al Señor. Manoa y su mujer construyeron un altar y pusieron sobre él un cordero. Prendieron fuego al altar, y el ángel del Señor hizo maravillas por ellos antes de volar sobre el fuego y desaparecer.

Qué bendición tan especial fue esta para Manoa y su esposa. Todavía un poco asustados, se fueron reflexionando sobre esta oportunidad de tener un hijo de Dios especial. En menos de un año, la mujer de Manoa dio a luz un hijo y lo llamó Sansón. A medida que el niño crecía, el Señor lo bendijo. Antes de la visita del ángel, Manoa y su esposa asumieron que Dios no estaba complacido con ellos porque no podían tener hijos. Pero en realidad, Dios estaba esperando el momento justo para enviar una bendición especial a esta familia. No siempre conseguimos lo que queremos cuando lo deseamos. Por lo tanto, está bien preguntarle a Dios si está haciendo algo mal o si necesita cambiar lo que está haciendo. Y si está dispuesto a escuchar atentamente, Dios le dirá lo que debe hacer de manera diferente[1]. O, como fue el caso con Manoa, es posible que no esté haciendo nada malo; es posible que solo deba ser paciente y esperar[2]. Si podemos aprender a ser pacientes y confiar en Dios, Él responderá a nuestra petición en su momento, y la espera valdrá la pena[3].

Sansón se casa con una filistea

Después de que Sansón se hizo hombre, visitó Timnat, una ciudad filistea, y conoció a una mujer hermosa. Le dijo a su madre y a su padre que quería que ella fuera su esposa. Al principio, estaban molestos porque querían que Sansón se casara con una mujer de su propio país. Sin embargo, Sansón estaba decidido, por lo que sus padres estuvieron de acuerdo que se casara con ella. No se dieron cuenta de que Dios estaba usando esto como una ocasión para que Sansón se vengara de los filisteos. Dios eligió una manera muy inusual para hacer que esto suceda.

Sansón fue más fuerte que cualquier hombre que haya vivido en la tierra y se le otorgó poderes especiales para derrotar al enemigo de Israel. Dios necesitaba que Sansón se enojara con los filisteos para usar su fuerza contra ellos. Hasta ese momento, Sansón había sido amigo de ellos, pero Dios usaría un desacuerdo para establecer a Sansón como juez de Israel. Recuerde, un juez era una persona que Dios elegía para guiar a los israelitas en la batalla contra su enemigo y para asegurarse de que siguieran los caminos de Dios, incluido el manejo de los conflictos entre el pueblo.

Un día, cuando iba a visitar a su futura esposa, un león atacó a Sansón. El espíritu de Dios descendió de una manera poderosa sobre Sansón, y él destrozó al león con sus propias manos y lo arrojó a un lado. No le contó a nadie lo que hizo. Algunos días después, camino a su boda, Sansón vio que una colmena estaba alojada en los huesos del león que había matado.

Durante los tiempos bíblicos, una boda duraba siete días. El primer día, Sansón estaba entreteniendo a treinta amigos de la familia de la novia. Decidió jugar con ellos y dijo que les daría un abrigo caro a cada uno si podían resolver su acertijo. Sin embargo, si no podían resolver el acertijo dentro de los siete días, entonces cada uno le debería un abrigo especial. Los treinta hombres aceptaron el desafío de Sansón, y él les dijo el siguiente acertijo:

Del devorador salió comida, y del fuerte salió dulzura.

En el cuarto día de la celebración de la boda, los hombres filisteos se preocuparon mucho porque no podían descifrar el acertijo de Sansón. Con temor de que él pudiera ganar la apuesta, fueron donde la esposa de Sansón y le dijeron que si no averiguaba la respuesta, la matarían a ella y a toda su familia. Entonces, ella fue ante Sansón y le rogó que le diera la respuesta. Él respondió que si ni a su madre y padre se la había dado, mucho menos se lo daría a ella. Pero ella continuó regañando y suplicando a Sansón por la respuesta todos los días. El séptimo día, se cansó tanto de que ella le preguntara que finalmente cedió y le contó cómo mató al león y luego descubrió miel dentro de los huesos del león. Por supuesto, ella acudió directamente a los amigos de la familia y le dijo la respuesta al acertijo. Entonces, los treinta amigos se presentaron ante Sansón y se jactaron: "¿Qué puede ser más dulce que la miel, y qué es más fuerte que un león?".

Sansón lucha contra los filisteos

Sansón supo de inmediato que su esposa les había dado la respuesta. Estaba enojado con ella y con sus amigos, así que esa noche salió entre los filisteos y mató a treinta hombres. Luego llevó sus abrigos a los treinta invitados a la boda para honrar su apuesta. Esto marcó el comienzo de una guerra entre Sansón y los filisteos.

¿Alguna vez se ha enfadado tanto por haber hecho algo malo, pero luego se sintió mal por ello? Esto es lo que le pasó a Sansón. Después de que su ira se calmó, volvió a buscar a su esposa, solo para descubrir que su suegro se la había dado a otro hombre.

Sansón se puso furioso. Su padre trató de calmar a Sansón dándole a su hija menor para que se case con ella, pero Sansón quería a su esposa. Esta vez, Sansón sintió que su ira estaba justificada y les dijo a los filisteos que el castigo que les daría era por culpa de ellos.

Atrapó trescientos zorros y usó las colas de dos zorros para atar una antorcha de fuego entre ellos. Era tiempo de cosechar el grano y las uvas, por lo que Sansón dejó que los zorros salieran a los campos y quemaran toda la cosecha.

Después de que los filisteos descubrieron lo que había hecho Sansón, mataron a su esposa y a su familia, y decidieron buscar a Sansón. Pero Sansón los encontró primero y sin ayuda ganó una gran batalla, masacrando a muchos filisteos porque mataron a su esposa y a su familia.

Cuando Sansón se mudó a una ciudad en Judá, los filisteos reunieron un ejército para atraparlo. Los hombres de Judá (una de las doce tribus de Israel) tenían miedo de los filisteos y fueron a buscar a Sansón. Recuerde, los filisteos eran mucho más fuertes que el pueblo de Israel en ese momento. Cuando los hombres de Judá encontraron a Sansón, discutieron con él sobre los problemas que estaba causando. Finalmente, Sansón accedió a dejar que lo ataran y lo entregaran a los filisteos. Pero los hombres de Judá tuvieron que prometer que no lo matarían. Sansón tenía un plan.

Ataron a Sansón con dos sogas nuevas y lo llevaron a los filisteos. Cuando los hombres de Judá se fueron a salvo, Sansón se arrancó las sogas de los brazos como si fueran hilos delgados. Cuando se soltó de las sogas, vio la quijada de un asno tirado en el camino. La recogió y comenzó a balancearla hacia los filisteos. Mató a mil filisteos ese día y se les escapó de las manos. Después de escapar, Sansón clamó a Dios por agua, ya que tenía mucha sed debido a la batalla. Dios honró su pedido y abrió la tierra para que Sansón tomara agua.

Estoy convencido de que Dios nos dará poderes especiales cuando necesitemos servirle[4]. Nuestro poder quizás no es tan evidente como la fuerza de Sansón, pero Jesús dio a setenta de sus discípulos la autoridad para curar a los enfermos y sanar a los cojos[5]. Jesús luego dice que haremos cosas incluso más importantes que las que ocurrieron mientras Él estaba aquí en la tierra[6]. Si bien todos los dones de Dios no son sobrenaturales, cada uno de nosotros ha recibido dones para llevar a cabo el servicio que Dios nos ha llamado a hacer.

Terminamos la parte 1 cuando Sansón se convirtió en juez de Israel y los filisteos fueron sometidos. Los filisteos estaban más preocupados por cómo vencer a Sansón que por oprimir a los israelitas, así que el plan de Dios estaba funcionando. Una buena lección de esta historia es no poner límites a Dios. Sin dudas, esta no fue la forma tradicional en la cual Dios nombró líderes para liberar a su pueblo de su enemigo, pero como hemos aprendido en historias anteriores, los caminos de Dios no son nuestros caminos[7]. Así que abramos nuestros ojos espirituales y escuchemos lo que Dios tiene para decirnos[8]. Es posible que nos sorprenda con algo nuevo e innovador que podamos hacer por Él. Tenemos más que aprender en la parte 2 de la historia de Sansón.

Preguntas para profundizar

* Esta no es la primera vez, y no será la última vez, que una pareja casada desea un bebé. ¿Qué ha aprendido acerca de las buenas personas que no han podido conseguir algo que querían?
* ¿Cómo se sentiría si fuera tan fuerte que pudiera pelear, defender e incluso aprovecharse de los demás debido a su fuerza? ¿Cómo cree que Dios quisiera que use el poder especial que le dio?
* Dios nos da a todos dones especiales para que los usemos para servirle. ¿Conoce qué don o dones tiene?

Para estudio adicional

1. Santiago 1:5: Si alguno de vosotros tiene falta de sabiduría, pídala a Dios, el cual da a todos abundantemente y sin reproche, y le será dada.
2. Salmos 37:7, 9: Descansa en el Señor y espéralo con paciencia. Los que esperan en el Señor heredarán la tierra.
3. Lucas 1:5-8, 11, 23-24: Zacarías e Isabel eran una pareja de ancianos que eran justos ante Dios, pero no tenían hijos. Un ángel, Gabriel, vino a decir a Zacarías que Dios había respondido su oración, y poco tiempo después tuvieron un bebé llamado Juan (conocido después como Juan el Bautista).
4. El don de Dios a los creyentes:
   a. Romanos 12:6-8
   b. 1 Corintios 12:4-11
   c. Efesios 4:7, 11-13

5. Lucas 10:1, 8-9, 17: Designó el Señor también a otros setenta para sanar a los enfermos, y los setenta regresaron de su misión alabando a Dios y diciendo que incluso los demonios los obedecían.

6. Juan 14:12: Jesús les dijo a sus discípulos que si creían en Él y en las obras (milagros) que hacía, entonces ellos harían obras aún mayores porque iría al Padre y defendería su caso ante Él.

9

Sansón, juez de Israel: Parte 2

Jueces 13-16

Aprendiendo los caminos de Dios

La parte 1 de la historia de Sansón era bastante diferente de cualquier otra historia de la Biblia. Un ángel visitó a una familia para anunciar que Dios les daría un hijo especial, Sansón, quien tendría superpoderes. Dios tenía un plan para que Sansón usara estos poderes y se vengara de los filisteos, un enemigo de Israel. Aunque amaba a Dios, Sansón no era muy bueno para obedecer los mandamientos de Dios. Sin embargo, Dios usó los defectos de Sansón para ayudarlo a luchar contra los filisteos.

Por ejemplo, Sansón se casó con una hija de su enemigo, luego se enojó porque su esposa arruinó su acertijo y tomó represalias al matar a treinta personas. Aunque después se dio cuenta de que su reacción fue incorrecta, Dios usó esto como una oportunidad para comenzar una batalla contra el enemigo, la cual Sansón y los filisteos continuaron por el resto de su vida.

Nada de esto suena como la forma en la cual Dios suele obrar. De hecho, Sansón no era una persona muy moral. Sin embargo, esta historia ilustra cómo Dios usa nuestras imperfecciones[1]. ¿Y de qué se trata los superpoderes? Toda esta historia se asemeja más bien a un misterioso libro de historietas, donde el superhéroe trata de ser bueno,

57

pero tiene muchos defectos. Al igual que con las historietas, nos alegramos cuando Sansón ganó la batalla contra el enemigo.

Sin dudas, podemos aprender mucho de la historia de Sansón, sobre todo lo que no se debe hacer. Pero también aprendemos que a veces Dios tiene un plan que no entendemos, por lo tanto, debemos tener cuidado de no permitir que nuestras suposiciones se interpongan en su camino. Sin embargo, la historia no ha terminado. Dios continuó con sus caminos misteriosos cuando, de nuevo, usó los defectos de Sansón para cumplir su propósito (el de Dios). Nos damos cuenta de que mientras Sansón fue finalmente castigado por sus errores, al final regresó a Dios de una manera poderosa.

Sansón sigue cometiendo errores

A medida que la historia continúa, nos damos cuenta de que Sansón no aprendió de sus errores. Sansón tenía una novia en la ciudad filistea de Gaza. Los filisteos tenían mucho miedo de Sansón porque cada vez que entraban en una batalla con él, perdían.

Por lo tanto, buscaron formas de atraparlo, y cuando se enteraron acerca de su novia en Gaza, hicieron un plan para atrapar a Sansón.

Para comprender cómo se construían las ciudades en los tiempos del Antiguo Testamento, debe imaginarse una fortaleza con muros altos; las grandes puertas en el centro permitían que el pueblo entrara y saliera. Las puertas eran tan altas como las murallas de la ciudad y tan grandes que se necesitaba

muchos hombres trabajando juntos para moverlas. Cuando las puertas se cerraban cada noche, nadie podía salir hasta la mañana siguiente cuando los soldados las abrían. Cuando los filisteos supieron que Sansón planeaba pasar la noche en la ciudad, cerraron las puertas y lo esperaron. Sin embargo, esa noche decidió irse. Simplemente, fue a las puertas y las levantó. Debido a que era tan fuerte, cargó las puertas como si fueran solo una pequeña cerca de estacas. Una vez más, escapó de sus enemigos.

Sin embargo, era obvio que Sansón tenía un problema; seguía enamorándose de mujeres que no eran buenas para él. Incluso después de sus experiencias anteriores, todavía no se daba cuenta de que no podía confiar en las mujeres que no eran creyentes. En 1 Corintios, Pablo dice que no debemos casarnos con alguien que no sea creyente (lo que significa que no debemos casarnos con una persona que no sea cristiana)2. ¿Por qué no? Si ambos no aceptan a Jesús como su Señor y Salvador, ¿cómo su pareja y usted pueden estar de acuerdo en lo que es importante? ¿Qué esperarán o pensarán sus hijos? ¿Cómo establecerá prioridades? ¿Cómo Dios puede ser lo primero en su vida? No digo que las parejas en las que solo uno es cristiano no puedan funcionar, lo que quiero decir es que no es eso lo que Dios pretendía.

Pero no puede evitar enamorarse de alguien, ¿verdad? ¡Por supuesto que sí se puede! El amor no es solo un sentimiento. Los sentimientos maravillosos son geniales, pero los sentimientos son temporales. Por el contrario, el matrimonio es un compromiso para toda la vida. Muchas veces, durante un matrimonio, los sentimientos no son tan evidentes. El amor es un compromiso de cuidar a alguien, incluso cuando los sentimientos no son tan fuertes. El amor es una decisión; en algunas ocasiones todos nosotros hacemos cosas que no son tan amorosas. El amor antepone las necesidades del otro a las nuestras. A veces tiene que superar un momento difícil porque no tiene otra opción que resolverlo juntos. Debemos amar a nuestra pareja como Jesús nos ama: de una manera incondicional sin rendirnos nunca[3]. Lea 1 Corintios 13 para que pueda comprender por completo cómo Dios nos ama y cómo espera que amemos a nuestro prójimo, sobre todo a nuestra pareja.

Sansón y Dalila

Algún tiempo después, Sansón llegó al valle filisteo de Sorec y se enamoró de otra mujer que se llamaba Dalila. Los hombres ricos de Sorec se acercaron a Dalila y le

prometieron una gran riqueza si podía descubrir el secreto de la gran fuerza de Sansón. A Dalila le interesaban más las riquezas que le prometían los filisteos en lugar del amor de Sansón.

La próxima vez que Sansón fue a visitar a Dalila, ella le dijo: "Yo te ruego que me declares en qué consiste tu gran fuerza, y cómo podrás ser atado para ser dominado". Sansón trató de ignorar sus súplicas, pero finalmente le dijo que si lo ataba con siete cuerdas de arco que todavía no estén secas, se debilitaría y sería como cualquier otro hombre. Esa noche, mientras Sansón dormía, ella lo ató con siete cuerdas de arco. Mientras los filisteos esperaban fuera de su puerta, ella llamó a Sansón y le dijo: ¡Sansón, los filisteos contra ti! Él saltó y rompió las cuerdas como si no hubiera nada allí.

Dalila se quejó con Sansón por haberla engañado y le rogó que le dijera la verdad sobre la fuente de su fuerza. Al parecer, Sansón pensó que ella solo se estaba burlando de él, o tal vez él estaba jugando con ella. Tal vez tenía más fuerza que inteligencia, o tal vez pensó que nunca podría perder contra los filisteos. De todos modos, la próxima vez que ella le preguntó la fuente de su fuerza, él le dijo que lo atara fuertemente con cuerdas nuevas que nunca se habían usado. De nuevo, ella siguió sus instrucciones y, una vez más, él rompió las cuerdas de sus brazos como si fueran hilos.

Dalila se enojó mucho con Sansón por no decirle la verdad. Entonces, ella le suplicó por tercera vez. Esta vez él le dijo que si ella tejía siete trenzas de su cabello y los sujetaba con un alfiler, él perdería su fuerza. ¿Nota algo diferente en esta versión? Está claro que Dalila estaba aproximándose a Sansón; ella lo estaba derrotando y se estaba acercando a la verdad.

En lugar de hablar de sogas y cuerdas, se refería a la verdadera fuente de su fuerza: su cabello. Es difícil entender cómo Sansón no comprendió que Dalila estaba tratando de atraparlo.

Recuerde, el ángel dijo a la madre y al padre de Sansón que nunca debía cortarse el cabello. Debido a que la verdadera fuente de su fuerza provenía de Dios, los poderes especiales estaban condicionados a obedecer la orden de Dios de nunca cortarse el cabello. Aunque Sansón no siempre obedeció las leyes de Dios, nunca compartió la verdadera fuente de su fuerza con nadie. Cuando Dalila hizo lo que le indicó Sansón, una vez más llamó a los filisteos y, de nuevo, Sansón saltó, se quitó la horquilla del cabello y estaba listo para luchar contra su enemigo.

Después de que Sansón engañó a Dalila por tercera vez, ella estaba muy molesta con él. Ella le rogó varias veces que le dijera la verdad. Si Sansón finalmente se cansó o, en realidad, creyó que incluso si le decía la verdad, aún sería fuerte, no lo sabemos con certeza. Pero sí sabemos que, al final, compartió todo con ella, y ella supo que esta vez esa era la verdad. Por lo tanto, ella dijo a los filisteos que estuvieran listos para atrapar a Sansón y que le trajeran su dinero.

Pago por los pecados

Durante la noche, mientras Sansón dormía, Dalila hizo que sus sirvientes le raparan la cabeza. Cuando amaneció, Dalila llamó a los filisteos como lo había hecho tres veces antes. Sin embargo, esta vez Sansón era débil, como cualquier otro hombre. No se dio cuenta de que el Señor se había apartado de él. Toda su fuerza sobrehumana se fue porque desobedeció a Dios. Sus enemigos lo agarraron y le sacaron (a golpes) los ojos.

Luego llevaron a Sansón a Gaza, lo encarcelaron y lo obligaron a que se dedique a moler trigo para la ciudad. Un molino se encargaba de hacer rodar una gran rueda en círculo para moler el trigo y hacer pan para las personas de la ciudad. Era un trabajo que se solía dar a los bueyes, ya que era muy duro y tomaba muchas horas. El pueblo disfrutaba ir todos los días para ver a su enemigo encadenado a un molino de trigo haciendo un trabajo servil (insignificante).

Sansón comenzó sin intención de decirle a Dalila cuál era la verdadera fuente de su fuerza. Pero siguió estando con alguien con quien no debería haber compartido una relación. La Biblia es clara respecto a que las personas con las cuales elegimos pasar tiempo pueden ocasionarnos problemas y afectar nuestra relación con Dios4. Sansón cedió poco a poco a la petición de Dalila y, cada vez, se acercaba un poco más a revelar la verdadera fuente de su fuerza.

En ese momento, es posible que no creyera que, en realidad, perdería su fuerza. Sansón se sintió invencible, hasta que se despertó y se dio cuenta de que la verdadera fuente de su fuerza, el poder de Dios, había desaparecido debido a su desobediencia.

Caer en la trampa de Satanás

¿Cómo se aplica esto a nuestras vidas? Lo que puede parecer una diversión inofensiva suele ir demasiado lejos y, antes de que nos demos cuenta, quedamos atrapados en una trampa y ya no tenemos el control. Creemos que una pequeña mentira no le hará daño a nadie, pero debido a la primera, tenemos que decir una segunda y una tercera mentira. Poco tiempo después, ya no podemos dar marcha atrás. Y cuando "nos las arreglamos" con un pecado y lo hacemos unas cuantas veces más sin ninguna consecuencia, creemos que estamos en casa, libres para continuar. Pero no crea en esa mentira porque el mal entrará poco a poco, a veces, sin que nos demos cuenta.

Satanás no entra en nuestra vida como un enemigo. Entra como si fuera un amigo, muy elegante, con un aspecto hermoso y atractivo. Él le dice lo que quiere oír. Su objetivo es "aprovechar la más mínima oportunidad". Y una vez que cae en su trampa, Satanás le muestra la imagen real, una que es horrible y devastadora. Jesús nos recuerda que el diablo viene para matar, robar y destruir5. Por ejemplo, debido al deseo de Sansón por el afecto de una mujer, al final violó su compromiso con Dios. Dalila aprovechó la oportunidad al hacer que él mintiera acerca de dónde provenía su fuerza. Probablemente él pensó:

¿Y qué pasa si su país es mi enemigo? Ella es amable conmigo y muy hermosa y atractiva. La necesito, y nunca le diré la verdad.

Pero se la dijo. Y después su amiga/amante se reveló como una verdadera enemiga. La diversión había terminado y Sansón se quedó con una vida miserable. Lo que antes era hermoso se volvió feo y Sansón ya no tenía el control. Creemos que somos más inteligentes que Sansón y que nunca caeríamos en una trampa así, pero somos ingenuos al pensar que podemos resistir. Cuando caemos, Dios puede dejarnos a nuestra propia suerte para superar el problema que creamos[6].

Permítame compartir una historia personal para mostrar cuán sutil puede ser Satanás. Cuando tenía trece años, mi madre y mi padre no me dejaban ir a ver una nueva película de Doris Day. Hasta que se estrenó esa película, ella era conocida por actuar en solo películas sanas. Pero esa película se promocionó como la más atrevida que cualquiera en la que había actuado antes. Mis padres pensaron que era demasiado joven para verla, así que no me dejaron ir. Veinte años después, mientras mi madre visitaba mi casa, vimos una película con mi familia. Sí, era la misma película que no me dejaron ver hace veinte años. Y durante la película, mi madre dijo: "Es una lástima que ya no hagan películas lindas como esta".

Se da cuenta de que, durante veinte años, las películas habían cambiado tanto que lo que una vez se consideraba demasiado atrevido para ver ahora era "saludable". Pero los cambios en el entretenimiento evolucionaron de una manera tan sutil que ni siquiera nos dimos cuenta de lo que estaba sucediendo. Y así es cómo nos encontramos en la trampa de Satanás. Este ejemplo es uno del cual podemos reírnos, pero comprenda el mensaje de que el plan del enemigo es cambiar su perspectiva a la que él tiene. Y es evidente en la sociedad actual que el plan de Satanás está funcionando.

Un día, nuestras normas poco severas harán que Dios nos abandone a nuestra propia destrucción, con la esperanza de que regresemos hacia Él. Mientras tanto, perderemos nuestra fuente de su poder. Los Estados Unidos de América se fundaron sobre el principio de que somos (éramos) "una nación bajo Dios", pero este país ha abandonado en gran medida este concepto a cambio de lo que la sociedad ahora afirma que es correcto y justo, sin importar que sea una abominación para Dios. Compartiré mucho más sobre esto en mi próxima historia.

Es probable que cada uno de nosotros recuerde un momento cuando comenzamos sin querer hacer algo malo, pero debido a un amigo, una circunstancia o un sentimiento, nuestra creencia de que la acción que estaba mal cambió y decidimos que estaba bien continuar. Si aún esto no le ha pasado, pronto sucederá. Las drogas ilegales son un buen ejemplo. El uso comienza como algo divertido y emocionante; pero pronto se vuelve feo y nos encontramos fuera de control. O peor aún, estamos bajo el control de Satanás.

Evalúe su vida y purifique todo lo que necesite eliminar antes de que sea demasiado tarde. Sansón pagó un precio muy alto. Nosotros también podemos caer en la trampa y pagar un precio alto. Sin embargo, podemos ser consolados de una manera significativa. Sin importar las consecuencias con las que tengamos que lidiar, podemos aprender de los últimos días de Sansón que Dios nunca nos abandona por completo.

La venganza de Sansón

No mucho tiempo después, los filisteos llegaron a Gaza para celebrar su gran victoria sobre Sansón y ofrecer sacrificios a su dios Dagón. Mientras se estaba realizando la celebración, decidieron que sería divertido llevar a Sansón al escenario para poder burlarse de su lamentable enemigo derrotado. Sacaron a Sansón del molino y lo llevaron ante el pueblo en el coliseo. Como Sansón era ciego, le pidió al joven que lo llevó al coliseo que le dejara apoyar las manos en los pilares principales del edificio. Allí oró a Dios para que le permitiera recuperar sus fuerzas por última vez y se pudiera vengar de sus enemigos.

Desde que Sansón había estado encadenado durante algún tiempo, su cabello había comenzado a crecer de nuevo. Dios contestó su oración y le devolvió su fuerza. Empujó los dos pilares con todas sus fuerzas, y el coliseo se derrumbó. Todas las personas que estaban en el escenario murieron ese día, incluido Sansón. El coliseo estaba lleno; incluso había tres mil personas en el techo. Sansón mató a más enemigos ese día que en todas las demás batallas juntas. Fue una gran victoria para Dios y una dulce venganza para Sansón. Durante la vida de Sansón, Dios usó la debilidad y las imperfecciones de este hombre para lograr sus propósitos[7].

Esta historia muestra de qué manera tan efectiva Dios puede usar a aquellos de nosotros que estamos lejos de ser perfectos y que no hacemos todo como deberíamos. Sin embargo, aprendemos que Dios no siempre nos protegerá si no seguimos obedeciendo sus mandamientos. Al igual que Sansón, debemos estar preparados para pagar las consecuencias de nuestros pecados, incluso si escapamos del castigo por muchos años Sobre todo, esta historia debería enseñarnos cómo no debemos actuar. Y también, la historia de Sansón nos enseña que no importa cuán desobedientes actuemos, Dios regresará a nosotros cuando nos arrepintamos y le pidamos perdón. Dios nunca, nunca se da por vencido con nosotros, así que no nos rindamos.

Preguntas para profundizar

- ¿Cómo se compara Sansón con todos los superhéroes que leemos en los libros de historietas y vemos en las películas en la actualidad? ¿Por qué nos fascina tanto los superhéroes?

- ¿Qué ha aprendido sobre lo que no debe hacer debido a las lecciones de la historia de Sansón?
- ¿Cómo puede manifestarse el amor de Dios en usted al diferenciar su amor por su pareja y su compromiso con su matrimonio?
- ¿Cómo puede el amor de Dios por usted tener una influencia en todos los aspectos de su vida y, a su vez, brindarle oportunidades para ayudar a los demás?
- ¿Ha permitido que el mundo le enseñe cosas que van en contra de lo que Dios dice a través de la Biblia? ¿Se ha debilitado o incluso ha cambiado su postura debido a lo que la sociedad ahora dice que es aceptable?
- Ya que Sansón fue desobediente, ¿por qué cree que Dios permitió que Sansón se vengara?

Para estudio adicional

1. 2 Corintios 12:5-6: Debemos gloriarnos en nuestras debilidades, no en nuestras fortalezas humanas; eso sería una locura para Dios.
2. 1 Corintios 7:39: Pablo nos advierte que solo debemos casarnos con otro cristiano.
3. 1 Corintios 13:1-13: La explicación de Dios sobre la importancia del amor en todos los aspectos de nuestras vidas.
4. 2 Corintios 6:14-15: No os unáis en yugo desigual con los incrédulos; porque ¿qué compañerismo tiene la justicia con la injusticia? ¿Y qué comunión la luz con las tinieblas? ¿Y qué concordia Cristo con Belial (otro nombre del diablo)? ¿O qué parte el creyente con el incrédulo?
5. Juan 10:10: El ladrón (el diablo) no viene sino para hurtar y matar y destruir.
6. 1 Corintios 5:5: He decidido dejar a ese individuo a merced de Satanás, a ver si queda destruida su condición pecadora y él, animado por el Espíritu, se salva en el día del Señor (BLP).
7. 2 Corintios 12:9: Pablo dijo a los corintios que Dios le había dicho: "Bástate mi gracia; porque mi poder se perfecciona en la debilidad". Y luego agregó: "Por tanto, de buena gana me gloriaré más bien en mis debilidades, para que repose sobre mí el poder de Cristo".

10
La tiranía y el mal reinan en Israel

Jueces 17-21

El período de los jueces debió haber sido una época emocionante para los israelitas. Y hubo momentos cuando sirvieron a Dios y lo adoraron como a Él le agradaba. Sin embargo, con mucha frecuencia, estos momentos se caracterizaron por la autocomplacencia y por ignorar su compromiso con Dios. Esto al final ocasionó que Dios permitiera que los israelitas se deleitaran en sus propios pecados y luego en la opresión de sus enemigos. Es sorprendente que Dios haya incluido algunas de estas historias en la Biblia. Pero, como espero que haya aprendido de las historias anteriores, incluso los tristes y lamentables relatos trágicos transmiten un mensaje de Dios. A lo largo de la historia, hemos visto a seres humanos sufrir cuando eligieron desobedecer la Palabra de Dios y seguir sus propios caminos, lo que al final los condujo a la autodestrucción. Creo que las historias de este capítulo son una advertencia para el mundo en la actualidad.

Un aviso de precaución: esta es una historia de inmoralidad y de acciones violentas. Si bien considero que tiene un mensaje poderoso, le recomiendo que lea la historia antes de decidir si es el momento adecuado para leerla en familia.

A esta era se le conoce como el período de la apostasía cuando el pueblo de Dios eligió seguir su propio camino. Es en realidad un momento triste en la historia de la nación judía. Al igual que los israelitas durante este período, creo que nosotros también estamos cometiendo los mismos errores hoy, y sufriremos mucho por elegir un patrón de comportamiento opuesto a los principios que Dios ha establecido.

Cada uno hacía lo que bien le parecía

El escritor del Libro de los Jueces usó varias veces la frase: "Cada uno hacía lo que bien le parecía", cuando se refiere a este período de la apostasía. Y cuando los hombres siguen lo que creen que es correcto, incluso con buenas intenciones, eso los suele llevar al fracaso; el mal aprovecha la oportunidad y al final toma el control. La siguiente historia es un ejemplo del mal que se produce cuando la humanidad sigue lo que cree que es correcto.

Micaía, un hombre de la tribu de Efraín, le robó a su madre 1.100 piezas de plata. Después, se sintió mal por su mala conducta, por lo que le devolvió la plata e hizo imágenes talladas para ídolos domésticos. Si bien arrepentirse de haber robado fue, sin dudas, un cambio de actitud admirable, incumplir el segundo de los Diez Mandamientos de Dios (no harás ídolos ni imágenes talladas) fue un acto intolerable ante Dios. Me sorprende que Micaía pensara que su comportamiento honraba a Dios. Pero luego, me asombra también que muchos líderes de la iglesia hoy acepten algunas actividades que, sin duda, están en contra de los mandamientos específicos de Dios, mientras que otros cristianos validan estilos de vida que violan claramente la creación de Dios. Las acciones de Micaía fueron solo el comienzo de los hechos injustificables.

Algún tiempo después, un hombre levita vino a visitar a Micaía, quien pidió al levita que se convirtiera en el sacerdote de su casa. Él aceptó y se volvió como uno de sus hijos. Algunos años después, los israelitas de la tribu de Dan pasaron por la casa de Micaía en busca de un nuevo territorio para su tribu. Los hombres le pidieron al sacerdote de Micaía que preguntara a Dios sobre sus esfuerzos, y él reveló que tendrían éxito en su búsqueda de un nuevo hogar. Los hombres continuaron su viaje y encontraron un lugar ideal.

Después de regresar con sus familias, compartieron con entusiasmo cómo podían apoderarse con facilidad de un territorio donde vivían algunos miembros pacíficos de otra tribu. Al parecer, la sociedad de esa época no consideraba malo tomar posesión de las tierras de un familiar lejano. Mientras los guerreros de la tribu de Dan se dirigían para apoderarse de la nueva tierra, pasaron de nuevo por la casa de Micaía. Esta vez, robaron los ídolos domésticos y las imágenes talladas de la casa de Micaía.

Cuando el sacerdote de Micaía preguntó qué estaban haciendo los hombres, le dijeron que se callara. Y además, le pidieron que se uniera a ellos diciendo: "¿No sería mejor que seas tú sacerdote de toda una tribu que de una sola familia?". El sacerdote estuvo de acuerdo y con gusto se unió a los danitas; de manera oportuna permaneció en silencio acerca de los ídolos robados y las imágenes talladas. Era evidente que no sentía lealtad hacia Micaía, su "padre adoptivo", quien lo había tratado como a un hijo.

Luego, el ejército de Dan entró en el pueblo pacífico y aniquiló con facilidad a las familias que vivían allí. Los danitas restablecieron su hogar y lo llamaron la ciudad de Dan. El sacerdote de Micaía y sus descendientes sirvieron a la tribu durante muchos años. Los danitas y el sacerdote de Micaía estaban haciendo "lo que les parecía bien". Desde su perspectiva, estaban siguiendo a Dios.

¿Por qué Dios permitiría algo así a su Pueblo Elegido? Dios había advertido con frecuencia al pueblo que obedeciera sus mandamientos, pero se negaron a escuchar. Sin embargo, antes de criticar a los israelitas, consideremos si lo que hizo la tribu de Dan es diferente de lo que nosotros, como estadounidenses, hicimos al apoderarnos de nuestra tierra que era de los nativos americanos. Al principio, nuestros antepasados querían compartir la tierra, pero luego se apoderaron de ella y obligaron a los nativos americanos a vivir en reservas si querían permanecer como tribu. Y también, ¿no adoramos a "ídolos" que van en contra de la Palabra de Dios? Por ejemplo, ponemos a personas, como estrellas de cine, héroes deportivos y músicos de rock, en un pedestal, o pasamos demasiado tiempo en juegos virtuales, como el fútbol de fantasía, Minecraft y World of Warcraft, por nombrar algunos. Admirar la vida de estos famosos o disfrutar de los juegos no es malo, sin embargo, dedicar demasiado tiempo a ellos, con poca o ninguna atención a Dios, está mal. Si no tenemos cuidado, esas fascinaciones se convierten en nuestros ídolos cuando, en esencia, los adoramos a ellos en lugar que Dios.

Tantas cosas que hacemos nos parecen bien, pero Dios entiende mejor que nosotros lo que es bueno. Satanás toma lo que Dios establece como verdad y hace cambios sutiles para que todavía parezca correcto; esto se llama falsificación[1]. Nos engañan al pensar que algo es real o verdadero y cuando creemos que estamos haciendo "bien", pero al final, eso nos llevará a la ruina. A medida que nuestra sociedad se aleja más de Dios, se vuelve más difícil para nosotros mantener una "vara de medir" precisa para discernir lo que Dios enseña con respecto al bien y al mal.

El mal toma el control

La siguiente historia es aún peor; ni siquiera nos mencionan los nombres de estas personas. La mujer de un cierto levita lo dejó por otro hombre, así que ella decidió ir a la casa de su padre en Belén. Su esposo quería que regrese, así que fue a la casa de su suegro y la convenció de que regresara a casa. En el camino a casa, entraron a una ciudad en la tierra de Benjamín. Un anciano dijo al levita que sería peligroso para ellos dormir en la plaza y los invitó a quedarse con él.

Esa noche, ciertos hombres "perversos" de la ciudad golpearon la puerta del anciano y exigieron que le entregaran al levita para que abusaran sexualmente de él. El anciano suplicó a los hombres:

Os ruego que no cometáis este mal; ya que este hombre ha entrado en mi casa. Soy responsable de protegerlo. No hagáis esta maldad.

El anciano incluso ofreció a su hija virgen en lugar del levita. La ley en su sociedad decía que las mujeres no eran tan importantes como la obligación que tenía de cuidar a su invitado masculino.

Pero los hombres no escucharon al anciano. Para resolver la situación, empujaron a la esposa del levita fuera de la casa y cerraron la puerta. Los hombres perversos la violaron y abusaron de ella, luego la dejaron ir justo antes del amanecer. La mujer luchó por regresar a la casa del anciano y murió en su puerta. Cuando su esposo se levantó por la mañana y abrió la puerta, le dijo: "Levántate y vámonos". Pero ella no le respondió. Cuando se dio cuenta de que estaba muerta, se puso furioso.

El levita estaba tan enojado que la cortó en doce pedazos y envió un pedazo a cada una de las doce tribus con una nota explicando el acto despreciable que había ocurrido. El pueblo de Israel dijo que nunca había sucedido nada como esto desde que habían venido de la tierra de Egipto. Todo Israel se unió para castigar a los hombres que cometieron este acto y exigieron al pueblo de Benjamín que entregaran a los perversos para que fueran juzgados como asesinos, eliminando de esta manera la maldad de Israel. Pero los hijos de Benjamín no escucharon la voz de las familias de sus hermanos israelitas. Como consecuencia, cada bando se preparó para la batalla, lo que desencadenó la guerra civil.

El pueblo de Dios finalmente decidió que era hora de acudir a Él para que los guíe. Finees buscó el consejo de Dios para asegurar la victoria de Israel sobre los hijos de Benjamín. Tan grande fue su victoria que murieron veinticinco mil benjamitas. Los israelitas permitieron vivir a seiscientos hombres para que la tribu de Benjamín no fuera exterminada por completo.

¿Quién tiene el control: Dios o el hombre?

Si bien el lado horrible del mal se ha asomado durante toda la historia de la humanidad, creo que las posibilidades de pecar aumentan cuando el hombre abandona los caminos de Dios y decide seguir "lo que le parece bien". ¿Por qué otra razón el levita aceptaría que su esposa fuera violada y abusada y luego se ofendió de una manera tan terrible

cuando supo que la mataron? Es como si les permitiera usar su propiedad, pero no destruirla. Nunca se debe pensar en las mujeres como si fueran una propiedad. Y también, ¿por qué los benjamitas apoyarían a familiares que eran tan viciosos y malvados de una manera tan cruel?

Para mí está claro que estos eventos fueron las consecuencias de ignorar a Dios durante muchos años. Un pequeño cambio condujo a otro hasta que finalmente sus normas y estilos de vida se salieron de control. Esto se convirtió en el patrón de comportamiento de Israel. Durante toda la relación de Dios con su pueblo, Él les advirtió constantemente lo que sucedería si no obedecían sus leyes. Sin embargo, cuando el hombre insiste en su propio camino, Dios lo dejará caer en la trampa del diablo. Aunque nosotros, en la sociedad actual, no aprobaríamos las acciones de estos hombres perversos ni de los benjamitas, creo que debemos asumir la responsabilidad de contribuir a la falta de moral que existe hoy en nuestro mundo y, sobre todo, en los Estados Unidos. "Nosotros, el pueblo" hemos permitido que nuestro gobierno decida que ya no podemos usar los mandamientos de Dios como una norma al hacer nuestras leyes. La separación de la iglesia y el estado prevista por nuestros antepasados nunca tuvo la intención de que dejáramos a Dios fuera de nuestras vidas y nuestras leyes. Por el contrario, su intención era evitar que "la iglesia" dictara lo que debería hacer el gobierno.

Para demostrar cuán fuertes se sentían nuestros padres fundadores acerca de usar las normas de Dios como los fundamentos para hacer las leyes, menciono la siguiente cita de John Jay, el Primer Presidente del Tribunal Supremo de los Estados Unidos (1789-1795). Tenga en cuenta que su punto de vista era la creencia que predominaba en la mayoría de los que ratificaron nuestra constitución:

Ninguna sociedad humana ha podido mantener tanto el orden como la libertad, tanto la cohesión como la libertad, aparte de los preceptos morales de la religión cristiana… Si nuestra república alguna vez olvida este precepto fundamental de gobierno, este gran experimento [nuestra nueva nación] será, sin dudas, condenado.

Por lo tanto, lo que fue aceptable durante los primeros doscientos años de nuestra existencia ahora se considera inconstitucional. Las leyes que nuestro gobierno estableció en un principio ahora están siendo abolidas.

Cuando el hombre comienza a permitir que la sociedad determine lo que es correcto, es el principio del fin para esa sociedad. Muchas de las leyes que hacen los hombres suenan razonables y justas, pero Dios ve nuestras necesidades y comprende nuestras debilidades. Necesitamos aceptar nuestras limitaciones y permitir que gobierne el camino de Dios. El hombre es demasiado egocéntrico y está muy influenciado por lo que la sociedad piensa que es correcto. Como dije antes, Satanás falsifica la verdad para que parezca justa y razonable. Él es el gobernante de este mundo[2], y Satanás quiere que sigamos sus normas para poder matar, robar y destruir; nuestra naturaleza pecaminosa nos ha convertido en una presa fácil para el león rugiente que él es[3].

Obediencia a una norma moral

Tiene que haber alguna norma moral, algún criterio de medida para guiar al hombre y que pueda resistir el paso del tiempo. De lo contrario, nuestra sociedad continuará siguiendo la moral que existe en estos momentos. En la actualidad, estaríamos horrorizados por lo que las personas pensaban que estaba mal hace cientos de años. Y nuestros padres fundadores estarían horrorizados por lo que pensamos que es "correcto". Al principio, nuestros gobiernos federales y estatales usaban la Biblia como una norma moral. Pero la sociedad actual ha decidido que la primera norma está desactualizada y no incluye a todas las personas. Nuestra sociedad dice: "Lo estamos haciendo por el bien de la humanidad", pero en realidad, estamos haciendo lo que "al hombre le parece que está bien".

Nuestra imprudencia se hace evidente cuando elegimos cualquier norma que no sea la Palabra de Dios. Aunque nuestra sociedad condena el aumento reciente de la violencia, sobre todo los horribles asesinatos en nuestras escuelas secundarias y lugares públicos, me preocupa que lo hayamos incentivado indirectamente debido a nuestra tolerancia y aceptación del "pensamiento libre", sin una norma con la cual medirla. Y también, nuestra orientación obstinada de eliminar a Dios de todas nuestras leyes y reuniones públicas ha contribuido a nuestra inmoralidad.

Sin embargo, no debemos ser ingenuos. Hacer que nuestras leyes regresen a la norma de Dios no eliminará el mal en nuestro mundo, ni impedirá que las personas cometan pecados. La historia de Israel es un testimonio innegable de esto. Recibieron la Ley de Moisés directamente de Dios, pero vivían constantemente en pecado. Dios esperaba esto, pero también esperaba que reconocieran sus errores y vinieran a él en arrepentimiento.

Incluso antes de que las leyes de nuestra nación eliminaran a Dios y sus caminos, había muchos pecados en nuestro país. La diferencia es que en el pasado, llamábamos "pecado" a las acciones que eran opuestas a las enseñanzas de la Biblia, y la sociedad desaprobaba estas acciones. Ahora, llamamos a estas acciones "estilos de vida alternativos" y hemos llegado a la conclusión de que no tenemos derecho a imponer los caminos de Dios a las personas. Como consecuencia, nos quedamos sin una vara de medir y elegimos, en cambio, hacer "lo que creemos que es correcto".

Nada de esto debería implicar que hace cincuenta o sesenta años, o incluso en cualquier momento de la historia, la humanidad haya tenido razón. Por ejemplo, si bien durante el transcurso de mi vida hemos permitido que nuestra sociedad se aleje de Dios de muchas maneras, hemos aprendido que teníamos, y aún tenemos, prejuicios que son malvados de muchas maneras. Por nombrar dos, todas las razas no reciben el mismo trato, y los hombres y las mujeres no son tratados por igual. Nuestras leyes se han modificado de una manera correcta para reflejar estas injusticias. Sin embargo, en verdad, la humanidad no tiene idea de lo que es correcto. Y hasta que elijamos vivir según las normas de Dios, como dijo John Jay, estamos "condenados".

¿Está dispuesto a defender a Dios? ¿Puede decir que ya es suficiente?

Pero, ¿qué puede hacer una persona? Me doy cuenta de que no es popular ni fácil enfrentarse al gobierno, a los medios de comunicación y a los que tienen posiciones influyentes. Sin embargo, en algún momento, debemos tomar una posición como lo hizo Finees en esta historia cuando suplicó por la liberación y la victoria de Dios. Dios lo honró, y el mal fue aniquilado otra vez.

Cuando seguimos a Dios y perseveramos hasta el final, nosotros también podemos estar seguros de la victoria final[4]. Pero como he compartido antes, todos debemos estar dispuestos a dejar nuestros caminos egoístas y confiar en el Espíritu Santo dentro de nosotros para escuchar a Dios de la manera correcta. Será difícil para nosotros ponernos de acuerdo con toda la variedad de puntos de vista y personalidades. Eso, en realidad, no puede suceder hasta que Jesús regrese y gobierne como rey. Pero podemos mejorar y reconocer que Dios es el único camino.

Si vamos a hacer una diferencia, debemos mostrar a la sociedad, a través de nuestra propia vida y acciones, que las leyes de Dios son buenas para la humanidad. Dios no estaba tratando de ser malo o castigar a las personas cuando nos dio sus mandamientos. Las leyes de Dios brindan protección, seguridad y un cierto sentido de moralidad que la sociedad necesita si queremos vivir en armonía y en favor con Dios y el hombre. Las normas de Dios nunca han cambiado. Jesús cambió la presentación del mensaje de Dios a un formato más amoroso, pero las leyes de Dios, que fueron creadas en la misericordia, el amor y la gracia, siempre han sido claras. Considero que nuestra obligación es influir en los jóvenes manteniendo las normas de Dios para que lo sigan. En la actualidad, con mucha frecuencia, los cristianos se defienden de maneras que a Dios no le agrada; se limitan a seguir su propia justicia. Como cristianos, debemos tener cuidado de evitar el error de "hacer lo que nos parece bien". Más bien, debemos recibir la guía del Espíritu Santo. Creo que debemos empezar por trabajar en el corazón de las personas. Cuando las personas regresen a Dios, entonces nuestro gobierno debe seguir.

Preguntas para profundizar

- ¿Alguna vez ha considerado si lo que piensa que es correcto podría no ser correcto para Dios?
- Discuta las áreas en las que cree que la sociedad o las leyes gubernamentales difieren de lo que usted cree. ¿En qué aspectos Dios y la sociedad no están de acuerdo?

- ¿Por qué cree que Dios y la sociedad son tan diferentes respecto a lo que piensan y su forma de pensar? ¿Qué papel, si hay alguno, cree que juega Satanás (el diablo) en estas diferencias?
- De todos los registros de la época, está claro que nuestros padres fundadores querían que Dios sea tomado en cuenta cuando hacemos las leyes para gobernar nuestro país. En un principio, la Biblia se usó para respaldar muchas de nuestras leyes federales y estatales. ¿Por qué ha cambiado tanto el gobierno desde esos primeros tiempos?
- ¿Está de acuerdo con mi perspectiva de que nuestras leyes ahora se basan en el mismo principio que la Biblia dice que predominaba en el Libro de Jueces: "Cada uno hacía lo que bien le parecía"?

Para estudio adicional

1. Efesios 6:12: Porque no tenemos lucha (batalla) contra sangre y carne, sino contra huestes espirituales de maldad en las regiones celestes.
2. Juan 14:30: Refiriéndose a Satanás, Jesús dijo: "Viene el príncipe de este mundo, y él nada tiene en mí" (lo que significa que Jesús no tenía pecado).
3. Necesitamos entender y respetar el hecho de que el diablo tiene poder:
   a. 1 Pedro 5:8: Vuestro adversario el diablo, como león rugiente, anda alrededor buscando a quien devorar;
   b. Juan 10:10: El ladrón (el diablo) viene para matar, hurtar y destruir.
4. 1 Corintios 15:55-57: Sorbida es la muerte en victoria. Gracias sean dadas a Dios, que nos da la victoria por medio de nuestro Señor Jesucristo.

11

Rut, una historia de amor, romance y redención: Parte 1

Rut 1-4

Rut es uno de los dos libros de la Biblia que lleva el nombre de una mujer y es, sobre todo, la historia de Rut, Noemí (la suegra de Rut) y Booz, un hombre que las rescató. Rut es una historia corta que es diferente a cualquier otro libro de la Biblia: se trata de personas comunes que viven vidas comunes y luchan por sobrevivir en un mundo muy difícil. Lo que es aún más inusual es que Rut no es israelita. El Antiguo Testamento trata casi de manera exclusiva sobre la Familia Elegida de Dios, los israelitas. Entonces, ¿por qué hay un libro completo con el nombre de un gentil (alguien que no es judío)? Veamos si podemos descubrir el significado especial de esta historia, las "buenas nuevas" de Dios para todos nosotros.

La historia de Rut se lleva a cabo durante el período de los jueces, pero en esta historia no encontramos nada sobre los líderes peleando o su enemigo. Esta historia nos enseña acerca de una familia que se une a través de todas las pruebas y dificultades de la vida. Además, es una historia de amor, romance y redención con un final feliz.

Personalmente, Rut es una de mis historias favoritas de la Biblia. En primer lugar, porque se trata de personas como usted y como yo. No siempre todo les sale bien, y deben aprender a vivir con las difíciles circunstancias en las que se encuentran. Esta es una historia del aliento de Dios, quien se preocupa, incluso cuando no siempre parece que lo hiciera. El plan de Dios es tomar a estas personas comunes y hacerlas extraordinarias debido a su voluntad de ser obedientes a su ley y a su Palabra.

En segundo lugar, no es solo la trama principal lo que hace que el libro de Rut sea tan especial. Más que cualquier otro libro del Antiguo Testamento, la historia presenta el plan de Dios para la humanidad. Dios demuestra claramente que no se preocupa solo por los israelitas; Él se preocupa por todos y cada uno de nosotros. A través de la historia de Rut, podemos ver cómo se desarrollan los planes de Dios para los israelitas y los gentiles. Sí, Dios tiene un plan incluso para aquellos que no lo conocen. Todos podemos ser parte de la Familia Elegida de Dios. Es hermoso saber que hubo amor, romance y redención para estas personas comunes, pero espero que pueda ver un mensaje aún más grande sobre el amor, el romance y la redención de Dios para usted y para mí. Oro para que pueda dar vida a esta historia en cada uno de ustedes como lo hizo el Dr. M. R. DeHaan para mí hace cuarenta y cinco años.

La familia enfrenta dificultades de inmediato

Aconteció en los días que gobernaban los jueces, que hubo hambruna en la tierra. Elimelec, un hombre de Belén de Judá, salió de su país para buscar comida para su familia. Se estableció en la tierra de Moab con su esposa, Noemí, y sus dos hijos, Mahlón y Quelión. En Moab, sus hijos encontraron esposas que se llamaban Orfa y Rut. Lamentablemente, Elimelec murió y poco después también murieron Mahlón y Quelión antes de que tuvieran hijos. En su estado perdido y de angustia, Noemí decidió regresar a Belén. Como la hambruna había terminado en Israel, esperaba que sus familiares la ayudaran.

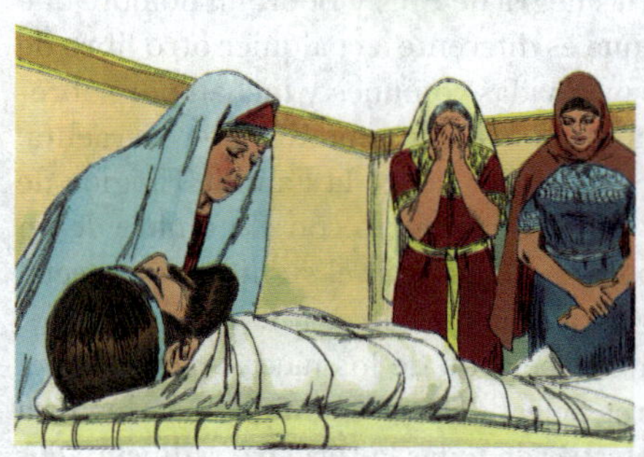

Animó a sus nueras a permanecer cerca de sus familias porque eran aún jóvenes para encontrar nuevos esposos, pero ambas admiraban tanto a Noemí que querían ir con ella. Aunque Orfa al final decidió regresar a casa con su familia, Rut insistió en que sería mejor quedarse con su suegra. A pesar de todas las dificultades que Noemí enfrentó, había algo diferente que la hacía especial, y Rut pudo verlo.

Rut resumió sus sentimientos cuando hizo una de las declaraciones más profundas de la Biblia:

No me ruegues que te deje, porque a dondequiera que tú fueres, iré yo. Tu pueblo será mi pueblo, y tu Dios mi Dios.

Estoy seguro de que Noemí era una persona maravillosa, pero la parte más importante de su declaración fue que Rut eligió seguir al Dios de Noemí. Sabemos que Él es el único Dios verdadero. Aunque ella no lo sabía en ese momento, esta decisión arriesgada hizo que Rut pasara de ser un miembro pobre y humilde de la sociedad a una persona que ahora es considerada como una de las mujeres más veneradas en toda la Biblia. Y creo que tiene un lugar especial y reservado para ella en el cielo. Pienso que Orfa también era buena, pero su decisión fatal de regresar a casa pudo haber sido lo que la condenó. ¿Necesita unirse a Rut y elegir seguir al único Dios verdadero?

Regreso a casa

Toda la ciudad de Belén se conmovió cuando se supo que Noemí había regresado a casa. En su angustia, les contó a sus amigos sobre la devastación y la pérdida que había sufrido mientras su familia estaba en Moab, diciendo: "Yo me fui llena, pero Jehová me ha vuelto con las manos vacías". Ella continuó: "No me llaméis Noemí, sino llamadme Mara; porque en grande amargura me ha puesto el Todopoderoso". Se sentía sola y olvidada, incluso por su Dios. Pero ella no se dio por vencida; ella sostenía un hilo de esperanza al confiar en la provisión que la Ley de Moisés establecía para las viudas. Como recompensa, veremos que Dios la proveyó con más de lo que ella podía imaginar. Así que, incluso cuando se sienta desanimado en la vida, mantenga la esperanza viva de que Dios se preocupa por usted. ¿Tiene dificultades? Entonces, busque respuestas en Dios y permita que las provisiones que le brinda satisfagan sus necesidades. Él responderá más allá de lo que pueda imaginar, pero tal vez no en el momento o de la manera como espera que lo haga. Veamos cómo esta historia puede ser una motivación para usted.

Al final sucedió que Noemí y Rut regresaron a Belén en medio de la temporada de la cosecha. Ahora podemos ver otra de las leyes especiales de Dios que se puso en práctica para las viudas y los forasteros (extranjeros). Dios dio instrucciones específicas a los propietarios de la tierra durante la temporada de cosecha. Los trabajadores

no debían cosechar en los rincones de los campos. Además, si los trabajadores dejaban caer granos en el campo, no se les permitía que los recojan. Como dictaba la Ley de Moisés, estos eran "espigas" destinadas a los extranjeros y a las viudas necesitadas que no tenían hijos que las cuidaran[1].

Como Noemí estaba anciana y cansada, Rut se ofreció a ir a los campos para ver qué pequeña cantidad de grano podía recoger para las dos. Sucedió que Rut llegó a un campo que le pertenecía a un hombre llamado Booz, que era un hombre piadoso y justo. Cuando vio a la joven descansando con los otros segadores, le preguntó quién era. Booz se enteró de que ella era la nuera de Noemí y que había estado trabajando muy duro todo el día para recoger granos.

Booz quedó muy impresionado de que esta joven trabajara tan duro en los campos a favor de su suegra. Reconoció su acto desinteresado y quiso recompensarla, así que le dijo a Rut que se quedara en sus campos durante toda la temporada de cosecha. Rut era una extranjera atractiva y no tenía a nadie que la protegiera, y a Booz le preocupaba que algunos hombres inmorales se aprovecharan de ella. Les dio a sus supervisores instrucciones específicas para asegurarse de que nadie la lastimara. Además, les dijo que dejaran caer algunos granos a propósito para que ella pudiera recogerlos; quería asegurarse de que Rut tuviera muchos granos para llevar a casa a Noemí. Booz también la alimentó para que tuviera fuerzas para trabajar todo el día. Incluso le dio más para que tuviera de sobra y la llevara a casa para la cena de Noemí.

Puede imaginarse lo sorprendida y emocionada que estaba Noemí cuando Rut llegó a casa con la comida. También se asombró de la cantidad de granos que Rut pudo cosechar. Según las instrucciones, los trabajadores arrojaron manojos adicio-

nales de granos para Rut. Noemí supo de inmediato que algo especial pasaba y quiso saber todos los detalles de ese día. ¿Era que su suerte había cambiado? ¿Podía ser que ya no era "Mara", sino otra vez Noemí? Noemí estaba aún más emocionada cuando supo que Booz era dueño del campo que Rut había cosechado; porque como se puede dar cuenta, Booz era un pariente cercano de Noemí. Pronto veremos por qué esa relación es tan importante.

Un plan de redención

Noemí ahora tenía un plan. Había visto la bondad de Booz y conocía la Ley de Moisés. Ella tenía la esperanza de que Booz las ayudara, no solo para esa temporada de cosecha, sino para toda la vida. La preocupación anterior de Noemí era que Rut no pudiera casarse y que no tuviera a alguien que la cuidara, pero tal vez Booz estaría dispuesto a ayudar. Estaba segura de que la bondad que él ya le había mostrado a Rut era una prueba de que haría lo correcto.

Como recordará de una historia anterior en el Tomo 1, "Los hijos de Jacob", una esposa tenía un esposo que murió antes de tener hijos y ella se casó con su cuñado; los hijos de esta esposa recibieron la herencia del hermano fallecido[2]. Esto ahora era parte de la Ley de Moisés[3]. La obligación recaía en el pariente más cercano. Si bien

Noemí sabía que era demasiado mayor para tener hijos, tenía la esperanza de que Booz tomara a Rut en su lugar y la "redimiera" de acuerdo con la ley. Debido a que Rut no era israelita, Booz probablemente no pensaba en redimir a Rut a través del matrimonio. Por lo tanto, Noemí tuvo que poner en marcha el plan para que Rut hiciera el pedido. Noemí indicó a Rut que se bañara, se pusiera perfume y se vistiera con su mejor ropa. Debía ir al campo de trillar y seguir las instrucciones de Noemí:

No te darás a conocer, permanece escondida hasta que caiga la noche y todos los hombres estén dormidos. Luego mira dónde se acuesta Booz para pasar la noche. Una vez que estés segura de que todos están dormidos, descubre los pies de Booz y acuéstate allí hasta que el aire de la noche lo despierte.

Rut aceptó hacer todo lo que Noemí le pidió, y sucedió tal como Noemí dijo que sucedería. Booz se despertó y se sorprendió al ver a una mujer joven a sus pies. "¿Quién eres tú?" preguntó. Ella respondió: "Yo soy Rut tu sierva; extiende el borde de tu capa

sobre tu sierva, por cuanto eres pariente cercano". En aquel entonces, si una mujer era viuda y no tenía hijos, así era como la ley le permitía pedirle matrimonio a un hombre. Rut había corrido un gran riesgo. ¿Qué hubiera pasado si Booz decía que no y se enojaba con ella? Después de todo, ella era una gentil y, por lo general, a los israelitas no se les permitía casarse con alguien que no sea de la Familia Elegida. ¿Usted hubiera tenido el atrevimiento de ir al campo de trillar y hacer un pedido tan arriesgado?

Booz dijo en voz baja:

Que el Señor te bendiga, hija mía. Has mostrado una bondad aún más grande que tu arduo trabajo en los campos porque pudiste haber buscado a un hombre mucho más joven. Sin embargo, fuiste obediente a las necesidades de tu suegra al pedir tomar su lugar. Yo haré contigo lo que tú digas, pues toda la gente de mi pueblo sabe que eres mujer virtuosa.

¡Guau! Qué gran aceptación y elogio para Rut. Sin embargo, había una dificultad más que debía superar. Al final, sucedió que Booz no era el pariente más cercano[4]. Por lo tanto, antes de que Booz pudiera redimir a Rut en lugar de Noemí, primero tenía que averiguar si su pariente asumiría la responsabilidad. Booz le prometió a Rut que estaría complacido en casarse con ella si el pariente vivo más cercano no lo hacía.

Booz también tuvo cuidado de proteger la reputación de Rut. Por lo tanto, le dijo que permaneciera a sus pies durante la noche. Antes de que saliera el sol, ella debía regresar a casa para que nadie pensara que Rut había venido a acostarse con él. Para asegurarse de que Noemí supiera que estaba dispuesto a asumir la obligación, Booz le dio a Rut su manto lleno de granos frescos.

¡Qué larga noche para Noemí! Imagine sus pensamientos mientras esperaba. ¿Tenía la oportunidad de una nueva vida? ¿Estaba Dios realmente mostrándole misericordia al hacer que su familia fuera redimida por un hombre rico? ¿Era realmente tan afortunada de tener una nuera gentil que estaba dispuesta a sacrificar sus propias necesidades por su suegra? ¿Fue real la promesa de amor y redención de Dios? Para averiguarlo, tenía que esperar a que la noche termine.

Las noches pueden dar miedo y parecen que duran mucho tiempo. ¿Alguna vez se ha quedado despierto por la noche porque le preocupaba algo? O tal vez estaba emocionado, pero con miedo de que un evento especial no sucediera como quería. Nosotros también tenemos que ser pacientes y esperar el tiempo de Dios. ¿Está dispuesto? Para dar más detalles sobre este relato, la noche que Rut fue a visitar a Booz, ella se postró a sus pies. Cuando él despertó, ella fue redimida, así como Jesús resucitó de entre los muertos (despertó), y nosotros también fuimos redimidos. Rut permaneció segura a los pies de Booz por el resto de la noche, así como la iglesia permanece segura a los pies de Jesús hasta que Él regrese. Booz le dio su promesa, pero Noemí tuvo que esperar toda la noche para conocer su respuesta. La historia se asemeja a cómo el Israel actual debe esperar porque ellos también deben ser redimidos, pero por ahora están en la oscuridad.

Rut, una esclava gentil, encontró un redentor[5] porque estaba relacionada con Noemí. Incluso, Rut no solo fue redimida, sino que también se convirtió en la novia de un hombre rico que proveyó todas sus necesidades. Como describiré con más detalles en la parte 2 de la historia de Rut, este es un hermoso retrato del plan de Dios para toda la humanidad. Como lo describe el Nuevo Testamento, una novia es un símbolo de la iglesia, con Jesús como el Novio[6]. Así como Booz fue el esposo/redentor de Rut, la gentil, Jesús es el Novio/Redentor/Mesías de lo que el Nuevo Testamento llama la iglesia gentil. Con la redención, la iglesia, así como Rut, se convierte en la nueva novia.

En esta metáfora, Noemí es como Israel en el mundo actual; Israel ha sido puesto en espera. La iglesia gentil ahora ocupa el lugar como la familia de Dios, tal como Rut ocupó el lugar de Noemí. Cuando Rut tuviera un hijo, Noemí y sus herederos también podrían ser redimidos. Sin un hijo, Noemí no tendría un heredero para recibir la herencia y, por lo tanto, no tendría una razón para redimir la tierra. Noemí había regresado a su país de origen, pero la tierra no había sido restaurada para ella. Necesitaba esperar a su redentor, Booz, para casarse con la novia, Rut, y tener un hijo antes de que ella (Noemí) pudiera restaurar su tierra a su familia. Así también, a través del Hijo (Jesús), un día Israel será restaurado a la familia de Dios.

En la parte 2 de la historia de Rut, aprenderemos cómo se desarrolla el futuro de Noemí. Mientras tanto, ¿empieza a ver cómo esta historia presenta el plan redentor de Dios para usted y para mí?

Preguntas para profundizar

* ¿Alguna vez ha perdido a un integrante de su familia? ¿La pérdida fue devastadora?
* ¿Alguien en su familia tiene necesidades que superan lo que usted puede proveer?
* ¿Puede pensar en las maneras que Dios nos provee hoy como lo hizo con las cosechas para las viudas y los extranjeros?
* ¿Está esperando algo emocionante? ¿Qué tan difícil es esperar?
* ¿Se asusta por la noche? ¿Le tiene miedo a la oscuridad? Los seres humanos tienen un miedo natural a la oscuridad que debemos honrar y que Dios quiere que tengamos cuidado. La Biblia describe a Jesús como la Luz y dice que Satanás gobierna el Dominio de las Tinieblas.

Para estudio adicional

1. Levítico 19:9-10: Al dueño de la tierra no se le permitía cosechar el rincón de los campos ni sus trabajadores podían recoger los granos que se le habían caído (que se llamaban espigas); esta parte de la cosecha era para los necesitados, las viudas y los extranjeros.
2. Génesis 38:7-8: Se obligó que el hijo de Judá, Onán, se casara con Tamar, la esposa del hermano de Onán, Er, quien murió. A Onán se le dijo que criara hijos con Tamar.
3. Deuteronomio 25:5-10: El hermano del difunto debe casarse con la esposa del hermano que falleció y criar hijos con ella si ella no tenía hijos cuando murió su esposo. Estos hijos recibirían después la herencia del hermano fallecido.
4. Levítico 25:25: El pariente más cercano debe tener la primera oportunidad de redimir la propiedad de alguien que se volvió tan pobre que tuvo que vender su tierra.
5. Levítico 25:47-49: Un esclavo judío puede ser redimido por un pariente cercano.
6. Jesús y su iglesia son presentados de manera simbólica en el Nuevo Testamento como el esposo y la esposa, y la novia y el novio:
   a. Apocalipsis 21:9: La novia, la esposa del Cordero (Jesús)
   b. Efesios 5:23-27: El esposo es cabeza de su esposa, así como Cristo es cabeza de la iglesia.
   c. Juan 3:28-29: Juan el Bautista declara que la persona, el Cristo (el Mesías), que vendrá después de él será el Novio que reciba a la novia (la iglesia).

12

Rut, una historia de amor, romance y redención: Parte 2

Rut 1-4

En la parte 1 de la historia de Rut, aprendimos sobre las dificultades que Rut y Noemí enfrentaron. Rut se encontraba recogiendo cebada en los campos de Booz, un pariente rico de Noemí. Aunque Rut y Noemí no lo sabían en ese momento, este fue el comienzo de un milagro. Booz quedó impresionado con la disposición de Rut para cuidar de Noemí, su suegra. Aprendimos que según la Ley de Moisés, Rut, a través de su difunto esposo Mahlón, podía pedir que Booz redimiera la tierra que perdió la familia de Noemí. Además, Rut podía pedirle a Booz que se casara con ella. Cuando Rut hizo este pedido, Booz estuvo de acuerdo siempre y cuando su pariente más cercano, que tenía la primera opción, no aceptara redimirla.

La provisión de Dios es redentora

¿Se puede imaginar la emoción de Rut y Noemí cuando Rut le contó todos los eventos que pasaron en la noche? Booz no perdió el tiempo. A la mañana siguiente, se dirigió a las puertas de la ciudad donde se llevaban a cabo todas las transacciones importantes. Cuando llegó el pariente más cercano, Booz le pidió que se acercara y escuchara su oportunidad. Booz pidió a otros diez hombres que fueran testigos de la transacción. Booz dijo:

Noemí perdió la tierra que pertenece a nuestro pariente Elimelec. Tienes el primer derecho a redimir la propiedad. Si no lo haces, lo haré yo.

El pariente de Booz aceptó redimir la propiedad de Noemí hasta que Booz le dijo que estaría obligado a casarse con Rut. El pariente estaba dispuesto a redimir la propiedad y llevarse a Noemí. Sin embargo, no redimiría a Rut como parte del trato. Creo que tenía miedo de que los hijos que él y Rut tuvieran juntos pusieran en peligro la herencia de su familia. Según la Ley de Moisés, sus hijos con Rut recibirían una herencia como si fueran los hijos de Mahlón (el primer esposo de Rut). Por ello, el pariente le dijo a Booz: "Redime tú, usando de mi derecho, porque yo no podré redimir".

Booz declaró a los diez ancianos: "Vosotros sois testigos hoy, de que he adquirido de mano de Noemí todo lo que fue de Elimelec, y todo lo que fue de Quelión y de Mahlón. Y que también tomo por mi mujer a Rut la moabita, mujer de Mahlón, para restaurar el nombre del difunto sobre su heredad". Todo el pueblo en la corte de la ciudad quedó impresionado con las acciones de Booz. Había entregado su herencia al esposo y al hijo de Noemí. El pueblo respondió:

"Que el Señor haga a Rut como Raquel y Lea, y te dé una familia que te haga rico y famoso en todo Belén".

De esta manera, Booz tomó a Rut por esposa, y poco tiempo después ella le dio un hijo y lo llamaron Obed. Luego, las mujeres de la ciudad se acercaron a Noemí y le dijeron:

Bendito sea el Señor que te ha dado un Redentor. Que también cuida de ti y de tu familia en tu vejez. Y bienaventurada eres de tener a Rut por nuera, que te ama y es mejor que siete hijos.

Necesitamos entender cuán dramática fue esta declaración. En tiempos bíblicos, tener hijos significaba que la mujer era importante y exitosa. Como explicaron las mujeres, el hijo se convirtió en el redentor. De la misma manera, Jesús, el Hijo de Dios, es nuestro Redentor.

Naomi tomó al niño y lo puso en su regazo. ¡Qué tal cambio! Dos mujeres en una situación de pobreza, sin expectativas de alivio, fueron recompensadas tanto con una seguridad material y con un hijo para asegurar su legado. Veremos más adelante en la historia cuán especial fue el hijo de Rut. Así como Dios hizo esto por Rut y Noemí, Él es misericordioso y fiel para recompensarnos y, cuando es necesario, para perdonarnos. Todo lo que pide a cambio es que nos quedemos con Él durante todas las pruebas de la vida. Similar a la declaración de Rut a Noemí antes de que regresaran a la tierra natal de Noemí, debemos declarar a Dios: "Porque a dondequiera que tú fueres, iré yo. Tu pueblo será mi pueblo y tú serás mi Dios".

Debe quedarnos claro la bondad y el amor que hay en esta historia. Primero, Rut, por el amor a su suegra, estuvo dispuesta a dejarlo todo para seguir a Noemí y a su Dios. Rut fue recompensada por su voluntad de trabajar arduamente por Noemí cuando Booz le demostró su bondad. Cortejó a Rut dándole comida, protección e incluso una bendición especial cuando dijo a los hombres que arrojaran manojos adicionales de granos en el campo. Un romance se inició cuando Rut se acercó a él por la noche y se ofreció a ser su esposa. Él aceptó amablemente su invitación de matrimonio y, según la ley, aceptó redimirla, es decir, la liberó de la esclavitud de la pobreza. Rut fue acogida en la casa de Israel como una mujer libre.

Sin embargo, las historias de amor siempre parecen tener un giro inesperado. Había un obstáculo más que tenía que superar; un pariente más cercano todavía tenía la primera opción en la redención de la tierra de Noemí. No obstante, al igual que en todas las historias de amor verdadero, hubo un final feliz cuando el pariente más cercano no estuvo dispuesto a casarse con Rut como parte de la redención. Booz y Rut no solo fueron recompensados, sino que Noemí también recibió un hijo al que podía llamar suyo como regalo de Rut a Noemí. De esta manera, Obed se convirtió en el legado de Noemí. ¡Qué bendición de Dios!

Retrato de Cristo, la iglesia y el futuro de Israel

Pero la relación personal entre Rut y Noemí es solo una parte de la historia. Como dije al principio en la parte 1, la historia de Rut revela el plan redentor de Dios para toda la humanidad. Cuando buscamos el mensaje de Dios para nosotros en la historia, podemos ver a Booz como un retrato de Jesús, con Rut representando a la iglesia/el cuerpo de Cristo y Noemí representando a Israel.

La historia comenzó con Israel en una época de hambruna. Como aprendimos en el capítulo veintiocho de Deuteronomio, ocurriría una hambruna si Israel no obedecía los mandamientos de Dios. Por lo tanto, los israelitas estarían bajo una maldición hasta que fueran liberados por la misericordia de Dios. Israel era como Noemí cuando regresó y declaró a sus amigos: "El Señor está contra mí, y el Todopoderoso me ha afligido". Rut era una mujer gentil, como cualquiera que no fuera israelita; ella estaba totalmente perdida como una pecadora sin un Salvador y no era parte de la familia de Dios[1]. Pero por medio de la gracia, se incorporó a la familia. Booz la aceptó con amabilidad en lugar de Noemí, que es muy parecido a lo que Jesús hizo cuando la Familia Elegida de Dios lo rechazó, y recurrió a los gentiles que no lo merecían para crear su nueva familia (la iglesia/el cuerpo de Cristo).

"Gracia" es un nuevo término que fue introducido por Pablo y Pedro en el Nuevo Testamento. La gracia es un regalo de amor de Dios, aunque no lo merezcamos[2]. ¿Por qué no merecemos el amor de Dios? No solo no somos perfectos, sino que tampoco obedecemos sus mandamientos. Somos egoístas y hacemos lo que queremos, en lugar de todo lo que Él nos ha llamado a hacer. Sin embargo, Dios nos amó tanto que envió a su único Hijo al mundo para que tomara el castigo por nosotros, de tal manera que todos los que crean en Él tengan vida eterna[3]. Por lo tanto, aunque éramos aún pecadores, Jesús murió y resucitó para salvarnos[4]. Ese es un regalo por el que vale la pena alabar a Dios. Su gracia es abundante.

Booz fue el salvador de Rut de la misma manera que Jesús es el Salvador de los gentiles. Así como los gentiles, Rut ya no estaba separada de Dios; la iglesia, como Rut, es ahora la familia de Dios. Noemí y su familia perdieron su herencia cuando se fueron a otras tierras; sin Rut, Noemí no tenía posibilidad de tener un hijo para redimir su propiedad. Booz las redimió (Rut, la propiedad, y como consecuencia, a Noemí también), y según la Ley, el hijo de Rut con Booz era considerado como de Mahlón (el primer esposo de Rut; el hijo de Noemí). De esta manera, así como Noemí encontró la redención a través de Rut, Israel encontrará su camino de regreso a Dios a través de la iglesia cuando Israel acepte a Jesús como el Salvador[5]. ¡Qué concepto tan poderoso! Quizás desee tomarse un momento para revisar cada pensamiento y los entienda.

Según la ley judía, la propiedad, las viudas y los esclavos podían ser redimidos[6], pero solo por un pariente (un familiar) que estuviera dispuesto a pagar el precio. Nos enteramos de que el difunto esposo de Noemí tenía un pariente más cercano que Booz. Sin embargo, él (el pariente más cercano) no estaba dispuesto a pagar el precio, que incluía aceptar a Rut como su novia. Booz, así como Jesús, tenían el suficiente dinero para pagar el precio y estaba dispuesto a compartir su herencia, primero con Rut y luego con Noemí cuando naciera el hijo.

La incapacidad de la humanidad para salvarse a sí misma

¿Qué rol desempeñó este "pariente más cercano"? Jesús no solo era un hombre, sino también Dios[7]. Es un pariente, pero no de la misma manera que nuestros parientes terrenales porque fue "engendrado" de Dios y, por lo tanto, nació sin nuestra naturaleza pecaminosa. El hombre había fracasado en su intento de recuperar lo que Adán perdió; no era capaz de redimirse a sí mismo, y mucho menos a toda la humanidad. Así que la humanidad necesitaba un Salvador, pero según la ley establecida por Dios, el Salvador tenía que ser un hombre. Ya que Jesús compartió la "carne y sangre" (humanidad), estuvo dispuesto y pudo redimirnos porque vivió una vida sin pecado, haciendo de su muerte un sacrificio perfecto; convirtiéndose así en un sumo sacerdote fiel y misericordioso que hace su petición ante Dios[8]. De esta manera, nuestro "Pariente-Redentor" nos reconcilió con Dios[9].

Recuerde, desde el principio, Dios tenía un plan para redimir a toda la humanidad. Solo se estaba concentrando en una familia (Israel) para preparar el camino. A través de la historia de Rut, Dios nos recuerda que su plan incluye a todos. La novia/la iglesia/los gentiles se convertirían en la familia de Dios hasta que Israel pudiera ser

restaurado. Y aquí es donde nos encontramos hoy; la iglesia gentil ahora es la familia de Dios, que está esperando el momento adecuado para restaurar a Israel.

Para poner todos estos eventos en un contexto, Booz es un retrato de nuestro Pariente-Redentor, Jesús, quien estuvo dispuesto y fue capaz de pagar el precio de nuestros pecados cuando murió en la cruz y resucitó para salvarnos de nuestro castigo[10]. Los israelitas rechazaron a Jesús, pero prepararon el camino para los gentiles cuando establecieron la adoración de un Dios verdadero en la tierra y trajeron a nuestro Salvador a este mundo[11]. De acuerdo con la Ley de Moisés, a Rut no se le permitía entrar en la familia de Dios1. Pero, había una ley más importante que Dios había establecido antes, la cual invalidaba la Ley de Moisés. Pablo comparte en el Libro de Gálatas que los verdaderos hijos de Abraham son aquellos que creen como Abraham y, a través de esta creencia, son hijos justos de la fe y, por lo tanto, hijos de Dios[12].

Por lo tanto, así como Booz redimió a Rut como gentil y como viuda en la familia de Dios, la iglesia se estableció cuando aceptó a Jesús como su Salvador y tomó su lugar hasta que Israel pueda regresar al redil y, de nuevo, sea parte de la familia de Dios. Al igual que Jesús lo hizo por la iglesia, un día también lo hará por Israel cuando ellos también sepan que tienen un Hijo, Jesús, como su Salvador[13]. Todo esto nos recuerda que el plan de Dios incluye a todos.

Las personas comunes se vuelven extraordinarias

La historia de Rut también reduce la brecha en la genealogía que produjo el linaje de Jesús. Por la gracia de Dios, Rut se unió a su familia. Ante los ojos del mundo, Booz y Rut no eran nadie, pero a través de su fe, bondad, amor y obediencia a Dios, se convirtieron en los padres de un hijo llamado Obed, quien se convirtió en padre de Isaí, e Isaí engendró a David, quien llegó a ser el rey de Israel. Qué maravillosa recompensa ser parte del linaje que produjo al Rey David, quien es un antepasado directo de María, la madre de Jesús, el Salvador de todos[14]. Dios cumplió sus promesas y, además, dio bendiciones sin límites. ¿Se imagina la bendición que recibió Rut al ser la bisabuela del rey David y el antepasado directo de Jesús?

¿Se da cuenta lo que Dios puede hacer con las personas comunes? ¿Está dispuesto a ser obediente como Rut y Booz, y recibir las bendiciones que Dios tiene reservadas para usted? Esta historia nos recuerda que la vida en la tierra a veces nos hace vivir un período de oscuridad y sufrimiento. Pero, si somos fieles en los momentos difíciles, Dios será fiel para recompensarnos más allá de lo que podamos imaginar. ¿Qué mejor recompensa puede haber al ser un día coherederos de Dios con el Rey Jesús?[15]

Preguntas para profundizar

- ¿Se da cuenta cómo el pariente de Booz se perdió de recibir la bendición de Dios al no estar dispuesto a llevarse a Rut? Tenía miedo de perder algo. Piense en este ejemplo la próxima vez que rechace lo que Dios quiere para usted debido a algo que desee en lugar de eso. El regalo de Dios siempre es mejor de lo que podemos dar o conseguir por nuestra cuenta.

- Aunque había una gran diferencia de edad entre Rut y Booz, ¿se da cuenta del respeto mutuo que se convirtió en amor? ¿Puede creer que el verdadero amor proviene del respeto mutuo y no de los sentimientos? Mencione algunas formas en las que Booz demostró su amor por Rut. Mencione algunas formas en las que Rut demostró su amor por Noemí. Algunas acciones se basaron en los sentimientos, pero otras se basaron en el compromiso de hacer lo correcto. ¿Ambas son importantes? ¿Cuál es más importante?

- El amor es un compromiso, no solo un sentimiento. Los sentimientos son temporales; vienen y se van. El amor verdadero permanece en los buenos y malos momentos. Cuando se compromete a casarse con alguien, ¿debe tomar una decisión solo por los sentimientos? ¿Está bien tener buenos sentimientos por la persona con quien se casa? ¿Qué pasa si ya no siente que ama a su pareja? ¿Qué puede hacer para asegurarse de que su matrimonio no termine en un divorcio?

- ¿Jesús lo ama sin importar lo que sienta? ¿Cómo Él le demostró su amor?

- ¿Le ha dado esta historia de Rut, Noemí y Booz una nueva percepción de nuestra relación con Jesús y nuestro prójimo?

Para estudio adicional

1. Deuteronomio 23:3: A los moabitas (antepasados de Rut) no se les permitió ser parte de la familia de Dios.
2. Efesios 2:5-9: Porque por gracia sois salvos por medio de la fe; y esto no de vosotros, pues es don de Dios; no por obras, para que nadie se gloríe.
3. Juan 3:16: Porque de tal manera amó Dios al mundo, que ha dado a su Hijo unigénito, para que todo aquel que en él cree, no se pierda, mas tenga vida eterna.
4. Romanos 5:8: Dios muestra su amor para con nosotros, en que siendo aún pecadores, Cristo murió por nosotros.
5. Romanos 11:25-26: Ha acontecido a Israel endurecimiento en parte, hasta que haya entrado la plenitud de los gentiles; y luego todo Israel será salvo.
6. Según la Ley de Moisés, las viudas, las propiedades y los esclavos podían ser redimidos:
   a. Deuteronomio 25:5-10: Las viudas pueden ser redimidas.
   b. Levítico 25:23-27: La propiedad puede ser redimida.
   c. Levítico 25:47-49: Un esclavo puede ser redimido.

7. Filipenses 2:5-11: Jesús dejó su naturaleza divina y se humilló a sí mismo para hacerse hombre y se hizo obediente hasta la muerte para salvarnos a todos. Y luego regresó a su trono celestial donde un día se doblará toda rodilla y toda lengua confesará que Jesucristo es Dios.

8. Hebreos 2:14, 17: Jesús se hizo hombre para quitarle el poder de la muerte al diablo; a través de su acto sacrificial, se convirtió en un sumo sacerdote fiel y misericordioso en el lugar de todas las personas que aceptan su sacrificio. Es decir, cumplió para siempre el requisito de la ley de un cordero expiatorio por los pecados del pueblo.

9. 2 Corintios 5:17-19: Si alguno está en Cristo, nueva criatura es; las cosas viejas pasaron; he aquí todas son hechas nuevas. Y todo esto proviene de Dios, quien nos reconcilió consigo mismo por Cristo. Mientras Dios estaba reconciliando al mundo consigo mismo en Cristo, no tomó en cuenta los pecados de los hombres contra ellos.

10. 1 Corintios 15:1-4, 20-22: Jesús murió en la cruz y resucitó al tercer día para salvar a todos los que creen.

11. Romanos 9:2-5; 11:1-2, 11-12, 25-26: Israel ha rechazado a Jesús por ahora, lo que ha dado a los gentiles la oportunidad de encontrarlo y así preservar la fe hasta que Israel regrese algún día.

12. Gálatas 3:6, 16, 24-26, 29: Así Abrahán creyó a Dios, y le fue contado por justicia. Ahora bien, las promesas fueron hechas a Abrahán y a su simiente. No dice: «Y a las simientes», como si hablara de muchos, sino: «Y a tu simiente», como de uno, que es Cristo. De manera que la ley ha sido nuestro tutor, para llevarnos a Cristo, a fin de que fuéramos justificados por la fe. Pero al venir la fe, no estamos ya al cuidado de un tutor, pues todos ustedes son hijos de Dios por la fe en Cristo Jesús. Y si ustedes son de Cristo, ciertamente son linaje de Abrahán y, según la promesa, herederos (RVC).

13. Romanos 11:25-26: Israel volverá a Dios y será salvo cuando haya entrado la plenitud de los gentiles.

14. La genealogía que brinda el Nuevo Testamento: Primero, el Evangelio de Mateo menciona el linaje del Rey a través de José, lo que respalda el derecho terrenal de Jesús a ser Rey como el hijo adoptivo de José. Y luego el Evangelio de Lucas menciona el linaje del Rey a través de María, lo que respalda el nacimiento virginal y el derecho celestial de Jesús a ser Rey [Nota: Lucas dice el "supuesto" hijo de José, por lo tanto, muchos estudiosos de la Biblia creen que esto significa que la genealogía de Lucas es el linaje de María, ya que los nombres son los mismos desde Abraham hasta David, pero cambian con el hijo de David. En Lucas, el hijo de David que se menciona es Natán (no Salomón), el linaje de David a través de quien nació María].

    a. Mateo 1:1-16: La genealogía de Jesús a través de José, David, Booz y Rut

    b. Lucas 3:23-38: La genealogía de Jesús a través de María, David y Booz

15. Romanos 8:16-17: Como hijos de Dios, que llegamos a ser cuando creemos y recibimos a Jesús, somos herederos de Dios y coherederos con Jesús.

13

Job, un hombre que complace a Dios: Parte 1

Job 1-42

La Biblia habla de Job, un hombre de Dios, íntegro y recto. Sabemos muy poco sobre su historia familiar, y no sabemos los nombres de sus hijos o descendientes; ni siquiera sabemos si era israelita. La historia no se encuentra en los libros históricos del Antiguo Testamento. En cambio, el Libro de Job es el primer libro de la sección de Poesía y Sabiduría de la Biblia, que incluye Salmos y Proverbios. Ni siquiera estamos seguros en qué momento de la historia vivió Job. Aunque Job no se encuentra en los libros históricos, considero que esta es una historia real que brinda maravillosas perspectivas sobre el cielo, sobre todo, lo que sucede ante el trono de Dios.

Job vivió ya sea cuando los israelitas se estaban convirtiendo en una nación en Egipto o durante el período de los jueces antes de que los reyes de Israel llegaran al poder. Debido a que vivió mucho más que cien años, lo más probable es que haya sido un poco después de la época de Jacob y José.

Job, un hombre de Dios íntegro y recto

Job tenía siete hijos y tres hijas, y era muy rico. Dios lo bendijo mucho con siete mil ovejas, tres mil camellos, quinientos bueyes y quinientas asnas. Además, tenía muchos sirvientes para que cuiden a sus animales y bienes. Era conocido como el hombre más importante del oriente.

Lo más importante es que Job era íntegro y recto, temeroso de Dios y apartado del mal. ¿No le encantaría escuchar a Dios decir cosas tan maravillosas acerca de usted? Cada vez que dejo de servir a Dios de la manera que sé que Él quiere que lo haga, pienso en Job o en uno de los otros personajes de la Biblia de quienes Dios habla muy bien. En lugar de sentirme mal, me arrepiento y me esfuerzo por ser más como estos ejemplos porque sé que Dios es misericordioso para perdonarme. Y Él hará lo mismo por usted.

Los hijos de Job solían hacer fiestas, y durante estos tiempos de celebración, los hermanos acostumbraban turnarse para celebrar en sus casas e invitaban a sus hermanas. Cada hermano dedicaba un día a la semana para brindar comida y entretenimiento. A Job le preocupaba que con tanta celebración, seguro habían hecho cosas que no agradaban a Dios. Temía que incluso pudieran haber maldecido a Dios en sus corazones. Para compensarlo, ofrecía sacrificios a Dios a favor de ellos. He escuchado que algunos comparten la creencia de que el temor que Job tenía por sus hijos ocasionó algunos de sus problemas. No creo que fuera así, ya que todos los padres amorosos deben preocuparse por sus hijos. La ofrenda de sacrificios era una forma de oración en estos tiempos del Antiguo Testamento. Lo que he aprendido de Job es dedicar un tiempo especial para orar por mis hijos.

Oración por nuestras familias

Un grupo de hombres de mi clase de la escuela dominical se reúne todos los lunes para orar por nuestros hijos y nietos por muchas de las mismas razones por las que Job lo hacía. Cuando sabemos de una necesidad específica, pedimos la ayuda de Dios, pero nuestra principal intención es encomendar nuestra familia a Dios, orando para que cada uno tenga un caminar más cercano con Jesús. Hemos visto a Dios contestar muchas de nuestras oraciones, y seguimos teniendo necesidades que elevar a Dios.

Comparto esto para animarlo a que considere reservar un momento para orar por su familia. Además, es útil tener un pequeño grupo de amigos cercanos con quienes pueda compartir detalles familiares confidenciales y personales. Mi madre dijo una vez algo que siempre he recordado. Ella nos dijo a mi esposa y a mí que prometía no enfadarse cuando ignorábamos su consejo si prometíamos no estar molestos cuando ella nos aconsejaba. A los padres les cuesta mucho no dar consejos. Por lo tanto, este puede ser un buen compromiso para todos nosotros. Sin embargo, he aprendido que quizás yo no pueda resolver los problemas de mis hijos. Es posible que no siempre necesiten mi ayuda y, por supuesto, no siempre la quieren. Por ello, nuestro grupo está aprendiendo que nuestras oraciones son más efectivas que nuestros consejos, y estamos aprendiendo a no dar consejos a menos que nos pidan que se los demos, o al menos dejar de hacerlo tan seguido como antes. Le recomiendo que haga lo mismo.

La batalla en el frente celestial

Volviendo a la historia de Job, notamos un cambio dramático en la situación. Nos dan una vista panorámica de lo que estaba pasando en el cielo mientras Job vivía su vida en la tierra. Hubo un día en que los ángeles vinieron a presentarse ante Dios, y también vino Satanás (el diablo). Analice este asombroso y muy revelador diálogo que se dio entre Dios y Satanás:

Dijo Jehová a Satanás: "¿De dónde vienes?". Respondiendo Satanás a Jehová, dijo: "De ro–dear la tierra".

Y Jehová dijo a Satanás: "¿No has considerado a mi siervo Job, que no hay otro como él en la tierra, varón perfecto y recto, temeroso de Dios y apartado del mal?".

Respondiendo Satanás a Jehová, dijo: "¿Y acaso Job teme a Dios sin recibir nada a cambio? ¿No has hecho tú una valla alrededor de él y de su casa? Has bendecido el trabajo de sus manos y sus posesiones han aumentado bastante. Pero extiende ahora tu mano y haz que pierda todo lo que tiene, y te maldecirá".

Dijo Jehová a Satanás: "He aquí, todo lo que tiene está en tu poder; solamente no pongas tu mano sobre él".

Y salió Satanás de delante de Jehová.

¡Qué diálogo tan impresionante! Sabemos por historias anteriores del Antiguo Testamento que Dios y Satanás son enemigos. Esta escena se lleva a cabo después del intento de Satanás de tomar el trono de Dios. A Satanás no solo se le permite entrar en la presencia de Dios, sino que también se le permite desafiarlo. Al parecer, Satanás está burlándose de Dios y tal vez incluso engañándolo. Pero si pensamos eso, no estamos comprendiendo a nuestro Dios que todo lo sabe. Porque así como Dios tuvo una intención oculta al permitir que Jesús fuera crucificado a través de la traición de Judas, en quien Satanás había entrado[1], Dios también se aseguraría de lo que Satanás pretendía para el mal se convirtiera en un bien para Job. Necesitamos recordar que Jesús fue llamado a sufrir, y como sus discípulos, nosotros también podemos ser llamados a sufrir en esta vida[2]. Veremos que Job pasó por un período muy difícil. Pienso que la historia de Job se presenta para ayudarnos a superar las dificultades de nuestra vida, para ayudarnos a confiar en que Dios tiene un plan, incluso cuando no podemos ver el resultado final.

La batalla desde la perspectiva terrenal

Satanás creía que Job estaba sirviendo a Dios porque Dios lo protegió del daño y lo bendijo de muchas maneras. Dios estaba dispuesto a probar la teoría de Satanás, y Job en realidad fue puesto a prueba:

Y vino un mensajero a Job, y le dijo que los sabeos atacaron a sus siervos, llevándose todos los bueyes y asnos; mataron a todos los siervos excepto a este hombre que escapó para darle la noticia a Job.

Aún estaba este hablando, cuando vino otro que dijo:

"Fuego de Dios cayó del cielo, que quemó las ovejas y a los pastores, y solamente escapé yo para darte la noticia".

Todavía estaba este hablando, y vino otro que dijo:

"Los caldeos arremetieron contra tus camellos y se los llevaron, y mataron a todos tus criados; y solamente escapé yo para darte la noticia".

Entre tanto que este hablaba, vino otro que dijo:

"Tus hijos y tus hijas estaban comiendo y bebiendo vino en casa de su hermano mayor y un gran viento vino y azotó la casa y mató a todos tus hijos y siervos, y solamente escapé yo para darte la noticia".

¿Puede comprender la devastación y el dolor que sintió Job al mismo tiempo? Imagine saber que perdió todos sus bienes materiales, y luego la noticia de que todos sus hijos murieron debido a una tormenta, una noticia sobre todo traumática para Job después de todas sus oraciones por ellos. Él no sabía que este ataque venía directamente de Satanás. Gran parte de este ataque parecía que provenía de sus enemigos humanos, pero sabemos que no fue así. Cuando Satanás golpea, lo suele hacer fuerte. Por lo tanto, cuando lo ataquen, recuerde esta historia y tenga cuidado a quién culpa por sus dificultades. Sin embargo, aunque debemos ser conscientes de la presencia de Satanás y su deseo de causarnos daño, no creo que debamos pensar automáticamente que Satanás es quien ha causado el problema.

Pero como vemos en esta historia, él es un enemigo poderoso que debemos reconocer y estar preparados.

Job se levantó, rasgó su manto, y se rasuró la cabeza, ambas son señales de humildad y dolor. Luego se dejó caer al suelo y adoró a Dios. ¿Qué? Él adoró a Dios. Cualquiera pensaría que habría estado furioso, pero no fue así. En cambio, él adoró a Dios y dijo: Desnudo salí del vientre de mi madre, y desnudo volveré allá. Jehová dio, y Jehová quitó; sea el nombre de Jehová bendito.

A pesar de las pérdidas devastadoras, Job no pecó ni culpó a Dios. ¿Puede encontrar ese tipo de fortaleza en su fe?

De regreso al cielo

De nuevo, hubo un día en que los ángeles vinieron a presentarse ante Dios, y otra vez, Satanás estaba allí. Un diálogo similar se llevó a cabo:

Y dijo Jehová a Satanás: "¿De dónde vienes?".

Respondió Satanás a Jehová, y dijo: "De rodear la tierra".

"¿No has considerado a mi siervo Job, que no hay otro como él en la tierra, varón perfecto y recto, temeroso de Dios y apartado del mal, [Pero esta vez Dios agrega] y que todavía retiene su integridad, aun cuando tú me incitaste contra él para que lo arruinara sin causa?".

[Nota: Dios no fue quien causó el daño, pero sí le dio permiso a Satanás].

Respondiendo Satanás, dijo a Jehová: "Piel por piel, todo lo que el hombre tiene dará por su vida. Permíteme dañar su carne y sus huesos, y él te maldecirá".

Y Jehová dijo a Satanás: "He aquí, él está en tu mano; mas guarda su vida".

Este diálogo muestra claramente una batalla en el reino celestial o espiritual, un mundo que no podemos ver. Hablamos por primera vez de este reino en el Tomo 1 de esta serie, en la historia de la "Torre de Babel". Este mundo espiritual se encuentra en su propia dimensión, y solo tenemos acceso a él cuando Dios, o tal vez a veces Satanás, abre para nosotros una ventana desde la cual podemos verlo. A través del relato que vemos en esta historia, obtenemos un mejor entendimiento del mundo de Dios y cómo acceder a su mundo en tiempos de necesidad.

Debido a que solo tenemos una pequeña idea de lo que sucede en el cielo, puede parecer que Job es como un juguete por el cual Dios y Satanás están peleando. No es cierto que somos como peones o que Dios elige jugar con nosotros de maneras crueles como le plazca. Pero es cierto que somos soldados de a pie en una batalla donde Dios nos pide que hagamos cosas que quizás no tengan sentido para nosotros[3].

Piense sobre las guerras en el pasado. Durante la Segunda Guerra Mundial, muchos soldados murieron en el campo de batalla cuando cruzaron el Canal de la Mancha el Día D, el 6 de junio de 1944. No parecía justo que estos soldados tuvieran que morir, pero era necesario para ganar la guerra. Puesto que si no hubieran logrado cruzar a Francia, las fuerzas aliadas no habrían podido derrotar a Hitler y al ejército alemán. La mayoría de los soldados no entendían del todo lo que se les pedía que hicieran. Sin embargo, entendieron que tendrían que sacrificar sus propias vidas por su país. A pesar del gran peligro, en la fe, obedecieron las órdenes.

Los pocos que había se sacrificaron por muchos. Cuando luchamos en el ejército de Dios, es posible que no entendamos todo lo que Él nos pide que hagamos. Pero si confiamos en Él, algún día comprenderemos el peligro, las dificultades y, sí, incluso el dolor que fue necesario para lograr su plan final. Él está preparando un lugar para cada uno de nosotros en la eternidad con Él, donde disfrutaremos los frutos de nuestro trabajo, las recompensas especiales que esperan a los que sufren por Jesús[4]. Hasta ese entonces, debemos reconocer el versículo de las Escrituras en Efesios donde nos anima:

Por último, fortaleceos en el Señor, y en el poder de su fuerza. Vestíos de toda la armadura de Dios, para que podáis estar firmes contra las asechanzas del diablo. Porque no tenemos lucha contra sangre y carne, sino [...] contra huestes espirituales de maldad en las regiones celestes[5].

Debemos aceptar el desafío de estar en el ejército de Dios y ayudarlo a luchar contra el enemigo. ¿Está preparado para hacerlo cueste lo que cueste? Si es así, imagine ese día en el que Dios le dirá:

Bien, buen siervo y fiel [...] entra en el gozo del Señor[6].

De regreso al campo de batalla

Ahora bien, se estaba poniendo a prueba a Job aún más. Quizás él no entendía por completo que era un soldado de Dios, pero no pasaría mucho tiempo antes de que se dé cuenta. Por eso, necesitamos aprender la lección y estar preparados para el ataque del enemigo.

A Satanás se le permitió infligir dolor y enfermedad sobre él. Y así lo hizo. Satanás salió de la presencia de Dios e hirió a Job con llagas desde la planta del pie hasta la

coronilla de la cabeza. Job sufría mucho y sentía un dolor insoportable, tanto que su esposa le dijo:

¿Aún retienes tu integridad? Maldice a Dios, y muérete

Ahora mire lo que Job le respondió, incluso en medio de su dolor insoportable:

¡Has hablado como hablaría cualquiera de las mujeres insensatas! Recibimos el bien de parte de Dios, ¿y no recibiremos también el mal? (RVA-2015)

Estoy muy asombrado por la fe de este hombre, Job. ¿Podría mantenerse firme ante tal dolor y agonía? Conozco personalmente a dos personas que lo hicieron: un hombre de Dios llamado Bill, que ahora está con Jesús, y una mujer piadosa llamada Brooke. Los admiro mucho. ¿Conoce a alguien de quien pueda decir lo mismo? Aférrese a la verdad de Dios y verá la gloria del Señor. La única forma de resistir es recordar que tendremos la victoria con Jesús.

Satanás ahora está fuera del relato, y no volvemos a saber de él. Perdió la batalla con Dios, pero nuestra historia está lejos de terminar. Job aún debe lidiar con la devastación que dejan los ataques de Satanás. Siguió sintiendo un intenso sufrimiento causado por las llagas en todo el cuerpo y el recuerdo doloroso de la muerte de sus hijos.

Preguntas para profundizar

- ¿Entiende la importancia de la oración? ¿Ha orado lo suficiente para saber que funciona? ¿Es útil ser íntegro ante Dios como lo fue Job?
- ¿Por qué cree que Dios permitió que Satanás atacara a Job y a su familia?
- ¿Cuál fue el propósito del sufrimiento de Job? ¿Está bien si no lo sabemos del todo?
- ¿Cómo piensa soportar el sufrimiento cuando no se da cuenta de lo que ha hecho mal? ¿Está bien pedir que se elimine el sufrimiento?
- ¿Qué aprendió de esta historia sobre el mundo espiritual? ¿Cómo se llega allí?
- Explique la fe constante de Job en Dios a pesar de todos los ataques.

Para estudio adicional

1. Lucas 22:2-6: Los líderes judíos estaban buscando a alguien que los ayudara a arrestar a Jesús. Judas, uno de los doce, aceptó ser uno de ellos cuando permitió que Satanás entrara en su cuerpo.
2. 1 Pedro 4:1-2, 12-14: Jesús sufrió cuando se sacrificó por cada uno de nosotros. Nosotros, a su vez, podemos ser llamados a sufrir cuando otros nos persiguen porque lo defendemos.

3. 2 Timoteo 2:3-4: Somos soldados de Cristo en servicio activo y debemos prestar atención a nuestros deberes, en lugar de los asuntos cotidianos de este mundo.
4. 1 Corintios 3:10-14: Nuestras acciones y hechos serán probados con fuego cuando estemos delante de Dios. Aquellos que soporten el fuego tendrán una recompensa para los creyentes
5. Efesios 6:10-12: Debemos estar listos para mantenernos firmes contra el diablo y sus ángeles malvados en el reino celestial (mundo espiritual).
6. Mateo 25:21: Cuando vivimos nuestras vidas sirviendo a Dios, podemos esperar que Dios nos reciba en el cielo como siervos fieles.

14

Job, un hombre que complace a Dios: Parte 2

Job 1-42

Aprendimos en la parte 1 de la historia de Job que él era un hombre de Dios, íntegro y recto, pero sufría mucho por una enfermedad que Satanás provocó en todo su cuerpo. Además del dolor físico que Job estaba soportando, perdió toda su inmensa fortuna y sufrió la muerte de sus diez hijos en un día. Toda esta desgracia y dolor fue causado por Satanás en su intento directo de desafiar a Dios. Hasta este momento, Job había mantenido su fe y confianza en Dios. Es imposible comprender cuán difícil debió haber sido eso.

Los amigos vienen a ofrecer su apoyo pero luego critican

Al enterarse de la desgracia de Job, tres amigos vinieron a consolarlo y compadecerse de él. Cuando se acercaron, no lo reconocieron. Lloraron mucho y desconsoladamente por él. Durante siete días y siete noches, se sentaron a su lado en completo silencio porque vieron cuán grande era su dolor.

El dolor continuó por tanto tiempo que Job finalmente abrió la boca y mal-

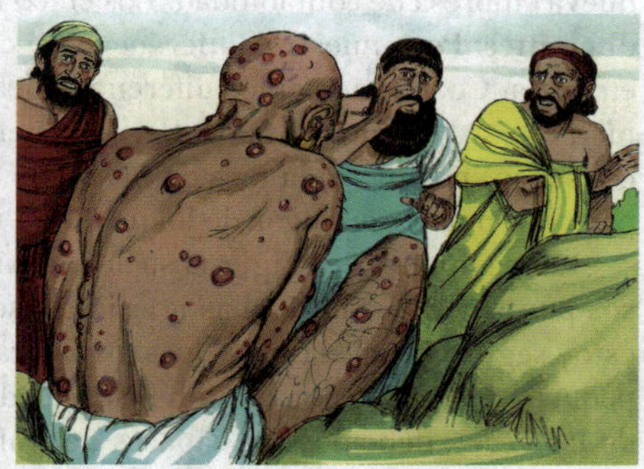

dijo el día de su nacimiento. Anhelaba la muerte y exclamó: "Porque el temor que me espantaba me ha venido, y me ha acontecido lo que yo temía". No pudo soportar más el dolor y perdió la calma por un tiempo. Creo que todos podemos identificarnos con Job. Sentía que no había un alivio para él y se preguntaba por qué le había pasado esto. No culpó a Dios, pero no podía entender lo que había hecho para merecer ese castigo. Reflexionó sobre sí mismo de una manera profunda y concluyó que no había hecho nada para merecer esto.

Sus amigos, Elifaz, Bildad y Zofar, creían que ellos sabían las respuestas. No estoy seguro de por qué pasaron de compadecerse y llorar con él a criticarlo, pero supongo que eso es lo que harían los amigos. Los veintiocho capítulos siguientes del Libro de Job detallan las conversaciones entre Job y sus tres amigos. Cada amigo dio su opinión sobre lo que Job había hecho mal para provocar esta desgracia y también discutió con él. En resumen, le dijeron a Job que se lo merecía e insistieron en que si se arrepentía y le pedía perdón a Dios, todo estaría bien y se sanaría. Job no estuvo para nada de acuerdo y tuvo una fuerte discusión sobre sus opiniones. Estaba convencido de que no había hecho nada por lo que necesitara pedir perdón, y no dejaría que lo intimidaran para decir que lo había hecho. Lo que comenzó como compasión por Job terminó en una intensa discusión sin ninguna solución.

¿Puede recordar un momento cuando trató de ayudar a un amigo, pero ese amigo simplemente no quiso escuchar? O tal vez alguien trató de decirle que estaba equivocado cuando sabía muy bien que no lo estaba. ¡Qué triste es que nos enfrentemos! Oro para que aprendamos a compartir lo que pensamos sobre ciertas situaciones sin enfrentarnos a nuestros amigos, miembros de la iglesia o compañeros de trabajo, ya que ese comportamiento no terminará con un resultado positivo[1]. ¿Cómo podemos aprender a trabajar y a convivir con nuestro prójimo?

Llegar a un consenso

Llegar a un consenso es una de las mejores maneras de ponerse de acuerdo sobre un asunto difícil. A continuación, contaré un buen ejemplo de lo que quiero decir con esto. En 1984, cuatro colegas contadores públicos certificados y yo formamos una nueva empresa de contabilidad. Los cinco teníamos opiniones firmes y personalidades diferentes. Pero nuestras diferencias se convirtieron en una fortaleza para nuestra empresa. Cuando teníamos diferentes ideas sobre cómo manejar un asunto, nos reuníamos para discutir el tema. Por lo general, llegábamos a una conclusión sólida (un consenso) porque cada uno de nosotros estaba decidido a tomar la mejor decisión para la empresa, en lugar de lo que fuera mejor para nosotros de manera individual.

Las reuniones de la iglesia suelen terminar con resentimientos debido a los diversos puntos de vista. Muchas iglesias se separaron por pequeñas diferencias, aunque estoy seguro de que las personas involucradas no pensaban que las discrepancias eran pequeñas. Algunas de las diferencias pueden haber sido importantes, pero la mayoría de las veces, debemos ser capaces de trabajar con opiniones que son opuestas. Por ejemplo, hace varios años, nuestra iglesia estaba pasando por momentos financieros difíciles y necesitábamos votar sobre grandes reducciones en el presupuesto. Aunque en la votación no se dijo específicamente que se eliminarían ciertos puestos de trabajo, todos sabían que ese sería el siguiente paso.

La votación terminó dieciocho a favor de las reducciones y quince en contra. Nadie se sintió bien al respecto; la votación fue demasiado reñida y no éramos una organización unida. Sugerí que se vuelva a tratar el asunto y lo revisáramos en otro momento cuando podríamos llegar a una mejor decisión. Curiosamente, todos estuvieron de acuerdo. Luego, volvimos y acordamos tomar otro camino. Aún era una decisión difícil porque no había dinero, pero fue una decisión que el consenso ahora creía que era la correcta.

Creo que las familias, las iglesias y las empresas pueden aprender de estos ejemplos. Cuando se presentan diferentes opiniones, el deseo de tomar la decisión correcta debe ser el objetivo principal, no lo que usted cree que es correcto. No todos estaremos de acuerdo en cómo abordar un problema o una decisión. Dios nos hizo a cada uno de nosotros únicos para que podamos ayudarnos mutuamente a tomar en cuenta todos los aspectos de una situación. En lugar de luchar contra las diferencias, aprendamos a escuchar y a estar dispuestos a recibir al Espíritu Santo para que nos guíe hacia todas las verdades[2].

Una nueva cara y una nueva perspectiva entran en escena

En el capítulo 32 de Job, nos enteramos de que había una cuarta persona que acompañaba a los amigos de Job. Era un joven que se llamaba Eliú. Por respeto a sus mayores, se mantuvo en silencio durante todas las discusiones[3]. Pero cuando Job y los tres amigos guardaron silencio, Eliú habló. Su ira se encendió contra Job porque él (Job) se justificó ante Dios; también se enojó con sus amigos porque no encontraron respuesta, pero condenó a Job.

Aunque al principio Eliú fue respetuoso con sus mayores, creía que él tenía la respuesta. Esperaba escuchar la respuesta correcta, pero no hubo ninguna. Le dijo a Job que no tenía derecho a cuestionar las acciones o decisiones de Dios. Fue bastante elocuente en su discurso, pero también muy directo, como se muestra en el siguiente fragmento:

He aquí, yo como tú, pertenezco a Dios; del barro yo también he sido formado. Mi temor no te debe espantar ni mi mano agravarse sobre ti. Pero esto es lo que te escuché decir, Job: "Yo soy limpio, sin transgresión; soy inocente y en mí no hay culpa". He aquí, déjame decirte que no tienes razón

en esto, porque Dios es más grande que el hombre. ¿Por qué te quejas contra Él, diciendo que no da cuenta de todas sus acciones? Dios habla, pero nadie se da cuenta de ello.
[Permitió que un hombre tenga problemas], entonces orará a Dios, y Él lo aceptará, para que restaure su justicia al hombre [...] Dios suele rescatar el alma del hombre de la fosa, para que sea iluminado.

Pon atención, Job, escúchame; calla, y déjame hablar. Si algo tienes que decir, respóndeme; habla, porque deseo justificarte. Si no, escúchame; calla, y te enseñaré sabiduría.

Qué palabras poderosas y proféticas de un hombre mucho más joven, aunque puede que se haya excedido con sus palabras finales por ser inadecuadas, sobre todo en estos tiempos del Antiguo Testamento donde los ancianos hablaban y se esperaba que los hombres más jóvenes guardaran silencio y escucharan. En este caso, Eliú sintió que ya había escuchado lo suficiente; no escuchó nada de sabiduría y sintió que tenía palabras poderosas de Dios. Condenó a los tres amigos. Él les dijo: "Lejos esté de Dios la impiedad [...] y Él no pervertirá el derecho". Continuó diciendo mucho más, pero en resumen, les dijo que ninguno de ellos, incluido Job, tenía derecho a cuestionar a Dios y todos hablaban sin conocimiento. El fundamento de sus palabras era cierto. Sin embargo, curiosamente, veremos que Dios no lo reconoció por ninguno de sus discursos. Creo que a Dios no le gustó su actitud irrespetuosa y arrogante.

Dios entra y toma el control

Después de que Eliú al fin terminó de hablar, Dios respondió a Job e ignoró las palabras de cualquiera de los demás, incluido Eliú. Estas son algunas de las palabras que Dios dijo con desprecio a Job:

¿Quién es ese que oscurece el consejo con palabras sin sabiduría? Ahora ciñe como varón tus lomos; yo te preguntaré, y tú me contestarás. ¿Dónde estabas tú cuando yo fundaba la tierra? Házmelo saber, si tienes inteligencia.

Como sabes, ¿cuándo alababan todas las estrellas del alba, y se regocijaban todos los ángeles? ¿Has mandado tú a la mañana en tus días? ¿Has mostrado al alba su lugar?
¿Cazarás tú la presa para el león? ¿Saciarás el hambre de los leoncillos? ¿Vuela el gavilán por tu sabiduría, y extiende hacia el sur sus alas? ¿Se remonta el águila por tu mandamiento y pone en alto su nido?

Dios le respondió: "¿Es sabiduría contender con el Omnipotente? El que disputa con Dios, responda a esto".

Job le respondió sabiamente: "He aquí que yo soy vil; ¿qué te responderé? Mi mano pongo sobre mi boca. Una vez hablé, mas no responderé; aun dos veces, mas no volveré a hablar".

Dios siguió criticando a Job: *"Yo te preguntaré, y tú me responderás. ¿Invalidarás tú también mi juicio? ¿Me condenarás a mí, para justificarte tú? [Sé Dios y] derrama el ardor de tu ira y mira a todo soberbio, y humíllalo".*

Finalmente, a Job se le da la oportunidad de arrepentirse, y lo hace con mucha bondad y gratitud:

Yo conozco que todo lo puedes, y que no hay pensamiento que se esconda de ti. Oye, te ruego, y hablaré; te preguntaré, y tú me enseñarás [...] Por tanto, me aborrezco, y me arrepiento en polvo y ceniza.

Después de que Job se arrepintió, Dios se dirigió a Elifaz y le dijo:

Mi ira se encendió contra ti y tus dos compañeros; porque no habéis hablado de mí lo recto, como mi siervo Job. Ahora, pues, tomaos siete becerros y siete carneros, e id a mi siervo Job, y ofreced holocausto por vosotros, y mi siervo Job orará por vosotros; porque de cierto a él atenderé para no trataros afrentosamente.

Entonces, Elifaz, Bildad y Zofar hicieron lo que el Señor les mandó, y Dios aceptó la oración de Job por estos hombres. Quiero que se dé cuenta de que Dios guardó silencio con respecto a Eliú. No lo criticó, ni lo reconoció por sus sabias palabras. Sus palabras fueron correctas, aunque pronunció algunas de sus palabras con una falta de respeto.

Es interesante notar que Dios elogió a Job cuando habló con Elifaz. Si bien Dios estaba enojado con Job, entendió que Job nunca perdió su fe en Él. Aunque estaba frustrado e incluso criticaba a Dios, Job mantuvo su confianza en Dios, a quien amaba. Cuando se arrepintió, Dios estuvo listo para perdonar a Job. Incluso estaba dispuesto a perdonar a los amigos de Job por sus palabras tontas y por no darse cuenta de que Job era un "hombre perfecto y recto, temeroso de Dios y apartado del mal".

Qué gran lección tenemos que aprender: Dios tiene el control. Si bien es posible que no entendamos todo lo que sucede a nuestro alrededor, debemos dejar que Dios tenga el control y siga el rumbo que ha diseñado para nosotros. Eso no significa que no podamos pedir ayuda o incluso preguntarnos el motivo. Pero cuando no obtengamos una respuesta o si no es la respuesta que queremos, seamos fieles para servir a Dios y sigamos el camino que Él ha diseñado para nosotros[4].

Dios restaura todo y más a Job

Después de que Job oró para que Dios perdonara a sus amigos, Dios estaba listo para sanar a Job y restaurar todo lo que había perdido. No solo le devolvió a Job todo lo que tenía antes, sino que le dio el doble: siete mil ovejas se convirtieron en catorce mil, tres mil camellos se convirtieron en seis mil, y quinientos bueyes y asnas se convirtieron en mil, respectivamente. Y bendijo Dios a Job y a su mujer con siete hijos y tres hijas. Tome en cuenta que Job recibió el doble de todo lo que tenía, excepto por sus hijos. ¿Por qué no el doble de hijos? Mi creencia es que sus hijos que murieron antes estaban en el cielo, por lo que recibió el doble de todo lo que tenía antes.

Es interesante que la Biblia mencionó los nombres de sus tres hijas y señaló que ninguna mujer en toda la tierra era tan hermosa como sus hijas. Aún más interesante es que sus hijas recibieron una herencia igual a la de sus hermanos, lo cual era opuesto a la práctica en la que los hijos, por lo general, recibían la herencia completa. Pienso que aquí hay un mensaje de que Dios está confirmando que las mujeres son igualmente bendecidas en su reino[5].

Job vivió ciento cuarenta años más para disfrutar de cuatro generaciones de su familia. Por lo tanto, aunque sufrió mucho por un tiempo, sin haber hecho nada malo, murió anciano, después de disfrutar una larga vida.

El sufrimiento de Job debe haber sido por un bien mayor. Quizás fue para que su carácter mejore o para demostrar la soberanía de Dios o simplemente para el cumplimiento de los planes maestros de Dios. Job se convirtió en una víctima de la guerra espiritual que se lleva a cabo todos los días, al igual que muchos soldados de Cristo que sufren en el nombre de Jesús. Job no sabía de la batalla que se dio entre Dios y Satanás detrás de escena. Es posible que nosotros tampoco sepamos de las circunstancias que ocasionan los eventos problemáticos en nuestras vidas, pero estamos llamados a ser fieles y confiar en que Dios tiene en mente las mejores intenciones para nosotros en todo lo que Él permite[6].

Preguntas para profundizar

- ¿Cómo cree que se debe acercar a las personas que sufren? ¿Qué palabras diría de manera diferente si pensara que fue debido a algo malo que hicieron? ¿Qué pasaría si no pareciera que hubieran hecho algo malo? ¿Puede ser culpa de Dios? ¿La persona que sufre debe culpar a Dios?
- ¿Alguna vez ha tenido amigos que se han puesto en su contra, pero no sabía muy bien cuál era el motivo? ¿Es posible que pensaran que ellos estaban ayudándole?
- ¿Se da cuenta del valor de llegar a un consenso en lugar de simplemente aceptar lo que dice la mayoría?
- ¿Qué fue lo que dijo Eliú que era correcto? ¿Cree que dijo algo inadecuado?

- ¿Cómo se habría sentido si Dios le hubiera hablado como a Job y a los amigos de Job?

- ¿Era Job una mejor persona después de todo lo que pasó? ¿Aprendió él una lección?

- Enfrentamos muchas cosas en la vida que son difíciles de aceptar y comprender. Con frecuencia, Dios está listo para intervenir y ayudarnos de inmediato. Otras veces, Dios quiere que aprendamos una lección valiosa de las circunstancias difíciles, por lo que puede demorar en brindar su ayuda. ¿Está listo para encontrar la lección y aprender de ella cuando esto le suceda?

Para estudio adicional

1. Efesios 4:1-3, 16: Somos llamados a trabajar juntos como un solo cuerpo en común, mostrando parcialidad entre sí y cada uno haciendo su parte.
2. Juan 16:13: Se nos ha dado el Espíritu Santo para recibir mensajes de Dios y guiarnos a todas las verdades.
3. 1 Timoteo 5:1-2: Tanto hombres como mujeres están llamados a respetar a sus mayores.
4. Santiago 1:2-4: Hermanos míos, tened por sumo gozo cuando os halléis en diversas pruebas, sabiendo que la prueba de vuestra fe produce paciencia. Mas tenga la paciencia su obra completa, para que seáis perfectos y cabales, sin que os falte cosa alguna.
5. Gálatas 3:27–28: En Cristo, todos son iguales, incluidos hombres y mujeres.
6. Romanos 8:38-39: Por lo cual estoy seguro de que ni la muerte, ni la vida, ni ángeles, ni principados, ni potestades, ni lo presente, ni lo por venir, ni lo alto, ni lo profundo, ni ninguna otra cosa creada nos podrá separar del amor de Dios a través de Jesús.

15
Un juez y profeta ungido

1 Samuel 1-16

Mientras lee los primeros párrafos de esta historia, piense quién puede ser esta persona. Quizás lo pueda adivinar, pero hay un giro interesante en ella.

Preparando el camino para el Rey

Había una vez una pareja que deseaba mucho tener un hijo. Sin embargo, a pesar de que habían estado casados por mucho tiempo, nunca pudieron tener hijos. Así que oraron y le pidieron a Dios que les enviara un hijo. Le prometieron a Dios que si respondía a su oración, dedicarían su hijo a Dios para que fuera nazareo. Tal vez recuerde de la historia de Sansón que un nazareo es alguien que se dedica a Dios y se compromete a no tomar vino ni cortarse el cabello. En este caso, la vida del hijo estaría dedicada a servir a Dios, al igual que nuestros predicadores en la actualidad, pero con un propósito muy específico para Dios.

Un día, Dios respondió la oración de la pareja enviando a su mensajero para compartir la buena noticia de que un hijo estaba en camino. De hecho, era un hijo especial. No solo pasó toda su vida sirviendo fielmente a Dios, sino que también prepa ró el camino para el futuro rey del pueblo de Dios, y llamó al pueblo al arrepentimiento. Muchos escucharon su voz y se arrepintieron de sus pecados.

Casi al final de su vida, este hombre fue llamado a ungir a una persona muy especial. Mientras lo ungía, el Espíritu de Dios descendió sobre él, y Dios anunció que esta persona estaría en el trono de su reino.

Estoy seguro de que muchos de ustedes han escuchado esta historia y ya se han dado cuenta de que este nazareo era Juan el Bautista. Pero el giro inesperado que les prometí es que esta podría ser fácilmente la historia de Samuel, un juez y profeta que después ungió a David como rey de Israel. ¿No es interesante cómo la Biblia nos enseña acerca de dos hombres que eran muy especiales para Dios, cuyas vidas y sus propósitos eran muy parecidos? Prestemos más atención a las vidas de Samuel y Juan el Bautista. Aprenderemos que Samuel no solo fue una persona destinada a preparar el camino para David, el rey de Israel, sino que también fue un retrato de Juan el Bautista, quien un día prepararía el camino para la venida del Rey Jesús.

A lo largo del Antiguo Testamento, encontramos que Dios nos mostró retratos de Jesús y el plan de Dios para la humanidad. En esta historia del Antiguo Testamento, se nos da una profecía (el plan de Dios revelado) que enviaría un precursor (Samuel como un retrato de Juan el Bautista) para preparar el camino para la venida de nuestro rey eterno (David como un retrato de Jesús). Si bien no todo en los dos hombres es igual, es evidente que existe una comparación notable.

A continuación, se muestra una lista que identifica las muchas similitudes de las vidas de estos dos hombres.

Con respecto a sus padres:

- Ambas parejas eran justas ante Dios, pero ninguna había podido tener un hijo durante muchos años[1a].
- Cada esposa sintió que era una desgracia no poder tener hijos[1b].
- Ambas parejas hicieron un pedido especial de oración por un niño, el cual Dios les entregó[1c].
- A ambas parejas se les dijo que sus hijos debían llevar a cabo planes especiales dados por Dios[1d].

Con respecto a Samuel y Juan el Bautista:

- Ambos fueron nazareos de por vida[2a].
- Samuel fue el último juez antes del rey David y el primer profeta. Juan fue el último profeta antes de Jesús (el Rey de Reyes) y Juan fue el primer creyente de Jesús[2b].
- Ambos fueron llamados a preparar el camino (para actuar como precursores) para el futuro rey (David/Jesús)[2c].
- Ambos vivieron durante un tiempo cuando Israel no estaba siguiendo a Dios[2d].
- Ambos fueron grandes hombres de Dios[2e].
- Ambos llamaron a Israel al arrepentimiento[2f].
- Ambos ungieron al rey de Israel (David/Jesús)[2g].
- Cuando ambos fueron ungidos (David/Jesús), el Espíritu Santo descendió sobre el futuro rey[2h].
- Ambos pasan a un segundo plano después de la unción del rey[2i].

Después de haber revelado tantas similitudes, ¿hay alguna duda de que Dios nos está mostrando a través de la vida de Samuel que Él había planeado con mucha anticipación que Juan el Bautista prepararía el camino para Jesús, lo cual aumenta aún más las pruebas de que Jesús es quien dijo ser?

Nacimiento de Samuel

Analicemos más de cerca el nacimiento y la historia de vida de Samuel.

Elcana vivía en el país de Israel con sus dos esposas, Ana y Penina.

Penina tuvo muchos hijos mientras que Ana no tuvo ninguno. Cada año, Elcana iba a Silo para ofrecer un sacrificio al Señor y agradecerle por todas las bendiciones que Dios le brindó. Siempre ofrecía un sacrificio especial para Penina por todos los hijos que ella le dio, y porque amaba tanto a Ana, siempre le daba una doble porción a pesar de que no tenía hijos.

Ana estaba angustiada porque no podía tener hijos. Para las mujeres en los tiempos del Antiguo Testamento era muy importante tener hijos porque sus amigos las juzgaban según la cantidad de hijos que tenían[3], por lo tanto, se consideraba una desgracia no tener por lo menos un hijo. Para empeorar las cosas, todos los años, cuando iban al sacrificio especial, Penina se burlaba tanto de Ana que ella lloraba y no comía. Elcana trataba de consolarla: "¿No es mi amor mejor que diez hijos?". Pero Ana nunca quedaba satisfecha con eso.

Un año, Ana estaba decidida a orar ante el Señor en el momento del sacrificio. Mientras se acercaba al altar, Ana se inclinó con humildad y oró intensamente, rogándole a Dios por un hijo. Ella le prometió a Dios que si le daba un hijo, ella lo dedicaría al Señor; y además, no tomaría vino ni se cortaría el cabello, siguiendo de esta manera la costumbre judía de elegir a alguien para que sea nazareo, una persona dedicada a servir al Señor de una manera especial. Del mismo modo, hoy tenemos monjes y monjas que han decidido dedicar toda su vida a Dios.

Ana estaba orando tanto que Elí, el sumo sacerdote y juez de Israel en ese momento, se acercó para ver qué era lo qué sucedía. Cuando se acercó a ella, creyó que estaba ebria y la regañó por venir a la presencia de Dios en ese estado. Ana le explicó que no estaba ebria y confesó el motivo de su profunda tristeza.

Después de escuchar a Dios, Elí le prometió que tendría un hijo el próximo año.

Ana se fue a su casa muy alegre, su rostro ya no estaba triste porque había recibido una promesa de Dios. Menos de un año después, Ana dio a luz a un hijo. Ella celebró diciendo: "Porque se lo he pedido al Señor, lo llamaré Samuel".

Nosotros también podemos presentar nuestras necesidades ante el Señor, pero al igual que Ana, es posible que tengamos que humillarnos e incluso suplicar a Dios que cumpla nuestra petición. A veces, lo que creemos que necesitamos y queremos no es realmente lo mejor según el plan más grande de Dios. En el momento adecuado, el momento adecuado para Él, Dios siempre suplirá nuestras verdaderas necesidades (según su definición de necesidades, no las nuestras) y deseos honestos. Cuando somos niños, nuestros padres toman decisiones por nosotros, ya que no tenemos la edad suficiente para entender, por lo tanto, debemos tener fe en Dios quien nos está cuidando, como un verdadero padre, y aceptar sus decisiones. Debemos confiar en que Dios es fiel y, a veces, tenemos que estar dispuestos a ser perseverantes y esperar su tiempo[4].

Dedicación de Samuel

Cuando Elcana llevó a su familia al sacrificio anual del año siguiente, Ana no fue porque Samuel era solo un bebé. Le dijo a Elcana que planeaba dedicar a Samuel al Señor y que daría su hijo a Elí para que pudiera crecer como sacerdote mediante las enseñanzas de Elí. Cuando Samuel tuvo la edad suficiente, Ana hizo un viaje especial para visitar a Elí y le presentó a Samuel, diciendo: "Yo soy la mujer que estuvo aquí junto a ti orando al Señor por este niño. Oraba, y el Señor me ha concedido mi deseo. Por lo tanto, ahora estoy cumpliendo mi promesa al Señor. Te doy a Samuel para que sea instruido como sacerdote". Elí adoró a Dios y le agradeció por este hijo especial, Samuel. Luego, Ana elevó una oración especial al Señor:

Mi corazón está feliz, mi copa está llena de alegría porque el Señor ha respondido mi oración. Nadie es santo como el Señor. Aparte de ti, no hay nadie. El Señor Todopoderoso vencerá a todos nuestros enemigos y los que tienen hambre serán alimentados por el Señor; incluso aquellas mujeres que no tienen hijos pueden tener hijos porque el Señor concede sus peticiones.

Ana nos estaba enviando un mensaje a cada uno de nosotros: Dios puede responder a todos nuestros problemas y suplirá todas nuestras necesidades. Él está ahí cuando lo necesitamos. Él proveerá la salvación, y envió a su Hijo a morir por nosotros para que podamos vivir con Él para siempre. ¿Estamos dispuestos a escuchar estas palabras proféticas de Ana? Si lo hacemos, nuestras vidas cambiarán. Ya no estaremos ansiosos cuando las cosas no salgan como esperamos o queremos. En cambio, estaremos listos para invocar al Señor. Y estaremos listos cuando Él nos llame.

Aprenderemos en las siguientes historias cómo Samuel fue llamado con un propósito especial: llamar a la familia de Dios al arrepentimiento y preparar el camino para el rey David, tal como lo hizo Juan el Bautista mil años después. Como hemos comentado antes en esta historia, él también llamó al pueblo al arrepentimiento y preparó el camino para el Rey Jesús.

Preguntas para profundizar

- ¿Por qué cree que Dios decidió darnos profecías de Juan el Bautista y sus planes para nosotros a través de esta historia del Antiguo Testamento?
- ¿Le ayuda a comprender y aceptar el plan que Dios tiene para su vida cuando ve los planes que Él tiene para los demás revelados a través de estas historias?
- ¿Alguna vez ha deseado algo tanto que se comprometió a presentar su necesidad ante Dios para que Dios supiera que se tomaba en serio obtener una respuesta de Él?
- El arrepentimiento fue el mensaje tanto de Samuel como de Juan el Bautista; ellos vinieron a mostrarnos el camino hacia Jesús. ¿Los está escuchando?

Para estudio adicional

1. Las Escrituras que comparan los eventos que se dieron antes del nacimiento de Samuel y el nacimiento de Juan el Bautista:
   a. 1 Samuel 1:3-5, 9-11; Lucas 1:5-7
   b. Génesis 30:22-23; 1 Samuel 1:11; Lucas 1:25
   c. 1 Samuel 1:4-5; 11-18; Lucas 1:11-13
   d. 1 Samuel 1:20-22, 27-28; Lucas 1:14-16
2. Las Escrituras que comparan la vida de Samuel con la vida de Juan el Bautista:
   a. Números 6:1-21; 1 Samuel 1:11; Lucas 1:15
   b. 1 Samuel 3:20; 7:15-17; 8:4-7,19-22; Lucas 3:4-6; Mateo 3:11; 11:12-13
   c. 1 Samuel 16:1,12-13; Lucas 1:17
   d. 1 Samuel 3:1; Lucas 1:16; 3:2-3,7-8
   e. 1 Samuel 3:19-21; 7:15-17; Mateo 11:11
   f. 1 Samuel 7:3-5; Mateo 3:1-2
   g. 1 Samuel 16:1,11-13; Mateo 3:13-17
   h. 1 Samuel 16:13; Mateo 3:16

i.   1 Samuel 12:1-4; Juan 3:28-31
3. Otros ejemplos de mujeres que, durante un tiempo, no tuvieron hijos:
    a.   Génesis 15:1-4; 16:1-2; 18:9-14: La agonía de Abraham y Sara porque no tenían hijos; tenga en cuenta las promesas de Dios para cumplirlas en su tiempo.
    b.   Génesis 25:21: Y oró Isaac a Jehová por su mujer, que era estéril; y lo aceptó Jehová, y concibió Rebeca su mujer.
    c.   Génesis 29:31; 30:1: Y vio Jehová que Lea era menospreciada, y le dio hijos; pero Raquel era estéril. Viendo Raquel que no daba hijos a Jacob, tuvo envidia de su hermana, y decía a Jacob: Dame hijos, o si no, me muero.
    d.   Deuteronomio 7:14: Bendito serás más que todos los pueblos; no habrá en ti varón ni hembra estéril, ni en tus ganados.
4. Santiago 1:12: Bienaventurado el varón que soporta la tentación; porque cuando haya resistido la prueba, recibirá la corona de vida, que Dios ha prometido a los que le aman.

16

El llamado de Dios a Samuel

1 Samuel 2-3

Cuando dejamos a Samuel en la última historia, su madre Ana lo había dedicado al Señor enviándolo a Elí, el sumo sacerdote, para que lo entrenara en el sacerdocio. Lo hizo para honrar la promesa que le hizo a Dios cuando cumplió su pedido de tener un hijo que deseaba durante mucho tiempo. Elí también fue un juez en Israel que sirvió fielmente a Dios; le dijo a Ana que Dios le daría un hijo. Samuel creció en la casa de Elí y complacía al Señor. Por su fidelidad a Dios, le concedió a Ana más hijos. Visitaba a Samuel con frecuencia y cada año le hacía un nuevo vestido de efod (una túnica sacerdotal como la que usaban los adultos cuando servían a Dios). Incluso desde muy joven Samuel entendió las cosas de Dios, y todos a su alrededor sabían que él era especial y que algún día sería un líder del pueblo de Dios.

Problemas en Israel de nuevo

Mientras tanto, cuando Elí dejó de hacer algunos de sus deberes sacerdotales, el pueblo se quejó de que sus hijos, Ofni y Finees, se estaban aprovechando de sus funciones como sacerdotes en la casa de Israel. Debido a que Elí era tan bueno, no castigó a sus hijos de la manera adecuada. Como consecuencia, Dios proclamó que los descendientes de Elí serían "separados" del sacerdocio. En la actualidad, muchos padres son como Elí; pueden ser buenas personas, pero tienen puntos débiles cuando se trata de sus hijos. Los padres no admitirán que sus hijos se portan mal y que necesitan ser corregidos o castigados.

El Libro de Hebreos dice que si no tienen disciplina, no son hijos, sino que son hijos ilegítimos. De la misma manera que los padres castigan a sus hijos, Dios nos castiga porque nos ama, y necesitamos su guía y sus medidas correctivas, lo que nos permite compartir su santidad[1]. Por lo tanto, no estamos en armonía con las expectativas de Dios cuando no castigamos de una manera adecuada a nuestros propios hijos.

Con los hijos de Elí que evadían asumir sus responsabilidades sacerdotales, Dios estaba preparando a Samuel para que tome el lugar de ellos. Hemos comentado antes cómo a la familia de Aarón de la tribu de Leví se le dio el privilegio de ser los sumos sacerdotes del Pueblo Elegido de Dios. Recuerde, los sacerdotes eran similares a nuestros predicadores. Sin embargo, en aquellos días, el pueblo no tenía acceso directo a Dios como lo tenemos en la actualidad. Los sacerdotes hebreos eran el vínculo directo de comunicación con Dios. El pueblo llevaba sus peticiones a los sacerdotes, quienes transmitían sus oraciones a Dios como lo había hecho Elí con Ana. Los sacerdotes también ofrecían muchos sacrificios de forma constante, pidiendo perdón por los muchos pecados del pueblo. A Samuel se le dio el privilegio de servir como sumo sacerdote, aunque no era descendiente de Aarón.

El llamado de Dios

Una noche, cuando Samuel era todavía un niño, escuchó una voz que gritaba su nombre. Se levantó de su cama de un salto y corrió hacia Elí y le preguntó: "¿Me llamaste? ¿Para qué me llamaste?". Eli respondió a Samuel, diciendo: "Yo no te he llamado, Samuel. Vuelve y acuéstate". Después de que Samuel regresó a la cama, escuchó la llamada de nuevo: "Samuel, Samuel". Otra vez, se levantó de un salto y le respondió a Eli, diciendo: "Elí, señor, ¿qué es lo que deseas que haga?". Elí le dijo de nuevo: "Debes haber estado soñando. Regresa a la cama". Por tercera vez, el Señor llamó a Samuel, pero esta vez, Elí se dio cuenta de que Dios estaba llamando a Samuel, así que le dijo que escuchara la voz de Dios y respondiera: "Aquí estoy, Señor. ¿Qué es lo que deseas de mí?".

Las visiones de Dios eran muy raras en esos días porque las personas no complacían a Dios. Aunque Samuel creció en presencia de Elí, no sabía que Dios le hablaba directamente a su pueblo. Pero cuando el Señor llamó a Samuel por cuarta vez, siguió las instrucciones de Elí y respondió: "Habla, porque tu siervo oye". El Señor le dijo a Samuel que Él (Dios) estaba listo para llevar a cabo el castigo de los hijos de Elí y poner fin al ministerio de Elí.

Muchas personas creen que Dios no nos habla así hoy. Sin embargo, estoy convencido de que nosotros también podemos escuchar a Dios. Tal vez no lo escuchamos porque nosotros, así como el pueblo en la época de Samuel, no complacemos a Dios. Quizás es porque no reservamos tiempo para Dios. Necesitamos guardar silencio y escuchar, pero Dios no necesariamente habla cuando queremos que lo haga. Dios, a través de su hijo, Jesús, hablará cuando esté listo. Necesitamos conocer bastante a Jesús para reconocer su voz cuando habla. Esto requiere tiempo en oración y meditación. En el Evangelio de Juan, Jesús dice a sus seguidores que Él es el buen pastor; Él conoce a su rebaño y su rebaño lo conoce. Sus ovejas escuchan su voz y lo siguen[2].

Somos las ovejas y Jesús es nuestro pastor

Desde la época de Abraham, el Pueblo Elegido de Dios se dedicaba a ser pastores. El pueblo de la época de Samuel había entendido la importante lección que podemos aprender de la relación entre un pastor y sus ovejas. Las ovejas aprenden a confiar en su pastor y a seguir su voz. El pastor puede poner sus ovejas en una cerca con otras ovejas y nunca confundirlas, aunque no estén marcadas. Cuando el pastor viene a buscar a sus ovejas, puede llamar y sus ovejas lo seguirán[3].

Sin embargo, las ovejas no son animales inteligentes. Por lo tanto, es importante que tengan amos (pastores) que las cuiden. He oído que las ovejas seguirán la voz de su pastor donde sea que él las guíe, incluso si las llevan a caminar por un precipicio. Una por una, las ovejas se lanzarán, sin darse cuenta de que están a punto de morir. Esto parece una locura, pero en muchos sentidos, no somos mejores. Jesús nos pide que lo sigamos e ignoremos la voz del diablo. Sin embargo, nos parecemos demasiado a las ovejas. Lamentablemente, muchas veces hemos aprendido a reconocer la voz de este mundo (el diablo) y, por lo tanto, seguimos la voz del pastor equivocado.

La voz del diablo puede ser atractiva; su manera de hablar suena muy bien y parece muy divertida. Pero Jesús nos advierte: el diablo viene para matar, robar y destruir[4]. Al igual que las ovejas, podemos caer con facilidad al precipicio. Muchas veces, creemos que los caminos de este mundo (el mundo del diablo) son los correctos. Al igual que Samuel, nosotros, como cristianos, debemos dedicar tiempo a reconocer la voz de Jesús para que, como ovejas, podamos conocer y seguir el llamado de nuestro verdadero pastor. Una de las mejores maneras de reconocer la voz de nuestro pastor es estudiar y conocer la Biblia, la Palabra de Dios. Le animo a que se tome un tiempo todos los días para que entienda lo que Dios le está diciendo en su Palabra durante el tiempo que pasa meditando y comunicándose con Jesús.

¿Está preparado?

Ahora, volvamos al mensaje de Dios a Samuel. Cuando amaneció, Samuel tenía miedo de decirle a Elí las palabras que Dios compartió con él porque sabía lo molesto que se pondría Elí. Sin embargo, Elí presionó a Samuel para que le dijera exactamente lo que Dios dijo sin ocultar nada. Por lo tanto, Samuel le dijo a Elí lo que Dios pensaba acerca de sus hijos y cómo morirían. Eli aceptó con tristeza su destino. Aunque solemos tener que aceptar las consecuencias de nuestras acciones, es bueno saber que Dios perdona a quienes creen en Él[5]. ¿Preferiría ser como Samuel o como los hijos de Elí, Ofni y Finees? Ambos crecieron con Elí, un sacerdote piadoso, pero cada uno tenía que tomar su propia decisión. Samuel eligió escuchar la voz de Dios, pero Ofni y Finees eligieron escuchar la voz del mal. Al final, cada uno recibió su recompensa (buena o mala), según cómo vivió su vida.

Lecciones de vida

Creo que la historia de Pinocho será útil para ilustrar cuán engañoso es el diablo y cuán fácil caemos en sus trampas. Esta historia también nos ayudará a entender por qué es tan importante reconocer la voz de Dios, como lo hizo Samuel cuando era niño, y por qué no debemos buscar solo placeres egoístas como los hijos de Elí, Ofni y Finees.

Pinocho era un títere de madera que cobró vida debido a la oración de su creador. Aunque estaba vivo, todavía era de madera. Tenía muchas ganas de convertirse en un niño de verdad. Sin embargo, se parecía mucho más a un niño real de lo que entendía en ese momento. En lugar de ir a la escuela como se suponía que debía hacerlo, dejó que un zorro astuto lo guiara a un espectáculo de títeres que parecía ser una aventura más emocionante. En realidad, la aventura fue una trampa que podría haberlo llevado a una vida sin esperanzas. A los pocos minutos de ser el protagonista del espectáculo, Pinocho quedó atrapado, prisionero del titiritero, a quien el zorro se lo había vendido. Su guardián asignado lo ayudó a escapar de la "cárcel" del titiritero. Por desgracia, Pinocho no aprendió la lección y al día siguiente cayó en una trampa más peligrosa.

¿Qué tan tonto e ingenuo debió ser para permitir que el mismo zorro lo engañe por segunda vez? Pero ahora piense con qué frecuencia nosotros, como humanos, hemos caído en trampas similares que fueron tendidas por nuestro enemigo, el diablo. Esta vez, el zorro llevó a Pinocho a un parque de diversiones donde solo había diversión y juegos. ¿Qué alegría más grande y "paraíso" podría tener un niño que recibir este maravilloso regalo?

Sin embargo, después de horas de diversión y juegos, los niños se convirtieron en burros. Qué gran lección de vida es esta, y tan cierta para cada uno de nosotros también. Una vida llena de solo diversión y placer egoísta lo convierte a uno en un tonto. (Prefiero la palabra "tonto" como otro término para "burro" porque describe mejor en qué nos convertimos en realidad). El guardián de Pinocho llegó justo a tiempo para salvarlo de nuevo. Pienso que mi ángel guardián me ha salvado muchas veces[6], quizás más de lo que me doy cuenta.

Pinocho regresó a casa para encontrar que su creador (y sería su "padre") estaba buscándolo (su "hijo"). Al final, Pinocho encontró a su padre y se convirtió en un verdadero niño porque se olvidó de sí mismo y buscó el amor por su creador/padre. Nosotros también podemos convertirnos en un "niño de verdad" (un hijo de Dios) cuando dejamos de lado nuestros deseos egoístas y nos enfocamos por completo en el amor de nuestro Creador/Padre.

¿Está preparado para el llamado de Dios? ¿Se ha arrepentido de sus pecados? ¿Ha escuchado el mensaje de Samuel llamándolo a buscar a Dios? La forma en que buscamos a Dios es a través de Jesús, nuestro Salvador, quien murió por nuestros pecados. Si nunca ha aceptado verdaderamente a Jesús como su Salvador, espero que lo invite a que entre en su corazón con una simple oración:

Padre Dios, te necesito y te quiero en mi vida, y estoy verdaderamente arrepentido de mis pecados y de todas las cosas que he hecho mal. Creo en Jesús quien murió por todos mis pecados y resucitó al tercer día. Lo acepto como tu Hijo y mi Salvador. Amén.

Sí, una simple oración como esta, cuando se dice con sinceridad, lo pondrá en paz con Dios y le permitirá pasar la eternidad con nuestro Padre celestial y su Hijo, Jesús. Cuando nos enfrentamos a la diversión y los placeres egoístas de este mundo, nuestra única esperanza es a través de nuestro Salvador, Jesucristo, quien murió y resucitó para salvarnos. Prepárese hoy[7].

Preguntas para profundizar

- Explique cómo la disciplina es buena para toda la familia.
- ¿Alguna vez ha escuchado la voz de Dios? Quizás no escuchó palabras como Samuel lo hizo. Tal vez lo escuchó como una voz interior o como las buenas palabras de un amigo o en el sermón de un predicador. Aprenda a escuchar la voz de Jesús. Consulte las referencias de las Escrituras a continuación donde Jesús nos

dice que su pueblo escucha su voz y lo sigue. Quizás su voz no sea de la manera que esperamos, por lo tanto, necesitamos escuchar con atención para que no lo ignoremos cuando nos habla.

- ¿Qué lección puede aprender de la historia de Pinocho que lo ayudará a tener disciplina para hacer las cosas que son buenas para usted, incluso cuando no parezca muy divertido?

Para estudio adicional

1. Hebreos 12:5-10: De Proverbios 3:11, el escritor cita: "Hijo mío, no menosprecies la disciplina del Señor [...] Porque el Señor al que ama, disciplina". Si están sin disciplina, entonces son hijos ilegítimos y no hijos. Además, tuvimos a nuestros padres terrenales que nos disciplinaban, y los venerábamos. Dios (el Señor) nos disciplina para nuestro bien para que podamos participar de su santidad.
2. Juan 10:14, 27: Jesús le dijo al pueblo: "Yo soy el buen pastor; y conozco a mis ovejas y las mías me conocen. Mis ovejas oyen mi voz, y yo las conozco, y me siguen".
3. Juan 10:4-5: Las ovejas de Jesús lo siguen porque conocen su voz. Nunca seguirán a un extraño, sino huirán de él, porque no conocen la voz de los extraños.
4. Juan 10:7-10: Jesús dijo: "Yo soy la puerta para las ovejas [...] El que por mí entrare, será salvo. Sin embargo, el ladrón (el diablo) no viene sino para hurtar y matar y destruir; yo he venido para que tengan vida, y para que la tengan en abundancia"
5. Salmos 103:12-13: Cuanto está lejos el oriente del occidente, hizo alejar de nosotros nuestras rebeliones. Como el padre se compadece de los hijos, se compadece Jehová de los que le temen.
6. Mateo 18:10: Jesús le dice al pueblo que los ángeles de los niños ven siempre el rostro de Dios [lo que significa que están dispuestos para ayudar a los niños].
7. Romanos 10:8-9: La fe que se expresa desde el corazón, reconociendo que Jesús es el Señor y que Dios lo resucitó de entre los muertos, conllevará a la salvación (vida eterna con Dios y Jesús).

17

Samuel se convierte en el líder de los israelitas

1 Samuel 4-7

Como se mencionó en la última historia, Elí había entregado los deberes sacerdotales a sus hijos "perversos", Ofni y Finees. Dios le habló a Samuel cuando era un niño, y Samuel se mostró reacio cuando le contó a Elí los planes de Dios para castigar a él y a sus hijos; muy pronto, todos morirían.

Mientras tanto, los israelitas se preguntaban por qué estaban perdiendo batallas con los filisteos. Al parecer, no sabían que Dios no estaba complacido con ellos porque eligieron adorar a otros dioses en sus ceremonias religiosas. Limitados por su ignorancia, decidieron que debían ir con el Arca del pacto a la batalla. Eligieron confiar en este símbolo de Dios, en lugar de confiar en Dios mismo. Usaron el Arca de la misma manera como sus enemigos usaban los ídolos. Sin embargo, los mandamientos de Dios exigían claramente que no sirvieran a los ídolos.

El Arca y el Tabernáculo

Como recordará, el Arca del pacto era una herramienta poderosa en las manos adecuadas. El poder de Dios irradiaba desde el Arca cuando residía de una manera adecuada en el santuario interior del Tabernáculo que se llamaba el Lugar Santísimo, el lugar donde los sacerdotes de Israel se reunían con Dios. El Tabernáculo era una estructura móvil cubierta por una tienda; este fue el centro de adoración para la nación de Israel desde el momento que Moisés recibió las instrucciones de Dios describiendo cómo construirlo hasta que el Templo fue construido después durante el reinado del Rey Salomón.

Todas las doce tribus habían participado en la construcción del Tabernáculo. La construcción comenzó con los cimientos. Dios dio instrucciones muy específicas de que cada familia debía aportar exactamente la misma cantidad para los cimientos; todos, ya sean ricos o pobres, dieron medio siclo[1]. Era solo una pequeña cantidad que todos podían dar, pero tenía que ser la decisión de cada familia. Para otras partes del Tabernáculo, las familias aportaron de manera proporcional de acuerdo a su riqueza.

Creo que este es un retrato hermoso de nuestra relación con Jesús. No importa si somos ricos o pobres, todos y cada uno de nosotros acudimos a Jesús en igualdad de condiciones. El único requisito es que todos debemos tener los mismos cimientos, es decir, nuestra fe en Jesús como nuestro Señor y Salvador[2]. El único precio es el mismo para todos; cada persona debe estar dispuesta a tomar la decisión de entregar su corazón a Jesús. Cualquier otro cimiento no servirá. La estructura construida sobre nuestros cimientos y las recompensas que Dios nos da a cada uno de nosotros están determinadas por nuestra "riqueza espiritual", que proviene de aquellas acciones y sacrificios en nuestras vidas que se dan para la gloria de Dios[3].

Mal uso del Arca del pacto

Aunque el pueblo de Dios quería su bendición, no querían servirlo según la Ley de Moisés; querían servirlo a su manera. Cuando el pueblo fue desobediente, Dios retiró su poder, dejando a los israelitas vulnerables. Por lo tanto, usar el Arca de la manera que eligieron hacerlo fue perjudicial en lugar de ser una ayuda. Cuando el Arca del pacto entró en el campamento de los israelitas, todos gritaron emocionados porque creían que Dios estaría ahora con ellos y que la victoria sería de ellos. Los gritos y la celebración fueron tan fuertes que el ruido se escuchó en el campamento de los filisteos.

Los filisteos se asustaron; se recordaron mutuamente los milagros anteriores que este Dios israelita había hecho. A veces el miedo nos paraliza y nos hace correr[4]. Y después, otras veces, el miedo puede sacar lo mejor de nosotros. Los filisteos creían que no tenían otra opción que luchar lo más fuerte que podían. Temían ser destruidos y, si perdían, los que sobrevivieran serían esclavos del pueblo hebreo. La decisión de luchar por sus vidas valió la pena cuando los filisteos derrotaron a los israelitas ese día en la batalla.

Los filisteos se llevaron el Arca, y tanto Ofni como Finees murieron en la batalla. Cuando Elí se enteró de la noticia, estaba tan angustiado que cayó de espaldas, se rompió la nuca y murió. La gloria del Señor ya no estaba en el campamento de los israelitas; la profecía de Samuel se cumplió. De esta manera, el liderazgo de Elí terminó después de cuarenta años.

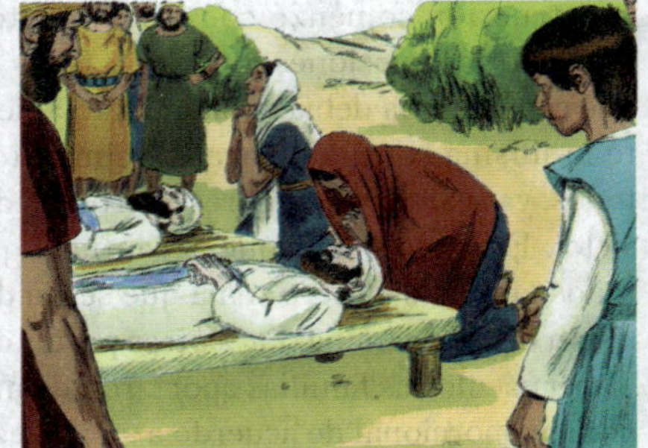

Los filisteos estaban tan complacidos con su victoria que se llevaron el Arca a casa. Querían que su pueblo supiera que la victoria fue tan grande que derrotaron al Dios de los israelitas. Pero Dios no les permitiría celebrar por mucho tiempo[5]. Sí, todavía estaba molesto con los israelitas por sus malos caminos, pero no podía permitir que los filisteos creyeran que se podía derrotar a Dios tan fácil. Colocaron el Arca en la casa de Dagón, un dios filisteo. A la mañana siguiente, la estatua de Dagón estaba tirada en el suelo, boca abajo. En la segunda mañana, no solo se había caído la estatua de Dagón, sino que también le cortaron la cabeza y ambas manos. Los filisteos se dieron cuenta de la debilidad de su dios y nunca más adoraron a Dagón. Por supuesto, todavía tenían otros dioses a los cuales adorar.

Dios aún no había terminado con los filisteos. Poço tiempo después, el pueblo de la ciudad donde residía el Arca tuvo terribles llagas en sus cuerpos. Luego, los ratones, que solían ser portadores de enfermedades, invadieron la ciudad. Los filisteos se preguntaban si estas horribles llagas y aflicciones estaban siendo causadas por el Dios israelita. Los líderes se reunieron y decidieron trasladar el Arca a otra ciudad para ver si la enfermedad y los problemas afectarían ese nuevo lugar. Eso sucedió; y cuando trasladaron el Arca a una tercera ciudad, la epidemia se extendió por toda la comunidad. Entonces, los líderes se reunieron de nuevo y aceptaron que esta era la forma como los israelitas los destruirían. Creían que no tenían otra opción que deshacerse de este instrumento de muerte; de lo contrario, el Arca destruiría todo su país.

Según los filisteos, devolver el Arca no era una tarea sencilla; se tenía que hacer de una manera especial para que la maldición desapareciera. Los sacerdotes de los filisteos diseñaron un plan en el cual construirían una ofrenda por la culpa como una manera de devolver el Arca al pueblo de Israel y eliminar la maldición. Decidieron hacer cinco ratones de oro y cinco tumores de oro para representar las llagas en sus cuerpos.

Hicieron cinco de cada uno para representar las cinco ciudades principales del pueblo filisteo. Esperaban que este sacrificio calmara al Dios israelita. Y también, querían una confirmación final de que el "mal" que afligía a su pueblo venía de Él.

Los filisteos engancharon el Arca a un carro que era jalado por dos vacas madres. Llevaron sus becerros a su casa, que estaba en dirección opuesta a la ciudad de Israel. Luego soltaron el carro con el Arca, los tumores de oro y los ratones de oro para ver en qué dirección iban las vacas. Cuando las vacas se dirigieron hacia la ciudad israelita, eso les confirmó a los filisteos que el Dios israelita hizo que la enfermedad se extendiera por su nación porque el instinto de una madre vaca es tan fuerte que enseguida cuidaban primero a sus terneros. Dios tenía el control del carro y las vacas.

¿De quién es el Dios real?

Aunque todas estas prácticas nos puedan parecer extrañas en el mundo de hoy, brindan una gran comprensión de la mentalidad de las personas en los tiempos bíblicos. Cada nación creía que tenía su propio dios (o dioses) que los protegía, por lo tanto, adoraron a su dios mientras creían que otras naciones tenían sus propios dioses. A veces, las naciones veían la guerra no solo como una batalla entre dos naciones, sino también como una batalla entre dos dioses para determinar qué dios era más poderoso.

Las historias del Dios israelita eran muy conocidas en toda la tierra de Canaán. Por ejemplo, casi todos sabían sobre la división del mar Rojo, así como la destrucción de la poderosa nación egipcia, y sabían de la destrucción de los gigantes en su propia tierra. Al parecer, nunca se les ocurrió que podrían adoptar al Dios israelita como su Dios. Ninguno de los que compartieron la Tierra Prometida con los israelitas entendió que había (hay) un solo Dios verdadero. Cuando otro dios mostró su poder, se inclinaron en honor a ese dios por el momento, pero solo por un momento. A veces, incluso los israelitas no entendían que servían al único Dios verdadero.

Lamentablemente, los israelitas adoptaron muchas prácticas de las naciones vecinas. Dios les advirtió muchas veces que se separaran de estas otras naciones, ya que la intención de Dios era atraerlos hacia Él y enseñarles que Él era el único Dios. Después de todo, tenga en cuenta el primero de los Diez Mandamientos: "No tendrás dioses ajenos delante de mí". Pero los israelitas no escucharon. Creían que otras naciones tenían dioses que eran poderosos y se dejaban seducir por algunas de sus prácticas inmorales, muchas veces incorporando las actividades placenteras de estas otras naciones en sus propias ceremonias de adoración. Estas acciones causaron mucha angustia y dolor a Dios; no tuvo otra opción que distanciarse de su pueblo y de sus prácticas pecaminosas.

Afortunadamente, para los israelitas, Dios es muy misericordioso. Cuando por fin se arrepintieron y volvieron a Dios, Él fue fiel en perdonarlos y protegerlos de nuevo. Pero pasarían quinientos años más antes de que entendieran que Él era el único Dios verdadero y finalmente lo adoraron solo a Él generación tras generación. A pesar de eso, no lo adoraron de la manera adecuada. Por lo tanto, Dios diseñó una forma de redimirnos (regresarnos a su presencia) y proporcionó una forma de escapar del castigo que es la consecuencia de nuestros pecados y errores. Él necesitaba al menos un hombre que pudiera vivir una vida sin pecado y ofrecer su vida como un sacrificio perfecto para pagar el precio necesario y expiar los pecados de la humanidad; y a través de este sacrificio perfecto, este hombre se presentaría justo ante Dios para que la humanidad pudiera reconciliarse con Él. Sabemos que ese hombre vino y lo conocemos hoy como el Hijo de Dios y nuestro Salvador, Jesucristo[6].

Samuel se convierte en el profeta, sacerdote y juez

La nación de Israel estaba emocionada por recuperar el Arca, pero necesitaban aprender que cuidar el Arca era una gran responsabilidad. Dios es poderoso y esperaba que los israelitas lo adoraran como Él les enseñó. Como consecuencia, muchos israelitas murieron antes de darse cuenta de que el Arca necesitaba estar en manos de alguien que supiera cómo presentarse ante Dios y cuidarla de manera adecuada como Dios lo ordenó. Esto finalmente sucedió bajo el liderazgo de Samuel.

Samuel ya había llegado a la edad adulta y estaba listo para hacerse cargo; se convirtió en el profeta, sacerdote y juez de la nación:

- Profeta: Samuel habló a todo Israel, diciendo: "Si de todo vuestro corazón os volvéis a Jehová, quitad los dioses ajenos de entre vosotros, y preparad vuestro corazón a Jehová, y solo a él servid, y os librará de la mano de los filisteos". Entonces, los israelitas sacaron a los otros dioses de sus centros de adoración y una vez más sirvieron solo al Señor.
- Sacerdote: Samuel oró por el pueblo, y la familia de Dios se reunió en Mizpa, prometiendo adorar a Dios y reconocer sus pecados. Dios fue misericordioso y los perdonó.
- Juez: Ahora, los filisteos oyeron que los israelitas se habían reunido en un lugar y pensaron que se habían reunido para la batalla. Entonces, los filisteos se prepararon para pelear. Los israelitas clamaron a Samuel por ayuda. Él oró para que Dios estuviera con ellos, y como su juez, Samuel condujo a los israelitas a la batalla y salió victorioso. La paz volvió a reinar en Israel.

La paz reina de nuevo en Israel

Samuel hizo las paces entre Dios y su pueblo a través de una ofrenda especial para purificar los pecados que trajeron calamidades por el mal uso del Arca y por servir a otros dioses. Mientras Samuel hacía su ofrenda al Señor, los filisteos se acercaron en la batalla. Dios, que ya se había reconciliado con su pueblo, intervino, enviando un gran trueno del cielo que causó gran confusión entre el campamento filisteo y los hizo correr. Los israelitas los persiguieron y

lograron una gran victoria. Samuel construyó un altar delante del Señor para conmemorar la victoria. Los filisteos fueron sometidos ese día y no entraron a las fronteras de Israel durante todos los días del liderazgo de Samuel. Las ciudades que antes habían sido tomadas por los filisteos fueron restituidas a Israel.

Samuel continuó escuchando la voz de Dios, y halló el favor de Dios y de los hombres. Todos los días de su vida, Samuel entregó mensajes de Dios, oró por Israel y los lideró cuando se enfrentaron a sus enemigos como profeta, sacerdote y juez. Imagínese cuán diferentes serían nuestras vidas si nos reunimos como miembros de la familia de Dios para buscar el perdón, tanto como individuos y como nación, por los pecados que hemos cometido[7]. Puede comenzar por confesar sus pecados a Dios (individualmente y luego con su familia) y después comprométase a encontrar cuál es la voluntad de Dios para su vida. Tómese un momento ahora mismo para descubrir lo que Dios le está llamando a hacer por Él y luego obre de acuerdo a ello. Sentirá fuerza y paz.

Preguntas para profundizar

- ¿Alguna vez ha estado tan asustado que huyó de los problemas? ¿Ha habido algún momento cuando tuvo que esforzarse más que nunca porque tenía miedo? ¿Funcionó bien?
- Debe tener cuidado de no ofender a Dios. Él es muy paciente, pero si cruza un límite que le demuestra que lo está ignorando, es posible que demuestre su poder de una manera que hará que se arrepienta. ¿Cree que Dios realmente hace eso a las personas?
- No creemos en muchos dioses en la actualidad como lo hacían las personas en los tiempos bíblicos, pero solemos "adorar" otras cosas además de Dios. ¿Qué adora usted ahora que hace que no preste atención a Dios?

- Mediante el liderazgo de Samuel, el pueblo volvió a servir a Dios. ¿Cómo nos ayuda un líder fuerte? ¿Qué puede hacer para permanecer leal a Dios y para ayudar a los demás a permanecer leales?
- ¿De qué manera puede buscar a Dios y demostrarle que ha elegido adorarlo a Él y solo a Él?

Para estudio adicional

1. Éxodo 30:15: El Señor le dijo a Moisés: "Ni el rico aumentará, ni el pobre disminuirá del medio siclo, cuando dieren la ofrenda a Jehová para hacer expiación por vuestras personas". Si alguien optaba por no dar, no podía ser considerado como uno de la Familia Elegida.

2. 1 Corintios 3:11: Porque nadie puede poner otro fundamento que el que está puesto, el cual es Jesucristo.

3. 1 Corintios 3:12-15: Y si sobre este fundamento alguno edificare oro, plata, piedras preciosas, madera, heno, hojarasca, la obra de cada uno se hará manifiesta; porque el día la declarará, pues por el fuego será revelada; y la obra de cada uno cuál sea, el fuego la probará. Si permaneciere la obra de alguno que sobreedificó, recibirá recompensa. Si la obra de alguno se quemare, él sufrirá pérdida, si bien él mismo será salvo, aunque así como por fuego (porque su fundamento está puesto en Jesucristo).

4. Lucas 22:54-62: Pedro tenía miedo de que alguien supiera que él era un discípulo de Jesús. Entonces, cuando Jesús lo vio después de que cantó el gallo, Pedro salió corriendo y lloró amargamente.

5. Romanos 12:19: No os venguéis vosotros mismos, amados míos, sino dejad lugar a la ira de Dios; porque escrito está: Mía es la venganza, yo pagaré, dice el Señor.

6. Hebreos 2:9-10, 17; 10:14: La muerte de Jesús en la cruz nos salvó de la muerte (muerte espiritual o separación de Dios). Debido a que Jesús se hizo hombre y sufrió por nosotros, pudo ser nuestro sacerdote misericordioso y quitar nuestros pecados. A través de su ofrenda, Jesús perfeccionó a los creyentes para siempre.

7. Jeremías 29:11-13: Dios tiene planes para darle a su pueblo un futuro y una esperanza. Él dice: "Entonces me invocaréis (en arrepentimiento), y vendréis y oraréis a mí, y yo os oiré; y me buscaréis y me hallaréis, porque me buscaréis de todo vuestro corazón".

18
Israel tiene un rey

1 Samuel 8-10

En nuestra última historia, aprendimos cómo Samuel guió a los israelitas para que vuelvan a tener una relación con Dios y les enseñó cómo adorar a Dios de la manera que él quería. A medida que Samuel creció, delegó sus funciones a sus hijos. Sin embargo, ellos no siguieron los caminos de Samuel. Estaban más interesados en la avaricia; aceptaron sobornos e impartieron justicia a quienes no la merecían. Como consecuencia, los líderes acudieron a Samuel para quejarse y exigir un rey al igual que las naciones que se encontraban alrededor de ellos.

El camino de Dios o el camino del mundo

Dios quería que su familia fuera diferente a todas las demás naciones. Esperaba que lo consideraran su rey. Pero otra vez, sus vecinos tenían bastante influencia en los israelitas, que era precisamente lo que Dios se esforzaba tanto en evitar. Debido a que sabía que sería difícil para su familia no caer en los malos caminos de Canaán, Dios les advirtió muchas veces que se separaran y que acudieran solo a Él y a los demás miembros de la familia.

Si el pueblo de Dios le hubiera sido fiel, Él les habría brindado una protección constante. ¿Por qué fue tan difícil para los israelitas permanecer fieles solo a Dios? ¿Por qué no pudieron darse cuenta de que las prácticas de sus vecinos eran realmente perjudiciales y conducían a la destrucción? Porque las malas prácticas tienen un lado placentero que nos tienta a participar. Cuando escuchamos la palabra "mal", no suena bien. Pero el mal no se ve bien solo cuando ya está hecho. Vemos el placer y la diversión en frente de nosotros; lo desagradable solo aparece al final. ¿Recuerda lo que le pasó a Pinocho cuando la diversión y el placer eran sus objetivos? Además, en las historias anteriores, aprendimos que el mundo en donde vivimos está bajo el dominio de Satanás/el diablo[1]. Por lo tanto, debemos escuchar lo que Dios nos dice que es malo y lo que nos dice que es placentero y divertido. Sí, Dios quiere que nos divirtamos y disfrutemos; solo que eso debe ser de acuerdo a sus caminos. ¿Por qué pensamos que sabemos más que Dios?

Es fácil caer en la trampa de Satanás. A veces estamos cegados por la emoción maravillosa pero temporal de una droga ilegal o por la belleza de una mujer o por el hombro fuerte de un hombre, sobre todo cuando nuestra pareja nos hizo enojar o no se tomó el tiempo para entender nuestro problema. Incluso un videojuego o un torneo de fútbol de fantasía puede convertirse en un placer perverso si elegimos pasar todo nuestro tiempo libre jugando. Muchas veces preferimos los placeres temporales de este mundo en lugar de las recompensas a largo plazo que Dios tiene reservadas para todos los que estén dispuestos a ser obedientes y seguir sus caminos. No podemos imaginar las maravillas que Dios tiene reservadas para aquellos que confían en Él. Muchas veces queremos que el beneficio/recompensa sea ahora.

Cuando Samuel entró en esta última etapa de su vida, sintió que el pueblo lo estaba rechazando, pero Dios le explicó que no era a Samuel a quien estaban rechazando; más bien estaban rechazando a Dios. El pueblo quería un rey que pudieran ver y tocar. Dios les advirtió que un rey no era la respuesta correcta. Un rey tomaría a algunos

de sus hijos e hijas para que sean sus esclavos; les cobraría impuestos y usaría el dinero para sus propios placeres; y en algunos casos, incluso se apoderaría de sus tierras para su uso personal. Sí, construiría un ejército para proteger a su nación, pero nunca podría proteger a sus súbditos tan bien como Dios podría hacerlo. Sin embargo, el pueblo no escuchó y exigió tener un rey como todas las demás naciones. Entonces, Dios le dio al pueblo lo que quería.

Nosotros también podemos ser tercos e insistir en hacer las cosas a nuestra manera. Creemos que sabemos más, pero cuando las cosas salen mal, nos quejamos y no entendemos; algunos incluso culpan a Dios. Dios no hace que hagamos sacrificios porque quiere que suframos; sino que nos pide que sigamos sus caminos porque sabe que en el futuro cosecharemos las recompensas que tiene reservadas para nosotros. Dios no contempla lo que es mejor para hoy o mañana o incluso para esta vida; Dios toma en cuenta lo que es mejor para nosotros en la eternidad.

Aunque esto es difícil de comprender para nuestra mente, este breve período de ochenta a cien años que vivimos en la tierra es insignificante en comparación con la vida eterna que vendrá después de nuestra existencia terrenal porque Dios ve claramente lo que nosotros no podemos ver en absoluto. Él nos pide que confiemos en Él y aprendamos a "andar por fe, no por vista"[2], es decir, a "no apoyarnos en nuestro propio entendimiento, sino reconocer a Dios en todos nuestros caminos, y Él enderezará nuestras sendas"[3]. Pero muchas veces, insistimos en hacerlo a nuestra manera. Como consecuencia, Dios nos permite vivir nuestras vidas de la manera que elegimos, y Él estará allí para acogernos cuando acudamos a Él y sigamos sus caminos. ¿Puede pensar por un momento cuando consiguió algo que realmente quería y luego se arrepintió de haberlo pedido?

Dios presenta Saúl a Samuel

El hecho de que Dios supiera que tener un rey era un error no significaba que no les conseguiría un buen líder. Buscó por todo Israel y encontró a Saúl, un hombre de la tribu de Benjamín. Saúl era un hombre fuerte y apuesto que llamaría la atención del pueblo. Además, era tan alto que los demás apenas le llegaban al hombro. Aunque no pertenecía a una familia rica, ni siquiera a una familia muy conocida, era completamente capaz de liderar a su nación contra el enemigo. El padre de Saúl, Cis, también era un hombre valiente, y su hijo heredó esa cualidad de él.

Dios comisionó a Samuel para ungir a Saúl como rey de la nación de Israel, la propia familia de Dios. Saúl se fue de viaje para que su padre encontrara su manada de asnas que había perdido. Después de muchos días de búsqueda sin éxito, Saúl estaba listo para irse a casa con las manos vacías, pero sus criados sugirieron que primero fueran donde el profeta Samuel, quien podía escuchar a Dios para saber dónde estaban las asnas. Sin saberlo, los criados de Saúl eran parte del plan de Dios. Nosotros también podemos servir como instrumento de Dios para guiar a los demás hacia Él de una manera natural y normal. Esto sucederá cuando estemos siguiendo la voluntad de

Dios para nuestras vidas; al igual que los criados de Saúl, a veces realizamos la obra de Dios sin siquiera darnos cuenta.

Cuando Saúl entró a la ciudad donde vivía Samuel, Dios le habló a Samuel y le dijo: "Este es el hombre a quien he elegido como rey para mi pueblo". ¡Qué sorpresa para Saúl! Llegó a la ciudad buscando las asnas que se perdieron; salió como un rey ungido. Dios tiene muchas bendiciones para nosotros, que suelen ir más allá de lo que podemos pensar o imaginar, si tan solo estamos dispuestos a ser obedientes y seguirlo[4]. Nos consideramos personas comunes, pero en realidad somos personas muy especiales. Todo el pueblo de Dios algún día será tratado como reyes. El Hijo de Dios, Jesús, vivió una vida perfecta y sin pecado como hombre, y heredará todo el reino celestial. Por ello, ha elegido compartir su trono con cada uno de nosotros que nos convertimos en hijos de Dios. Todo lo que Jesús hereda, nosotros lo heredamos[5]. Mientras tanto, si realmente busca a Dios, recibirá muchas bendiciones en el camino hacia la herencia de su trono celestial.

Saúl se convierte en rey

Sin que Saúl le dijera a Samuel por qué había venido a verlo, Samuel dijo: "Tus asnas que se habían perdido, ya las encontraron, así que no te preocupes; pasa la noche aquí y mañana te diré por qué eres una persona tan honorable". Saúl se sorprendió cuando Samuel lo felicitó. Saúl preguntó: "¿Por qué hablas tan bien de alguien que pertenece a una familia humilde en la tribu de Benjamín?". En lugar de responderle,

Samuel llevó a Saúl al banquete que había organizado y lo puso en la cabecera de la mesa. Saúl todavía no tenía idea de lo que le esperaba. A la mañana siguiente, Samuel llamó a Saúl ante él y le dio instrucciones especiales. Mientras Saúl seguía a Samuel hasta las afueras de la ciudad, Samuel tomó un frasco de aceite y pronunció: "El Señor te ha ungido para que gobiernes a su pueblo". Saúl era el rey, elegido por Dios, pero no sería oficial hasta que fuera presentado al pueblo en su coronación formal.

Después, Samuel dijo lo que le sucedería a Saúl cuando regresara a casa para que supiera que este pronunciamiento era realmente de Dios. Primero, los hombres le dirían que habían encontrado las asnas y luego otros le darían dos panes y una vasija de vino que debía aceptar como ofrenda. Luego, se encontraría con un grupo de profetas; El Espíritu de Dios descendería sobre él, y Saúl profetizaría con ellos. Esto significaba que se había convertido en un hombre nuevo y en el rey de Israel que Dios eligió.

Cuando Saúl se dio vuelta para alejarse de Samuel, "Dios cambió el corazón de Saúl", lo que significa que Dios le dio a Saúl la fuerza y el conocimiento para ser el rey de su pueblo, y el Espíritu de Dios descendió sobre él. Una vez más, Dios nos está mostrando un retrato a través de esta historia de Saúl convirtiéndose en rey. De manera similar, nos unimos a la familia de Dios. Al aceptar la muerte y resurrección de Jesús como la forma en que Dios nos reconcilia con Él, nos convertimos en una persona nueva[6], convertida y elegida para Dios. Y un día, seremos gobernantes con Jesús en la familia de Dios[7]. Dios también cambiará nuestro corazón.

Y sucedió lo que Samuel dijo que sucedería. Dos hombres se encontraron con Saúl, diciendo que habían encontrado las asnas y ahora su padre estaba preocupado por lo que le había pasado. Luego, tres hombres se encontraron con Saúl y le dieron dos panes y una vasija de vino. Cuando Saúl se dirigía a su casa, se encontró con un grupo de profetas. El Espíritu de Dios descendió sobre él poderosamente, y Saúl profetizó. El pueblo se preguntaba cómo fue que Saúl llegó a pronunciar la palabra de Dios entre los profetas. Cuando Saúl llegó a casa, su tío le preguntó acerca de su viaje. Saúl compartió todo lo que había sucedido, excepto que no mencionó que Samuel lo había ungido para ser el rey de Israel.

¿Está dispuesto a humillarse como lo hizo Saúl para que Dios pueda cambiar su corazón? Si es así, al igual que el Espíritu de Dios descendió sobre Saúl, de la misma manera, el Espíritu Santo descenderá sobre usted, y se convertirá en un hijo de Dios. En ese momento de su vida, Saúl se vio a sí mismo como un hombre humilde y noble, pero Dios vio lo que podía llegar a ser. Dios tomó a este siervo dispuesto y le dio una nueva vida con mucha responsabilidad. Dios esperaba mucho de Saúl, pero también prometió estar con él, solo si Saúl continuaba siguiendo las instrucciones y los planes de Dios. Dios también tiene planes especiales para usted. ¿Se tomará el tiempo para preguntarle y estará dispuesto a obedecer lo que le diga?

Poco después, Samuel reunió a todas las tribus de Israel y le dio al pueblo una última oportunidad para rechazar la idea de tener un rey. Pero cuando el pueblo continuó exigiendo que necesitaban un rey que los gobernara, llegó el momento de la coronación oficial. Samuel fue a cada tribu hasta que se eligió la tribu de Benjamín.

Luego fue delante de cada familia de la tribu de Benjamín hasta que Saúl, hijo de Cis, fue elegido. Se sabía bien que la tribu de Benjamín era una de las tribus más débiles de Israel. Años antes, toda la tribu, excepto seiscientos hombres, fue aniquilada debido a su maldad. Por lo tanto, fue una sorpresa que esta tribu fuera elegida. Pero debemos recordar que Dios ve todo desde su perspectiva eterna, que es bastante diferente de nuestra visión mundana.

Mientras Samuel reducía sus opciones para elegir, Saúl estaba escondido; todavía se sentía incómodo de pasar de ser un hombre humilde en una tribu humilde a ser rey. Pero cuando Samuel presentó a Saúl al pueblo, vieron a un líder, un hombre apuesto que era más alto que cualquiera de sus compatriotas. Esta aprobación pública le dio a Saúl la confianza que necesitaba; ahora se había convertido y estaba listo para asumir sus deberes como rey. El pueblo aplaudió y Saúl fue coronado rey. El pueblo gritaba: "¡Viva el rey!".

¿Está listo para humillarse y ser un rey? Solo recuerde, en el reino de Dios, los reyes son aquellos que sirven y son siervos de su pueblo. Aunque este concepto es opuesto a la perspectiva de nuestro mundo, ser siervo de Dios será muy bien recompensado en su reino (el mundo de Dios).

Preguntas para profundizar

- ¿Sus amigos tienen una influencia en usted? ¿Quiere cosas porque parece que todos las tienen y cree que usted también debería tenerlas?
- ¿Ha conseguido algo que realmente quería, pero después se arrepintió de haberlo conseguido? ¿Era algo que sabía que Dios, su pareja o sus padres no querían que tuviera?
- ¿Se da cuenta de que Dios tiene la intención de que su poder obre a través de su pueblo, sin descender y hacer que ocurra un cambio o un milagro sin usarnos? ¿Entiende que Él quiere usarlo?
- Saúl se convirtió en rey en el pueblo de Dios. ¿Se da cuenta de que en el reino de Dios todos seremos coherederos con Jesús, lo que significa que todos seremos como reyes?

Para estudio adicional

1. Juan 12:31; Juan 14:30: El gobernante de este mundo es Satanás/el diablo.
2. 2 Corintios 5:7: Por fe andamos, no por vista; es decir, escucha lo que dice Dios y su Palabra (la Biblia) y no lo que este mundo le dice.
3. Proverbios 3:5-6: Escuche a Dios. No dependa de lo que sabe, y Él lo guiará durante toda la vida.
4. Efesios 3:20: Podemos hacer cosas más allá de lo que podemos pensar o imaginar según el poder de Dios que actúa en nosotros.
5. Romanos 8:16-17: Como hijos de Dios, somos coherederos con Jesús.
6. 2 Corintios 5:17-18: De modo que si alguno está en Cristo, nueva criatura es; las cosas viejas pasaron; he aquí todas son hechas nuevas. Y todo esto proviene de Dios, quien nos reconcilió consigo mismo por Cristo, y nos dio el ministerio de la reconciliación.

7. Romanos 8:2, 5-6, 14-17: Necesitamos poner nuestra mente en las cosas de Dios (el Espíritu) y no en las cosas de la carne (este mundo). Esto nos diferenciará y, por lo tanto, seremos útiles para Dios. Mientras caminamos por el Espíritu de Dios, nos convertimos en hijos de Dios y coherederos con Jesús.

19

Saúl guía a Israel hacia la victoria, pero decepciona a Dios

1 Samuel 11-15

Anteriormente, el pueblo de Israel suplicó a Samuel que le pidiera a Dios un rey para ellos. Dios se mostró reacio, pero cedió a las súplicas de su pueblo y escogió a Saúl, un hombre fuerte y valiente de la tribu de Benjamín. Al principio, Saúl no tenía confianza en sí mismo, pero poco tiempo después demostró los atributos de un gran guerrero.

Después de que Saúl fue coronado rey, fue puesto a prueba de inmediato. Una ciudad en Israel, Jabes de Galaad, estaba a punto de ser tomada por los amonitas, un reino vecino. El pueblo de Dios tenía tanto miedo que querían rendirse incluso antes de que comenzara la batalla. Pero los amonitas querían que el pueblo hiciera algo más que solo rendirse; querían deshonrar al pueblo sacando el ojo derecho a todos los habitantes de Jabes de Galaad. Los hombres de la ciudad pidieron tiempo para considerar el pedido de rendirse y saber si alguno de sus compatriotas vendría a rescatarlos.

Saúl muestra su fuerza como rey

Tras enterarse Saúl de esta preocupante situación, el Espíritu de Dios descendió poderosamente sobre él, y se llenó de una ira justa[1]. Saúl llamó a todo el pueblo de Israel a unirse a él para salvar a los miembros de su familia en Jabes de Galaad. En realidad, Saúl exigió su ayuda amenazándolos con hacerles pagar un alto precio por no ser leales a su nación, Israel. Cuando el pueblo respondió enviando a sus mejores y más fuertes guerreros para ayudar a Saúl en la batalla contra los amonitas, él envió un mensaje al pueblo de Jabes de Galaad que la ayuda estaba en camino. Los israelitas, bajo el liderazgo de Saúl, derrotaron con facilidad a los amonitas, y el pueblo de Jabes de Galaad se salvó.

Este acto valiente de liderazgo demostró que Saúl era digno como líder y lo consolidó como rey de Israel; pudo consolidar a los israelitas en un solo reino, con soldados de todas las tribus de Israel. Al principio, con los doce hijos de Jacob, el pueblo había permanecido como una familia poco unida. Si bien Dios todavía veía a su pueblo como una familia, al fin se habían convertido en una nación unida como una sola fuerza. Cada tribu tenía su propia personalidad; algunas tribus eran más cercanas que otras. Las tribus eran similares a varios estados dentro del conjunto de los Estados Unidos de América. Algunas regiones tienen más en común que otras. Por ejemplo, los estados del sur tienden a unirse, al igual que los estados del noreste. Además, en las ciudades más grandes de los Estados Unidos, es usual ver una concentración cultural de familias alemanas, italianas, griegas y chinas que viven juntas en la misma área de la ciudad. Pero en tiempos de crisis (como una guerra), todos se unen como una sola fuerza con un objetivo común. Al final, los israelitas lograron esa condición de ser un pueblo unido.

Samuel creía que había llegado el momento de retirarse y permitir que Saúl asumiera el liderazgo de la nación. Durante el discurso de despedida de Samuel, el pueblo confirmó que él nunca les había quitado nada y siempre les había servido de manera digna y honorable. Les recordó cómo sus antepasados se alejaron muchas veces de Dios y cómo necesitaron ser rescatados en cada momento. Ahora los israelitas querían un rey, por lo que Dios concedió su pedido, aunque sabía que se arrepentirían. Dios incluso aceptó cuidar de ellos, siempre y cuando estuvieran dispuestos a obedecer sus leyes y servir a Él y solo a Él. Sin embargo, los israelitas sufrirían mucho por tener un rey que los gobernara. Pagarían impuestos para construir los palacios de los reyes y otras cosas caras que los reyes querían. Los reyes tomarían personas de cada tribu y los convertirían en sus sirvientes.

A veces somos desobedientes y otras veces pedimos cosas que Dios sabe que no son buenas para nosotros. Cuando lo hacemos, Dios no se interpone en nuestro camino. En cambio, debemos aceptar que no podemos deshacer el mal que ocasionamos a nosotros mismos y a nuestra familia[2], y, en la mayoría de los casos, sufriremos las consecuencias de nuestras malas decisiones[3]. Pero así como Dios lo hizo con los israelitas, Él promete estar y trabajar con nosotros cuando tomemos malas decisiones.

Saúl ahora se afianzó en el poder como el rey de Israel. Se estableció fundando palacios en diferentes ciudades a lo largo de su reino. Era un soldado y líder poderoso, y protegió al pueblo en su reino. El enemigo más fuerte en la época de Saúl eran los filisteos. Después de que Samuel dejó que sus hijos tomaran el control, este enemigo de Israel ganó la mayoría de las batallas y tomó todo lo que quisieron. Pero con Saúl como rey, Israel ahora tenía la oportunidad de defender su tierra.

El primer y gran error de Saúl

Los filisteos eran una nación fuerte y se sorprendieron por este repentino cambio de eventos que provocó el liderazgo de Saúl. Por lo tanto, comenzaron los preparativos para una guerra total. Mientras los filisteos marchaban hacia Israel, Saúl hizo lo que Dios esperaba: planeó un sacrificio para pedir a Dios que lo guíe cuando se enfrentara a este enemigo poderoso. Aunque ya no era su juez, Samuel seguía siendo el sumo sacerdote. Le dijo a Saúl que esperara siete días y que él lo acompañaría para pedirle a Dios que lo guiara. Cuando Samuel no llegó al séptimo día, Saúl vio el miedo en sus soldados; algunos incluso regresaron a casa. Por lo tanto, Saúl ofreció el sacrificio sin Samuel, quien llegó justo cuando Saúl estaba terminando la ofrenda. Samuel preguntó: "¿Qué has hecho?". Saúl puso muchas excusas:

El pueblo estaba asustado y comenzó a regresar a casa; no llegaste cuando dijiste que ibas a llegar. Y además, los filisteos se estaban reuniendo; la batalla estaba a punto de comenzar. No tenía otra opción.

Samuel dijo: "Has obrado neciamente; no has obedecido a Dios". Como consecuencia, Samuel explicó, Dios no permitiría que el reino de Saúl durara. Dios buscaría un nuevo rey que acuda a Dios con todo su corazón. ¡Guau! Esto parece un error tan pequeño, ya que Dios había perdonado a su pueblo de cosas mucho peores. No parecía que Saúl no estuviera buscando a Dios. Ahí estaba él, ofreciendo un sacrificio para honrar a Dios y pedir que lo guiara. ¿Cómo pudo ser eso tan malo que Dios le quitó su reino?

La respuesta no siempre es tan fácil de entender para nosotros. Sin embargo, a medida que las historias de Saúl sigan desarrollándose, descubriremos lo que Dios ya sabía; Saúl estaba preocupado sobre todo por sí mismo. Le habían dado riquezas, poder y fuerza para proteger a su familia; lo único que tenía que hacer era escuchar y seguir las instrucciones de Dios. Samuel le dijo que esperara y lo hizo, pero no lo suficiente. Decidió hacerlo a su manera.

¡Qué gran lección tenemos que aprender! Cuando el enemigo está tocando nuestra puerta y el miedo comienza a apoderarse de nosotros, Dios puede llamarnos a esperar hasta que nos diga qué hacer y cómo responder. No debemos permitir que las circunstancias abrumadoras tomen el control. Pero, ¿cómo confiamos en alguien que no podemos ver? ¿Sabemos con certeza que está allí? ¿O si alguna vez aparecerá? Es difícil y se necesita mucha confianza y fe en Dios para ser paciente y esperar sin dejar que el temor se apodere de nosotros[4]. Dios aún lo perdonará si no espera, pero como acabamos de aprender, perderemos algo de nuestra recompensa, sobre todo si nos da tanto así como lo hizo con Saúl. A quien mucho se le da, mucho se le exige[5].

Dios se encargará de nuestro enemigo o de nuestras circunstancias difíciles. Él tiene sus razones para hacernos esperar. A veces nos dirá el motivo, pero otras veces nos dejará en la oscuridad, esperando que confiemos en Él hasta que sea el momento adecuado. Seguir a Dios no siempre es fácil, pero siempre es gratificante mantenerse firme frente al miedo que enfrentamos.

Los filisteos atacaron y, aunque eran un ejército poderoso, Saúl ganó la batalla. Dios estuvo con él mientras conducía su ejército a la batalla, pero nunca más volvió a pasar lo mismo con Saúl. Al final, resultó que se preocupaba demasiado por sí mismo y no se preocupaba lo suficiente por servir a las personas que Dios le dio para que las proteja. Veremos en esta historia y en las próximas historias que Saúl cometía un error tras otro, todo porque era imprudente y egoísta. Esto no significa que Saúl fuera tan malo; más bien, tenía un defecto que al final se apoderaría de él y haría que otro hombre le quite su reino. Aprenderemos que este nuevo rey tampoco sería perfecto, pero era un hombre conforme al corazón de Dios. Y esa era una cualidad que le faltaba a Saúl.

El hijo de Saúl, Jonatán, un verdadero hombre de Dios

Un ejemplo de la debilidad de Saúl apareció en la siguiente batalla con los filisteos. Mientras todos se preparaban para el combate, Jonatán, el hijo de Saúl, decidió buscar a su enemigo con la esperanza de encontrar un punto débil para atacar. Jonatán fue uno de los guerreros valientes al lado de Saúl en su primera gran victoria. Él también fue un hombre de Dios cuya lealtad a su padre, a Dios y al pueblo al que servía se mantuvo firme durante toda su vida.

Jonatán llamó a su escudero para que fuera con él a espiar a su enemigo. Nadie más sabía de su plan. Mientras cruzaba un camino muy difícil, pidió que Dios lo guíe. Como quería saber si Dios estaba con él en su lucha, "propuso una prueba". Cuando se acercó a los guardias filisteos que estaban vigilando, dijo a su escudero que sabría si Dios estaba con él por las palabras que los guardias pronunciaran cuando lo vieran subir por ese camino:

Si nos dijeren así: Esperad hasta que lleguemos a vosotros, entonces nos estaremos en nuestro lugar, y no subiremos a ellos. Mas si nos dijeren así: Subid a nosotros, entonces subiremos, porque Jehová los ha entregado en nuestra mano.

Cuando los filisteos vieron a Jonatán y su escudero, los guardias se burlaron de ellos porque la mayoría de los israelitas se escondían por temor al fuerte ejército filisteo. Cuando le dijeron a Jonatán "subid a nosotros", Jonatán proclamó a su escudero: "Ven porque Dios los ha entregado en nuestras manos". Los dos israelitas lucharon con valentía y mataron a veinte hombres. En ese momento, Dios hizo temblar la tierra. El ataque de Jonatán, más el terremoto, fue una gran sorpresa para el ejército filisteo que pensaron que todo el ejército israelita los había atacado, por lo que huyeron sin tomar sus armas. Los guardias de Saúl vieron toda esta confusión que provenía del campamento enemigo y le contaron a Saúl, quien decidió que no tenía tiempo para preguntarle a Dios qué hacer y llamó a todas sus tropas para atacar a los filisteos. Las ciudades vecinas se enteraron enseguida que los filisteos estaban asustados y huyendo. Entonces, ellos también se unieron a la batalla.

Como los filisteos huyeron sin sus armas, Saúl quería que todos los hombres persiguieran a los soldados antes de que escaparan. Si no los atrapaba en ese momento, los filisteos podrían tener la oportunidad de agruparse de nuevo e Israel perdería su oportunidad de conseguir la victoria total. Saúl les dijo a todos: "Maldito el hombre que coma algo antes de que nos venguemos de nuestros enemigos". Todos tenían miedo de lo que Saúl le haría a la persona que desobedecía. Pero Jonatán no estuvo allí para escuchar la orden, así que mientras seguía peleando, se encontró con un panal lleno de miel y comió un poco. Tan pronto como comió, su fuerza volvió y sus ojos se iluminaron. Cuando Jonatán se enteró de la orden de Saúl, dijo: "Qué orden tan tonta.

Fíjense cuánta fuerza gané cuando comí; imagínense cuánto más grande pudo haber sido la victoria si a los soldados se les hubiera permitido comer".

Esa noche después de la batalla, el pueblo estaba tan hambriento que se comieron las ovejas y las vacas sin prepararlas de la manera adecuada como mandaba la Ley de Moisés. Para compensar su pecado, Saúl preparó un sacrificio y le pidió a Dios que perdonara a los soldados; él luego les ordenó que prepararan la comida de la manera adecuada para que la pudieran comer. Al día siguiente, Saúl le preguntó a Dios si debía continuar la lucha contra los filisteos, pero Dios no le respondió. Cuando quedó claro que Dios no estaba respondiendo debido a un pecado que cometieron los soldados, Saúl fue al pueblo para averiguar quién había pecado. Jonatán fue señalado culpable porque comió la miel, desobedeciendo la orden del rey.

Aunque esta pudo haber sido una orden tonta, el decreto de un rey se convertía en ley, y la persona que incumplía la ley debía ser castigada. Si el rey hacía una excepción con su propia familia, se consideraba una debilidad, su reino sería vulnerable y podría perderlo. Por lo tanto, aunque la maldición fue tonta, Jonatán se sintió obligado a honrarla. Pero los israelitas acudieron al rescate de Jonatán y dijeron que esta gran victoria se debía a Jonatán y que de ninguna manera permitirían que muriera. Por ello, Jonatán se salvó del castigo.

Sin embargo, Saúl perdió credibilidad ante Dios; era impaciente e irracional. Primero, debió haber esperado a Samuel; luego, su orden apresurada ocasionó que su hijo pecara sin saberlo; y al final, hizo que el pueblo pecara porque estaban tan hambrientos que no cumplieron las leyes de preparar la comida de manera adecuada.
¿Va a ser como Saúl: elegido por Dios pero impaciente para esperarlo, tomando decisiones apresuradas y pensando de manera egoísta solo en lo que desea?[6] ¿O va a ser como Jonatán: quien buscó a Dios para la victoria, estuvo dispuesto a seguir la guía de Dios, luchó con valentía cuando le dieron permiso, y fue bastante leal para aceptar un castigo que no merecía por el bien del grupo?[7] Veremos en las próximas historias cómo Jonatán continuó sirviendo a Dios de muchas maneras admirables. Las recompensas y bendiciones de Jonatán serán escuchadas y recibidas por toda la eternidad. Inténtelo como él lo hizo y verá las bendiciones de Dios brillar.

Preguntas para profundizar

- Saúl estaba haciendo un sacrificio para honrar a Dios y para preguntar cómo debía prepararse de manera adecuada para la próxima batalla. ¿Por qué cree que Dios se enojó tanto con él?
- Comente las oportunidades/situaciones en las que debería recibir un castigo necesario, incluso cuando no haya hecho nada malo.
- Comente las características admirables de Jonatán. ¿Cómo puede aprender a ser más como él?
- ¿Qué significa para usted la palabra "humilde" respecto a cómo necesita vivir su vida?

Para estudio adicional

1. Efesios 4:26-27: Enójense, pero no pequen; no le den oportunidad al diablo.
2. A veces, nuestros pecados tienen consecuencias, no solo para nosotros sino también para las futuras generaciones. Cuando participamos en la comunión (la Cena del Señor), Pablo dice que debemos analizar nuestras acciones y pedir perdón; no hacerlo puede causar problemas, enfermedades e incluso la muerte:
    a. Éxodo 20:5
    b. 1 Corintios 11:26-32
3. 1 Pedro 2:20; 4:15: No hay necesidad de quejarse si está sufriendo por las cosas que ha hecho mal.
4. Salmos 37:34: Espera en Jehová, y guarda su camino, y él te exaltará para heredar la tierra; cuando sean destruidos los pecadores, lo verás.
5. Lucas 12:47-48: Jesús dice que Dios no espera tanto de aquellos que no saben más como de aquellos que saben qué hacer, pero no lo hacen. Él dice: "A todo aquel a quien se haya dado mucho, mucho se le demandará; y al que mucho se le haya confiado, más se le pedirá".
6. Santiago 3:16: Porque donde hay celos y contención, allí hay perturbación y toda obra perversa.
7. Mateo 20:28: Como el Hijo del Hombre no vino para ser servido, sino para servir, y para dar su vida en rescate por muchos.

20
David recibe la unción de Dios

1 Samuel 16

Si el pueblo de Dios pretendía servirlo, necesitaban un líder y un rey que defendiera a Dios. Si bien Saúl exhibía muchas y buenas cualidades, su forma de ser egoísta y su falta de voluntad para servir a Dios de la manera adecuada finalmente provocó la expulsión de su familia de la monarquía. Cuando Samuel lamentó la caída de Saúl debido a su "gracia", Dios le dijo a Samuel que dejara de lamentarse y lo siguiera para que conozca a la persona que Él (Dios) había elegido para ser rey.

Dios mira el corazón, no la apariencia externa

Dios le ordenó a Samuel que vaya a Belén, un pequeño pueblo de Judá, a visitar a la familia de Isaí. Para evitar cualquier sospecha de Saúl, Samuel le dijo que iba a ofrecer un sacrificio. Samuel invitó a Isaí y a sus hijos al sacrificio para que Dios pudiera mostrarle quién sería el próximo rey. Mientras preparaba la ofrenda, Samuel estaba seguro de que el hijo mayor de Isaí, Eliab, sería el elegido para ser el próximo rey. Era

alto, guapo y exactamente el tipo de persona que el pueblo admiraría. Pero Dios le dijo a Samuel que no tome en cuenta la apariencia externa, sino que debe fijarse en el corazón de un hombre para saber si este se comprometería a honrar y amar a Dios.

Cuando cada uno de los siete hijos de Isaí pasó junto a Samuel, Dios los rechazó. Samuel preguntó si Isaí tenía otros hijos. Cuando supo que el hijo menor, David, estaba en el campo cuidando ovejas, Samuel le pidió a Isaí que lo llamara de inmediato. Tan pronto como apareció David, Dios le dijo a Samuel: "Levántate y úngelo porque él es mi rey". David, aunque pequeño en estatura, era un joven apuesto con ojos hermosos, pero fue el corazón de David para Dios lo que lo impresionó (a Dios). Tan pronto como Samuel ungió a David con aceite, el Espíritu del Señor descendió sobre David y permaneció con él desde ese día en adelante. Proféticamente, esto presagiaba que Jesús recibiría el Espíritu Santo cuando Juan lo ungió en su bautismo.

¿Dios puede decir lo mismo acerca de su corazón? ¿Dios podría mirarlo desde adentro y saber que usted lo ama y está listo para servirlo? Además, cuando elige seguir a alguien, ¿se fija en la apariencia externa de la persona? ¿O se toma el tiempo para averiguar la forma de pensar y creencias de esa persona? Cuando crecemos, quizás elegimos a las personas más populares y más atractivas para que sean nuestros líderes. No creo que siempre tomemos las mejores decisiones en nuestra juventud, pero lamentablemente, a medida que crecemos, nuestras decisiones pocas veces mejoran. Tendemos a elegir líderes que nos dicen lo que queremos oír. Con frecuencia, estos líderes están más interesados en ser elegidos de nuevo que en tomar las mejores decisiones para aquellos a quienes representan. Preste más atención con quienes elige juntarse; eso hará una diferencia en su vida.

Rey para la eternidad

Dios escogió a David y sus descendientes para que reinen en su pueblo para la eternidad. Para este linaje familiar especial, Dios necesitaba un hombre conforme a su corazón, y David tenía ese ingrediente especial. Pero, ¿cómo así la familia del rey David reina para la eternidad? Podemos darnos cuenta de que este era el plan de Dios cuando Jacob profetizó (predijo) que el rey vendría a través de su hijo Judá (Tomo 1, parte 4 de la historia de José), el antepasado directo de David. También podemos ver cómo David era parte del plan de Dios en las historias de Rut, su bisabuela. Ahora vemos la siguiente fase del plan de Dios que se revela cuando David se convirtió en el rey terrenal. No es casualidad que David sea el antepasado de la Virgen María, la madre de Jesús, lo que le da (a Jesús) el derecho terrenal de ser rey del pueblo de Dios[1].

Pero, ¿por qué el Hijo de Dios necesitaba venir a la tierra como un ser humano? ¿Por qué no podía ser rey del cielo? Comenzando con el pecado de Adán y Eva, la humanidad se alejó de Dios, y el costo de nuestro pecado fue la muerte. La reconciliación era necesaria, pero se necesitaba la victoria de la humanidad sobre la muerte para pagar nuestros pecados. Seguimos cometiendo errores cuando no cumplimos los mandamientos de Dios. Sin embargo, Dios quería reducir esa separación y proveer la redención para la humanidad, por lo que diseñó un plan para ofrecer a su hijo como un sacrificio perfecto y así pudiéramos tener la vida eterna como un don gratuito a través de Jesucristo, nuestro Señor[2]. Para lograr esto, Jesús renunció a su igualdad con Dios para convertirse en el hijo unigénito de Dios (humano), y se humilló a sí mismo cuando fue obediente hasta la muerte en una cruz[3].

Debido a su vida sin pecado, el sacrificio perfecto de Jesús venció el poder de la muerte que el diablo tenía sobre la humanidad. Con este sacrificio, Jesús pagó el precio del pecado y de una manera generosa ofreció la vida eterna cuando eligió redimir a todos los que creyeron en Él[4]. Por lo tanto, cuando aceptamos a Jesús como nuestro Salvador, nos convertimos en miembros de la familia de Dios, con Jesús como cabeza de la familia y rey para siempre[5]. De esta manera, la familia de David reina para toda la eternidad.

¡Qué gran premio para David y su familia! Y para nosotros también. Cuando nos convertimos en parte de la familia de Dios, nos convertimos en coherederos con Cristo[6], lo que nos hace parte de la familia real de Dios. Por lo tanto, debemos anhelar ser como David, a quien Dios proclamó como un hombre conforme al corazón de Dios[7].

Profeta, Sacerdote y Rey

Dios ahora estaba listo para implementar un nuevo sistema de religión y gobierno para Israel en donde los profetas, sacerdotes y un rey guiarían al pueblo (Nota: esta es la próxima generación del sistema que antes se compartió en el capítulo 17, la historia de Samuel). Si todos cumplían su rol adecuado, la paz y la armonía reinarían en Israel.

- Profeta: Dios habló a los profetas, quienes luego tenían la responsabilidad de entregar los mensajes y las verdades que Dios quería que el pueblo supiera. A veces, los mensajes eran sobre el futuro y, con frecuencia, Dios pedía que su pueblo tomara una medida correctiva.

- Sacerdote: Si el pueblo tenía un pedido a Dios, hablaban con los sacerdotes, quienes luego oraban a Dios en nombre de la persona; esta oración iba acompañada de un sacrificio en un altar. Como compartí en la historia de Saúl, él cometió un gran error cuando no fue paciente y ofreció el sacrificio él mismo, en lugar de esperar a Samuel, quien era el sumo sacerdote en ese momento. Los sacerdotes también ofrecían muchos sacrificios de manera constante, pidiendo perdón por los muchos pecados del pueblo.

- Rey: El rey gobernaba en el pueblo; él era el jefe militar y establecía el sistema judicial para juzgar al pueblo y sus discrepancias. Por lo tanto, el rey era el protector y juez de la familia de Dios.

Esta estructura es una representación del sistema bajo el cual viviremos en el cielo nuevo y la tierra nueva. Jesús cumplirá los tres roles como nuestro profeta, sacerdote y rey. Jesús es la cabeza, el líder y el gobernante[8], pero también es nuestro sacerdote, quien brinda acceso directo a Dios cada vez que lo necesitamos[9]. Se nos da el Espíritu Santo para recibir los mensajes de Dios que Jesús, nuestro profeta, comparte con nosotros[10]. Jesús dijo a los discípulos que se iba para enviarnos un Consolador (el Espíritu Santo), que no estaría junto a nosotros, sino dentro de nosotros para guiarnos hacia todas las verdades[11].

La Biblia describe al Espíritu Santo, nuestro Consolador, como igual a Jesús. Por lo tanto, ahora tenemos acceso a Dios, nuestro Padre, a través de Jesús, su Hijo, mediante el Espíritu Santo; así tenemos la Trinidad, el Dios trino. Cada uno de ellos son seres separados de la misma persona, con diferentes roles que se unen como uno solo de una manera que nuestra mente humana no puede comprender con facilidad. Dios no habló mediante el Espíritu Santo a cada israelita como lo hace con nosotros ahora (eso sucedería después de que Jesús cumpliera la tarea que se le asignó: su muerte y resurrección).

David vive en la casa real

Ahora volvamos a la historia. Dios no estaba listo para anunciar a David como rey; primero, Dios necesitaba prepararlo para una vida de liderazgo. A medida que se revelen las próximas historias, veremos las muchas situaciones que David tuvo que pasar antes de que Dios estuviera listo para anunciar que David era su rey para Israel.

Cuando el Espíritu del Señor descendió sobre David, el Espíritu de Dios abandonó a Saúl, y un espíritu maligno lo atormentó. Sus siervos sugirieron que la música calmaría el alma del rey, así que buscaron en el reino a una persona experta en tocar el arpa. Se supo que David, el hijo de Isaí, era una elección perfecta. De inmediato, Saúl amó tanto a David que no solo hizo que tocara para él, sino que David también se convirtió en su escudero. Por lo general, este rol era reservado para una persona más joven a la cual se le otorgaba el privilegio de ir a la batalla y llevar una armadura para una persona de alto rango (en este caso, el rey). Sin embargo, David todavía tenía responsabilidades en su ciudad natal de Belén, ya que era el pastor de las ovejas de su familia.

David ahora estaba involucrado en las actividades de la familia real. Tenía un asiento en primera fila desde el cual podía observar con mucha atención las responsabilidades del rey, ya que algún día serían suyas. Poco tiempo después, David estaría al frente para ayudar a lograr la paz y armonía que Israel se esforzaba en conseguir. En nuestra próxima historia, descubriremos qué tan involucrado él estaría. Mientras tanto, lo desafío a que se junte con personas que tengan un corazón para Dios. Observe lo que sucede a su alrededor para que pueda descubrir lo que Dios tiene reservado para usted.

Preguntas para profundizar

* Dios nos ve a todos según lo que sucede dentro de nosotros (nuestro corazón). Es decir, Dios ve nuestra salud espiritual en lugar de nuestra apariencia externa. ¿Cómo puede comparar esos dos aspectos?
* ¿Está listo para dejar que Jesús sea su:
* Rey (humillándose ante Él como su gobernante)?
* Sacerdote (orando ante Él, teniendo en cuenta que es el único que puede darle acceso a Dios)?
* Profeta (tomando tiempo para meditar y escuchar cualquier mensaje que quiera darle)?
* ¿Cómo el Espíritu Santo puede ser su guía?

Para estudio adicional

1. Lucas 3:2-31: Se brinda la genealogía de María, la madre de Jesús, descendiente del rey David.
2. Romanos 6:23: La paga del pecado es muerte, mas la dádiva de Dios es vida eterna en Cristo Jesús.
3. Filipenses 2:5-11: Jesús renunció a su posición en el cielo y se hizo hombre para poder salvarnos. Murió para que pudiéramos vivir, y Dios lo exaltó sobre todo otro nombre. Ahora todos confesarán que Jesús es el Señor.
4. Hebreos 2:14, 17: Jesús se hizo hombre para vencer a la muerte y quitársela al diablo. Para hacer eso, tuvo que morir en lugar de sus hermanos (seres humanos) para poder expiar los pecados del pueblo.

5. Apocalipsis 11:15: En los últimos tiempos, el reino del mundo se convierte en el reino de nuestro Señor, y él reinará para siempre.

6. Romanos 8:16-17: Llegamos a ser hijos de Dios y, por lo tanto, coherederos para reinar con Jesús.

7. Hechos 13:22: Después de que Dios hizo rey a David, Dios dio testimonio acerca de él: "He hallado a David hijo de Isaí, varón conforme a mi corazón, quien hará todo lo que yo quiero".

8. Apocalipsis 19:16; 22:3: La vestidura de Jesús tendrá escrito el nombre "Rey de Reyes". El trono de Dios estará en el cielo nuevo, y el Cordero (Jesús) se sentará en el trono.

9. Hebreos 7:17, 22-27: Pues se da testimonio de él: "Tú eres sacerdote para siempre, según el orden de Melquisedec". En el antiguo pacto, se necesitaban varios sacerdotes, ya que la muerte de cada uno requería un reemplazo, pero Jesús continúa para siempre porque posee su sacerdocio de forma permanente.

10. Hechos 3:22-24: Moisés predijo la venida del Profeta (Jesús), a quien todos prestarán atención o serán destruidos.

11. Juan 16:7, 13: Jesús les dijo a sus discípulos que les convendría que los dejara, ya que enviaría un Consolador, y cuando el Consolador (el Espíritu Santo) viniera, los guiaría a ellos (y a nosotros) a toda la verdad.

21

David se enfrenta a Goliat

1 Samuel 17

Nuestra próxima historia comienza después de que Samuel, bajo la guía de Dios, ungió a David para ser el rey de Israel. Pero la unción se hizo en secreto porque David no se convertiría oficialmente en rey hasta que Saúl muriera o se retirara. Mientras tanto, se eligió a David para que tocara el arpa al rey cuando los espíritus malignos atacaron la mente de Saúl e hicieron que enfurezca. Cuando David tocó el arpa no solo calmó el espíritu del rey, sino que la personalidad de David cautivó los corazones del rey y su familia, sobre todo el corazón de Jonatán, el hijo mayor del rey.

Un gigante filisteo desafía la humanidad de Israel

No mucho tiempo después de que David comenzara a tocar el arpa para Saúl, los israelitas estaban en una gran batalla con los filisteos. Uno de los líderes filisteos, un gigante llamado Goliat, desafió a los israelitas a una batalla de uno contra uno con él. Dijo que era tonto matar a muchos en cada ejército. Preguntó: "¿Por qué no dejan que una persona de cada ejército luche y los perdedores se conviertan en esclavos del bando victorioso?". Esto no parecía una pelea justa, ya que Goliat no solo era un gigante, sino también un gran guerrero.

Era impresionante ver a Goliat. Medía casi tres metros y llevaba un casco de bronce con una armadura que pesaba 55 kilos. Llevaba una jabalina de bronce colgada en el pecho, portaba una lanza con una punta que pesaba casi siete kilos y tenía una gran espada dentro de su cinturón. ¿Quién sería tan tonto para aceptar su desafío?

Todos los soldados de Israel temblaban cada mañana cuando Goliat llegaba al centro del campo de batalla para desafiar y humillar a los israelitas. Y cada día, Goliat salía con más confianza que antes, ya que sabía que los israelitas le tenían cada vez más miedo. Él creía que nadie aceptaría su desafío, pero eso serviría para menospreciar tanto a los israelitas que cuando llegara el momento de la batalla real, se derrumbarían ante Goliat y sus compañeros soldados filisteos. Saúl ofreció grandes riquezas y a Merab, su hija, para que se case con cualquier hombre que se enfrentara a Goliat y saliera victorioso. Por supuesto, nadie estaba dispuesto a arriesgar su vida

por una batalla que estaba seguro de perder. ¿O había alguien? Vamos a averiguarlo. A veces, nos enfrentamos a problemas que parecen mucho más grandes y difíciles de lo que podemos manejar. Es precisamente en esa ocasión cuando debemos aprender a confiar en Dios. Tenemos que dejar que Él se haga cargo[1].

Mientras Goliat desafiaba a los israelitas a un combate uno contra uno, David estaba en casa cuidando las ovejas de su padre, pero tres de sus hermanos mayores estaban en el ejército de Saúl. Cuando Isaí empezó a preocuparse por sus hijos, envió a David al frente de la batalla con comida para sus hermanos y los comandantes de sus hermanos. Isaí fue inteligente al incluir un regalo para los comandantes de sus hijos. Este pequeño "soborno", si se daba de la manera correcta, podría ayudar a los comandantes a tratar de manera favorable a los hijos de Isaí y, por lo tanto, según el Libro de los Proverbios, ser beneficioso tanto para el que da como para el que recibe[2].

Puede pensar en cómo puede usar esta práctica a su favor en todos los ámbitos de la vida, ya sea cuando le da un simple halago a una mujer para decirle lo bien que se ve, un pequeño regalo para agradecer o un acto de amabilidad. Nunca se sabe cuándo alguien puede retribuir su amabilidad con algo que necesita.

David defiende a Dios

Cuando David llegó al campo de batalla, observó lo que estaba pasando y se preguntó por qué los israelitas dejaban que Goliat hablara en contra de ellos sin aceptar su desafío. David dijo: "¿Quién es este filisteo incircunciso, para que provoque a los escuadrones del Dios viviente. Si ninguno de ustedes está dispuesto a enfrentarse a este gigante, lo haré yo". El hermano mayor de David se enojó mucho con él y le dijo: "¿Con quién has dejado las ovejas? Yo conozco tu soberbia y la malicia de tu corazón, que para ver la batalla has venido". En realidad, el hermano de David estaba diciendo: "Pequeño engreído, ¿quién eres tú para venir aquí a criticar a tus mayores y menospreciarnos de esta manera? No tienes idea de lo que estás hablando". David dijo de una manera ingenua: "¿Qué he hecho yo ahora? ¿No fue solo una pregunta?". ¿No parece esto como si dos hermanos se estuvieran peleando? El hermano de David quizás sintió que David los estaba haciendo quedar mal, o tal vez estaba celoso; a veces a los hermanos mayores les gusta subestimar al que es más joven. Pero, de alguna manera, su hermano tenía razón. David nunca había sentido el miedo y la ansiedad que conlleva enfrentar la muerte y ver a sus compañeros soldados morir de una manera horrible ante sus ojos. ¿Cómo cree que reaccionaría si fuera el hermano menor? ¿Y si fuera el hermano mayor?

Sin embargo, en este caso, David estaba diciendo la verdad. Cuando los otros soldados se dieron cuenta cuán sincero era David, lo llevaron ante Saúl. Pero Saúl estaba preocupado: "No podrás tú ir contra aquel filisteo, para pelear con él; porque tú eres muchacho, y él un hombre de guerra desde su juventud". David respondió a Saúl contándole cómo había enfrentado el peligro antes:

Cuando un león atacó a mis ovejas, yo las rescaté de su boca; y cuando el león se levantó contra mí, lo agarré de la quijada y lo maté. Y haré lo mismo con el filisteo que ha desafiado a los ejércitos del Dios viviente. Dios, que me libró de las garras del oso y del león, me librará de la mano de este filisteo.

¡Qué joven tan valiente y seguro de sí mismo, descubrimos, que era uno con Dios! Recuerde, cuando fue ungido por Samuel, el Espíritu Santo descendió sobre él. David sabía que saldría victorioso porque Dios estaba con él. ¿Cómo puede saber o estar seguro de que Dios estará con usted en las circunstancias difíciles? Es importante recordar siempre que, como creyente, el Espíritu Santo está también dentro de usted, luchando con usted y a su favor[3].

Saúl trató de ayudar a David dándole su propia armadura, pero la armadura de Saúl era demasiado grande para David, que era mucho más pequeño que Saúl. Sin embargo, David no se desanimó. Eligió su arma, una honda con cinco piedras lisas que recogió de un arroyo que atravesaba el valle.

Hace años, mi esposa Nan y yo fuimos a Israel. Uno de los lugares que visitamos fue el valle donde David luchó contra Goliat. Entré en el mismo arroyo que cruzó David y saqué cinco piedras lisas. Las llevamos a nuestra casa. Unos meses después,

Nan llevó las piedras a la iglesia para mostrárselas a su coro de niños de cinco años y compartir con ellos la historia de David y Goliat.

Cuando llegó a la parte donde David recogió las piedras del arroyo, cogió su cartera y sacó nuestras cinco piedras lisas y dijo que las sacamos del mismo arroyo donde David sacó sus piedras. Uno de los niños se puso de pie en medio de su historia y exclamó: "¡Espere un momento! ¿Me está diciendo que estas historias son sobre personas reales?". Siempre me ha sorprendido cómo estas cinco piedras hicieron que la historia fuera real para este niño pequeño. David fue real. Jesús también lo es. No es solo una historia. Necesitamos ser como este niño pequeño y comprender de verdad que Dios es real y está listo y dispuesto a estar dentro de nuestras vidas.

Cuando David se acercó a Goliat, el filisteo miró con desprecio al joven. Con disgusto, Goliat dijo: "¿Soy yo perro, para que vengas a mí con palos?". Maldijo a David en nombre de sus dioses falsos y dijo que daría la carne de David a las aves y las bestias. David demostró que todavía tenía confianza:

Tú vienes a mí con espada y lanza y jabalina; mas yo vengo a ti en el nombre de Jehová de los ejércitos, a quien tú has provocado. Jehová te entregará hoy en mi mano, y yo te venceré, y te cortaré la cabeza, y daré hoy los cuerpos de los filisteos a las aves del cielo y a las bestias.

Si bien es cierto que estas palabras son muy fuertes, David se molestó cuando escuchó a Goliat burlándose de Dios. Estaba decidido a demostrar a Goliat que Dios era quien tenía el control.

David no era capaz por sus propias fuerzas, pero sabía que podía hacer cualquier cosa a través de Dios, quien lo fortalecería[4]. Con orgullo, David le dijo a Goliat que Dios estaba dando un mensaje al permitir que un hombre tan pequeño con un arma pequeña dominara al gran hombre de los filisteos. David dijo: "Todos sabrán que la batalla fue del Señor y que Él los entregó en nuestras manos".

David lucha contra Goliat

Cuando Goliat llegó al centro del campo de batalla, David corrió rápido a su encuentro. David metió la mano en su bolsa y tomó una de las piedras y la tiró, hiriendo a Goliat en la frente. La piedra quedó clavada en la frente del gigante, y cayó de cara al suelo. David tomó la espada de Goliat y, como prometió, cortó la cabeza de Goliat y la levantó para que todos la vieran. Cuando los filisteos vieron que su campeón estaba muerto, huyeron. Los hombres de Israel se levantaron y persiguieron a los filisteos, logrando así una gran victoria. Con la cabeza de Goliat en la mano, David llegó a Jerusalén, mostrando

con orgullo al guerrero que había derrotado para que todos lo vieran. David fue llevado ante Saúl para ser honrado ante Israel.

¿Por qué David escogió cinco piedras? Solo necesitó una para matar a Goliat. Un amigo mío cree que David necesitaba cuatro piedras más porque Goliat tenía cuatro hermanos. Si esto era cierto, tenía que estar preparado en caso de que los otros hermanos atacaran después de matar a Goliat. Mucho después, la Biblia describe el lugar donde cuatro gigantes filisteos fueron asesinados por hombres del ejército de David, lo que ayuda a respaldar la creencia de mi amigo[5].

Dios espera que hagamos nuestro trabajo y estemos preparados para cada circunstancia cuando vayamos a la batalla, incluidos los asuntos de la vida cotidiana. Esto aplica si nos estamos preparando para una reunión importante en el trabajo, un examen final en la escuela o un partido de un campeonato de fútbol. Dios promete estar allí con nosotros y para nosotros, pero no pasará la prueba si no estudia o no se prepara de la manera adecuada para ese gran evento. A veces, la preparación significa tener que renunciar a algo que quiere hacer para estar listo para el trabajo.

Nosotros también podemos estar seguros de que podemos ganar la batalla y superar los problemas que enfrentamos en esta vida. Pero debemos acudir a Dios, así como lo hizo David al permitir que el Espíritu de Dios descienda sobre nosotros. ¿Cómo hacemos esto? Cuando damos el control de nuestra vida a Jesús. Cuando compartí esto con mi nieta, que en ese momento tenía once años, ella dijo: "¡Papá, eso da miedo!". ¡Guau! ¡Ella lo logró! Da miedo dejar que otra persona tome el control, más aún cuando no podemos ver físicamente a Dios. Ya no puede hacerlo a su manera; debe hacerlo a la manera de Dios. Cuando entrega su vida a Dios y reconoce su soberanía, ha aprendido la primera lección para ser disciplinado y estar bajo el control de Dios. Y nunca se arrepentirá; las bendiciones que reciba serán mucho más grandes que cualquier sacrificio que haga por Dios.

Jesús tiene una respuesta para esos momentos cuando estamos abrumados por la vida y los problemas que enfrentamos. Él dijo: "Venid a mí todos los que estáis trabajados y cargados, y yo os haré descansar. Llevad mi yugo sobre vosotros y aprended de mí, porque mi yugo es fácil y ligera mi carga"[6]. Jesús estará allí para nosotros, pero tenemos que ponernos su "yugo"; es decir, tenemos que darle el control. Oro para que en algún momento nosotros, al igual que David, algún día le declaremos al enemigo (o a los problemas) que enfrentamos lo siguiente: "¿Cómo te atreves a burlarte del Dios vivo?". Y usted también estará listo para cortar la cabeza del mal que enfrenta.

Como lo dije antes, ahora ha aprendido la primera de las diez lecciones para ser disciplinado y estar bajo el control de Dios. A medida que siga compartiendo estas aventuras de David emocionantes, pero que suelen ser desafiantes, aprenderemos más lecciones sobre cómo permitir que Dios tome el control de nuestras vidas.

Preguntas para profundizar

- Parafraseando, David, en realidad, le dijo a Goliat, ¿cómo te atreves a burlarte del pueblo de Dios? He venido a defender su nombre, y Dios me librará, no importa lo grande que seas. ¿Alguna vez ha tenido la oportunidad de defender a Dios cuando otros estaban menospreciando quién es Dios y el poder que tiene?
- ¿Qué tipo de gigante (gran problema) ha enfrentado en su vida? ¿Permitió que Dios tomara el control?
- ¿Ha pensado en lo que signi fica darle a Jesús el control de su vida? Al tomar el yugo de Jesús (Mateo 11:29), le está dando las riendas para que controle su vida. Eso puede ser aterrador, pero será la mejor decisión que tome. ¿Está dispuesto a hacerlo?

Para estudio adicional

1. Salmos 37:5, 9-10: Encomienda a Jehová tu camino, y confía en él; y él hará. Porque los malignos serán destruidos, pero los que esperan en Jehová, ellos heredarán la tierra. Pues de aquí a poco no existirá el malo; observarás su lugar, y no estará allí.
2. Proverbios 17:8: Piedra preciosa es el soborno para el que lo practica; Adondequiera que se vuelve, halla prosperidad.
3. Romanos 8:11; Juan 16:13: El Espíritu que resucitó a Jesús de entre los muertos mora en vosotros. Él (el Espíritu) os guiará a toda la verdad.
4. Filipenses 4:13: Todo lo puedo en Cristo (Jesús) que me fortalece.
5. 2 Samuel 21:15-22: Esta historia cuenta cómo, bajo su liderazgo, los hombres de David mataron a cuatro gigantes; al menos uno era hermano de Goliat (v. 19). Dado que el versículo 22 dice que estos cuatro eran descendientes del gigante de Gat, sería coherente decir que los cuatro eran hermanos de Goliat.
6. Mateo 11:28-30: Jesús nos anima a acudir a Él con todos nuestros problemas y preocupaciones. Él nos dará descanso, pero estamos llamados a ponernos su yugo para que nos guíe. Ponerse en su yugo significa estar bajo su control.

22

David y Jonatán

1 Samuel 18-20

Después de vencer a Goliat, David se hizo conocido en todo Israel, así como las personas que se hacen famosas en la actualidad. Saúl honró a David y, por lo general, lo invitaba a comer a su mesa, lo cual era un honor especial que se otorgaba a pocas personas que no pertenecían a la familia real. David se convirtió en un líder del ejército de Saúl y fue responsable de muchas victorias. Con cada victoria, David se volvía más "famoso" y agradable ante los ojos del pueblo de Israel. Sus victorias fueron sobre todo gratificantes para los israelitas después de servir a los filisteos durante varios años.

Las mujeres de Israel celebraron bailando y cantando canciones sobre las victorias del rey Saúl y David: "Saúl ha matado a sus miles y David a sus diez miles". El coro resonaba en los oídos de Saúl. Sin embargo, en lugar de sentirse orgulloso de todas las victorias y darse cuenta de que David era en realidad su humilde servidor, Saúl se puso celoso y desconfío de David. Vio el amor que su pueblo demostraba hacia David y le preocupaba que el pueblo quisiera que David fuera rey. Saúl también temía que David quisiera apoderarse de su reino. Como aprendimos en las historias anteriores, los reyes confiaban bastante en sus consejeros, y aunque la Biblia no lo especifica en este caso, es muy probable que los consejeros de Saúl le hayan advertido que David podría decidir si él debía ser rey. Estas tomas de poder ocurrían con frecuencia en los tiempos bíblicos.

Si Saúl hubiera estado dispuesto a escuchar a Dios, habría aceptado la lealtad de David hacia su rey. Saúl solo necesitaba reconocer y aceptar el regalo de Dios. En cambio, dejó que sus miedos controlaran sus emociones y acciones. Por ello, su corazón se turbó y la paz de Dios lo abandonó. Jesús nos ha llamado a una vida diferente[1]. ¿Está listo para dejar de lado sus propios deseos y permitir que Dios gobierne en su corazón? Si es así, debe aprender a prestar atención al consejo de Dios.

Amistad y honor

El hijo de Saúl, Jonatán, llegó a admirar a David y se hicieron muy amigos. La Biblia dice que el alma de Jonatán estaba unida al alma de David, y que Jonatán amaba a David como a sí mismo. David sintió lo mismo por Jonatán, y juntos hicieron un pacto para apoyarse y honrarse mutuamente, y cuidar la familia del otro. Como hijo primogénito de Saúl, Jonatán sería el próximo rey después de Saúl. Aunque no sabemos cómo ni cuándo, la Biblia deja en claro que Jonatán entendió que el plan de Dios era que David, en lugar de él, fuera el próximo rey de Israel.

Tal vez recuerde de una de nuestras historias anteriores que el propio Jonatán era un guerrero valiente. Lo había demostrado a sí mismo en el campo de batalla y buscó a Dios para que lo guíe y lo apoye. Él era todo lo que se desea que tenga un soldado. Y además, tenía todos los atributos de un líder impresionante y un rey poderoso, pero no permitió que esto se interpusiera en su relación con David ni nublara su conocimiento de que David algún día sería rey en su lugar. Jonatán tenía todo el derecho a  ser rey. Y según todas las normas terrenales, debió haberse cuidado de David y haber hecho todo lo posible para proteger su derecho al trono. Pero, en cambio, se humilló a sí mismo y se hizo siervo de David. Esta es la segunda lección para ser disciplinado y estar bajo el control de Dios: anteponer las necesidades de los demás a las suyas[2]. Jonatán también fue un fiel servidor de su padre, Saúl. A medida que Saúl se ponía cada vez más celoso de David, Jonatán tuvo la difícil tarea de equilibrar su amistad con David y la lealtad a su padre. Sin embargo, siempre parecía equilibrar las dos posiciones de una manera respetuosa y honorable.

La actitud y las acciones de Jonatán son excelentes ejemplos a seguir; él muestra las características que vemos en Jesús. Así como Jonatán estaba dispuesto a renunciar a su derecho a ser rey, eligiendo, en cambio, ser el humilde servidor de David, el Libro de Filipenses del Nuevo Testamento nos dice que Jesús renunció a sus poderes divinos (pero no a su naturaleza divina) para convertirse en hombre. En obediencia al pedido de su Padre, Jesús se humilló a sufrir y morir en la cruz para que la humanidad se pudiera salvar. Por ello, Dios lo exaltó y proclamó: "En aquel día, toda rodilla se doblará y toda lengua confesará que Jesucristo es el Señor"[3].

Además, Jonatán demuestra cómo debemos vivir cuando enfrentamos las situaciones y problemas de la vida. Veamos cómo esta historia continúa.

David se convierte en parte de la familia real

Para establecer la siguiente secuencia de eventos, repasemos la historia de David con Saúl. Saúl había decepcionado a Dios tantas veces que Dios hizo que Samuel ungiera en secreto a David como rey de Dios. El Espíritu del Señor abandonó a Saúl, y un espíritu maligno se apoderó de él, causándole mucha tensión y ansiedad. Desde su adolescencia, David calmó el alma de Saúl con música, tocando su arpa cuando los temores y la ansiedad de Saúl se volvían abrumadores. Por ello, Saúl y toda su casa pudieron conocer muy bien a David. A todo el mundo le caía bien, incluso cuando era un joven adolescente antes de su batalla con Goliat.

Imagine el sufrimiento que todo esto le ocasionó a Saúl. Había llegado a amar a David; estaba orgulloso de la victoria de David frente a Goliat y de todas las victorias frente a los filisteos que aseguraron su reino. Y, sin embargo, al mismo tiempo, Saúl sabía que Dios lo había abandonado. Reconoció que David podía apoderarse de su reino y temía que eso sucediera en cualquier momento.

Un día, mientras David tocaba su arpa, un espíritu maligno descendió poderosamente sobre Saúl. Le arrojó una lanza a David, pensando que podría "clavar a David en la pared" y así eliminaría su competencia por el reino. Sin embargo, David pudo moverse tan rápido que la lanza de Saúl no lo alcanzó.

En otros intentos de deshacerse de su competencia, Saúl envió a David a las zonas de combate más feroces, con la esperanza de que perdiera la vida en el campo de batalla. Sin embargo, esta táctica fracasó en Saúl. Bajo el liderazgo de David, todas las tribus de Israel siguieron prosperando, sobre todo Judá (la tribu natal de David), y el pueblo amaba a David aún más.

Entonces, Saúl intentó otra estrategia. Cuando Saúl se enteró de que su su hija Mical amaba a David, decidió usar su afecto a su favor y la ofreció para que se casara con David con una condición. Antes de mencionar esa condición, es interesante tener en cuenta que Saúl ya había prometido que la persona que matara a Goliat no solo recibiría una gran recompensa económica, sino también a su hija Merab como esposa. Este matrimonio habría convertido a David en su yerno y, por lo tanto, en un miembro de la familia real. Sin embargo, Saúl eligió de una manera conveniente no cumplir esa parte de su acuerdo después de que David mató a Goliat y, en cambio, entregó a Merab para que se casara con otro hombre.

Debido a que David era un plebeyo que no tenía el dinero suficiente para pagar el precio de una princesa, Saúl le pidió a David que matara personalmente a cien filisteos como su dote (precio) por Mical. David asumió esa tarea como un honor y trajo pruebas de que mató a doscientos filisteos, ocasionando así a Saúl un dolor aún mayor, ya que tuvo que aceptar su oferta y entregar Mical a David para que sea su esposa. Por lo tanto, una vez más, el plan de Saúl fracasó y David ahora era oficialmente parte de la familia real, lo que le dio a Saúl aún más razones para tener miedo de él.

Mical se complació en convertirse en la esposa de David. ¿No es maravilloso cómo Dios permite que suceda algo que parece estar contra de nosotros y luego descubrimos que funciona a nuestro favor? Al no exigir a Saúl que le entregara a Merab como prometió, al final David se casó con la hija que realmente lo amaba[4].

Jonatán demuestra su amistad

Aunque Dios permitió que Saúl continuara su reinado, no permitiría que fuera fácil. Incluso los filisteos respetaban mucho a David por su sabiduría y valentía en la batalla.

¿Dónde encaja Jonatán en todo esto? Como mencioné antes, tenía que decidir entre su amistad con David y la lealtad a su padre. Jonatán recordó cuánto amaba su padre a David desde el principio, por lo que le resultaba difícil creer que Saúl pudiera hacer otra cosa que no fuera respetar todo lo que David había hecho para ayudar a asegurar su reino. Entonces, un día, Saúl le dijo a Jonatán y a sus sirvientes que mataran a David. Jonatán animó a David a encontrar un escondite y le dijo que intentaría que su padre cambiara de opinión. Cuando la situación se calmó, Jonatán prometió contarle a David que era seguro regresar.

Jonatán le recordó a Saúl todas las cosas maravillosas que David había hecho, cómo mató a Goliat y ganó muchas batallas contra los filisteos, y le recordó cuánto amor David tenía por toda la familia de Saúl y cómo David solo tenía respeto y lealtad por Saúl y su reino. Saúl escuchó y prometió cambiar su actitud. Jonatán arregló la situación.

Por lo tanto, David regresó de manera temporal al palacio, tocando el arpa para calmar el alma atormentada de Saúl. Sin embargo, no pasó mucho tiempo antes de que el espíritu maligno tomara el control, y Saúl otra vez arrojó su lanza, pero no hirió a David. David huyó, y al día siguiente Saúl lo persiguió para vengarse. Con la ayuda de Mical, David escapó por una ventana en el muro del palacio. Ella colocó una estatua de la casa en su cama para que pareciera que David estaba dormido, dándole el tiempo suficiente para escapar. David acudió a Samuel en busca de protección, ya que todavía era un hombre muy respetable en la nación de Israel, y Saúl le tenía miedo. Saúl se enteró del escondite de David y envió mensajeros para traerlo de regreso al palacio. Pero los mensajeros fueron derrotados por el Espíritu de Dios; comenzaron

a profetizar (hablando palabras de Dios), y cancelaron su misión de recuperar a David. Cuando Saúl se enteró de esto, envió más mensajeros, pero sucedió lo mismo. Al final, Saúl fue a derrotar al mismo David, pero el Espíritu del Señor descendió sobre él, y Saúl también comenzó a profetizar. No se menciona lo que dijeron los mensajeros o Saúl cuando declararon las palabras de Dios, pero el mensaje para nosotros es que no podemos ir en contra de la voluntad de Dios cuando decimos las palabras de Dios. Y no era la voluntad de Dios causar daño a su rey elegido, David. Como consecuencia, Saúl se arrepintió ante el Señor y, por la mañana, regresó a casa sin David.

Cuando David le contó a Jonatán los últimos acontecimientos, este no podía creerlo porque ahora Saúl se había arrepentido de nuevo y ya no estaba persiguiendo a David. Pero David sabía que Dios fue quien hizo que Saúl profetizara y regresara sin derrotarlo. En otras palabras, David sabía que el alivio era solo temporal. Jonatán se mostró escéptico pero optimista de que su padre realmente amaba a David y quería que regresara a su hogar. Por lo tanto, Jonatán y David diseñaron un plan para saber con seguridad cómo se sentía Saúl.

Jonatán sugirió que David permaneciera escondido durante el primer día de la fiesta judía que se celebraría al día siguiente. Se esperaba que todos los miembros de la familia asistieran a comer. Por lo tanto, si David no estaba allí, Saúl seguro comentaría al respecto. Jonatán planeó decirle a Saúl que el hermano mayor de David necesitaba que él estuviera con su familia en Belén. Si Saúl aceptaba esta explicación, entonces Jonatán sabría que la actitud y los sentimientos de Saúl hacia David eran saludables. Pero si Saúl se enojaba, sabría que su padre todavía tenía la intención de matar a David. Jonatán prometió que no se pondría del lado de su padre en este asunto porque sabía que David amaba a su familia, incluso a Saúl. Jonatán y David hicieron un pacto final entre ellos de que sin importar lo que pase, siempre se apoyarían mutuamente, y si algo le sucedía a uno de ellos, el que sobreviviera cuidaría de la familia del otro. David le dijo a Jonatán dónde se escondería, y al tercer día de la fiesta, Jonatán saldría a practicar con el arco y la flecha. Si Saúl estaba hablando a favor de David, Jonatán le diría a su siervo: "Las flechas están más cerca, así que ven hacia mí", pero si Saúl todavía estaba enojado, le diría a su siervo: "Las flechas están más allá de ti". De esta manera, David sabría que debe salir de la ciudad y encontrar un escondite más permanente.

David debe escapar

El primer día de la fiesta, Saúl no dijo nada, pensando que David se había alejado para purificarse ante el Señor. Cuando David no se presentó el segundo día, Saúl preguntó a Jonatán sobre la ausencia de David. Jonatán explicó que David había pedido estar con su familia en Belén. Cuando Saúl escuchó la respuesta de Jonatán, su ira se encendió y le dijo a su hijo: "Has elegido estar del lado de mi enemigo, David, debes estar avergonzado de ti mismo". Explicó que Jonatán nunca sería rey mientras David viviera y exigió que Jonatán le trajera a David. Pero Jonatán discutió, diciendo: "¿Qué te ha hecho David?". En su ira, Saúl tomó su lanza y la arrojó a Jonatán. Jonatán ahora sabía que no había una esperanza de reconciliación entre David y Saúl. Jonatán pasó el resto del día ayunando y afligido por la actitud de su padre y la pérdida que sentiría ahora que David tenía que irse.

Al día siguiente, Jonatán fue al lugar que le señalaron con su sirviente y disparó tres flechas en el campo. Cuando el sirviente llegó al lugar de las flechas, Jonatán dijo: "¿No están las flechas más allá de ti?". Después de que el sirviente llevó las flechas a Jonatán, lo envió a casa. David salió de su escondite, y tanto él como Jonatán lloraron juntos. Le dijo a David: "Puedes irte tranquilo y recuerda que hemos hecho un juramento en el nombre del Señor que nos apoyaremos para siempre".

Por mucho que Jonatán lamentaba perder a David, sabía que su lugar y su responsabilidad estaban al lado de su padre. Esto no significaba que estuviera de acuerdo con su padre; de hecho, estaba muy molesto con él, pero ya que iba a ser el próximo rey, él tenía ciertas responsabilidades que cumplir. Honró a su padre tanto como pudo, pero no hasta el punto de estar dispuesto a entregarle a un hombre inocente para que lo matara.

Jonatán es en realidad un ejemplo de cómo se supone que debemos vivir nuestra vida para Dios. Él sabía que si permitía que David viviera, no sería rey, pero también conocía los planes de Dios y estaba dispuesto a someterse a ellos. Estaba dispuesto a anteponer el bien de David a sus deseos o ambiciones[5]. Al mismo tiempo, también obedeció los Diez Mandamientos, que dicen que debemos honrar a nuestro padre y a nuestra madre. Veremos en una siguiente historia que Jonatán se queda con su padre, incluso hasta el final, ya que murieron juntos en la batalla contra los filisteos.

Esta historia se ha enfocado en el compromiso de Jonatán tanto con David como con su padre, Saúl. En las próximas historias, aprenderemos sobre el turno de David de honrar a Dios cuando esperó el momento de Dios para convertirse en rey. David, de ninguna manera, pelearía contra Saúl, sin importar lo mal que Saúl lo tratara. Y también, veremos cómo David cuida de la familia de Jonatán tal como lo prometió. Estos dos jóvenes son grandes ejemplos de lo que significa ser parte de la familia de Dios. En ese momento, era necesario que Jonatán antepusiera las necesidades de David a las suyas. No podemos hacer esto sin antes permitir que Dios tenga el control porque nuestro instinto natural sería cuidar de nosotros mismos primero.

¿Está dispuesto a seguir el ejemplo de estos dos "hermanos en Cristo"? ¿Está listo para aceptar esta segunda lección para ser disciplinado y estar bajo el control de Dios: anteponer las necesidades de los demás a las suyas?

Preguntas para profundizar

- ¿Alguna vez ha tenido miedo después de haber:
  - cometido un gran error?
  - hecho trampa en un examen?
  - mentido a alguien en el trabajo?
- ¿Ha sentido celos de que otra persona pueda conseguir lo que usted desea?
- ¿Ahora ve las cosas de manera diferente sabiendo lo que le pasó a Saúl y lo que Dios realmente tenía reservado para él y para usted?
- ¿Le enseñó esta historia cómo ser un verdadero amigo de sus compañeros y cómo debe honrar a su padre y a su madre, incluso cuando se equivocan?
- ¿Qué podemos aprender de estos dos "hermanos" (David y Jonatán)? Poner a los demás antes que a usted mismo (nuestra segunda lección) no es nuestro instinto; por eso debemos permitir que Dios tenga el control. ¿Se da cuenta cómo Dios, a través de nosotros, puede hacer las cosas que no podemos hacer por nuestra cuenta?

Para estudio adicional

1. Juan 14:1, 27: No se turbe vuestro corazón; creéis en Dios; creed también en Jesús. Jesús dice: "La paz os dejo, mi paz os doy; yo no os la doy como el mundo la da. No se turbe vuestro corazón, ni tenga miedo".

2. Filipenses 2:3: Nada hagáis por contienda o por vanagloria; antes bien con humildad, estimando cada uno a los demás como superiores a él mismo.

3. Filipenses 2:5-10: En sus relaciones con los demás, tengan la misma mentalidad que Jesús. Eligió renunciar a sus poderes divinos (igualdad con Dios) y hacerse humano; además, se humilló a sí mismo mediante su voluntad para morir en una cruz. Por lo tanto, Dios lo exaltó a lo sumo y le dio un nombre que es sobre todo nombre, para que en el nombre de Jesús se doble toda rodilla de los que están en los cielos, y en la tierra, y debajo de la tierra.

4. Romanos 8:28: Dios dispone todas las cosas para el bien de los que lo aman, los que han sido llamados conforme a su propósito.

5. Romanos 12:10: Amaos los unos a los otros con amor fraternal; en cuanto a honra, prefiriéndoos los unos a los otros

23

David huye de la ira de Saúl

1 Samuel 21-24, 26

Por las historias anteriores, sabemos que David fue ungido rey de Israel por Dios. Sin embargo, Saúl seguía gobernando, y David decidió que, dado que Dios hizo rey a Saúl, permitiría que Dios decidiera cuándo era el momento para que él (David) reinara. Mientras tanto, David tuvo que huir. Si no lo hacía, Saúl lo habría mandado a matar. Si bien muchos sabían que Saúl perseguía a David, muchos otros solo sabían el gran líder militar que era David y cuán leal era a Saúl.

David encuentra ayuda en el camino

Muchas personas importantes ayudaron a David durante su camino. Un sacerdote llamado Ahimelec le dio de comer pan a David y le ofreció la espada de Goliat que le habían entregado al sacerdote para que la guardara. Poco tiempo después, David se fue del territorio de Israel y escapó a un reino vecino. Sin embargo, debido a que era tan conocido, el rey de este territorio enemigo estaba listo para derrotar a David. Para evitar ser capturado, David comenzó a portarse como un loco y le salía espuma por la boca, por lo que el rey dejó que se fuera.

David se volvió como un nómada, buscando constantemente lugares donde esconderse. A veces vivía en cuevas y tenía muy poca comida, y otras veces se iba a los reinos vecinos a buscar refugio. El pueblo se enteró enseguida de la difícil situación de David, y los más cercanos a David lo acompañaron, incluidos su padre y su madre, hermanos y tres sobrinos, que lucharon bajo el mando de David. Ellos también necesitaban escapar de la ira del rey. Además, aquellos que estaban angustiados, que tenían una inmensa deuda o que solían estar insatisfechos por su estilo de vida, buscaron a David, quien se convirtió en su líder. La cantidad de seguidores de David comenzó en cuatrocientos y al final creció a seiscientos.

El grupo de familiares, amigos, marginados y fugitivos acompañó a David durante todo el tiempo que pasó escondiéndose de Saúl. La mayoría de estos hombres luego se convirtieron en líderes del ejército de David después de que fue coronado rey de Israel. Sin embargo, David dejó a su padre y a su madre en la tierra de Moab, donde le pidió a su amigo, el rey de Moab, que los cuidara hasta que se resolvieran sus problemas con Saúl. Tal vez recuerde que la bisabuela de David era moabita, lo que puede explicar la amistad de David con este rey.

¿Cómo Dios pudo permitir que su rey ungido fuera tratado como un marginado y exiliado de su hogar? Nuestras pruebas y adversidades nos enseñan a ser perseverantes, lo cual desarrolla nuestro carácter. A través de estas dificultades, tenemos la esperanza de que Dios al final nos ayudará a superarlas[1]. La esperanza cristiana llega con la expectativa de que recibiremos lo que estamos esperando[2]. Debido a lo que aprendemos durante nuestras situaciones difíciles y desafiantes, nos volvemos útiles para Dios. La vida de David es un ejemplo de esta esperanza que se hizo realidad, y se convierte en la tercera lección para ser disciplinado y estar bajo el control de Dios: persevera a través de las pruebas y adversidades de la vida con la expectativa (esperanza) de que Dios lo ayudará a superarlas.

Mientras tanto, Saúl no se cansaba de buscar a David. Saúl ahora estaba paranoico y temía que todos estuvieran en su contra. Le molestó que nadie le dijera acerca del pacto que hicieron Jonatán y David. Afirmó que nadie en su reino estaba dispuesto a ayudarlo a derrotar a David.

Cuando Saúl se enfrentó a Ahimelec, el sacerdote trató de explicarle que solo estaba ayudando a un siervo fiel de Saúl y que no sabía nada sobre la enemistad entre los dos. Pero Saúl no estaba dispuesto a escucharlo y mandó matar a Ahimelec y a los otros sacerdotes que estaban con él. Un hijo de Ahimelec, Abiatar, escapó y huyó para contarle a David lo que Saúl había hecho. David se sintió responsable de la muerte de Ahimelec y de los demás sacerdotes. Por ello, aceptó que Abiatar se quedara con él para que esté a salvo.

Saúl es un buen ejemplo de lo perdidos que podemos llegar a estar cuando nos preocupamos sobre todo por nosotros mismos y por nuestros propios intereses. Saúl se estaba comportando de una manera tonta, similar a un demente suelto. En lugar de disfrutar lo que Dios le había dado, pasó el resto de su vida luchando contra los espíritus malignos y persiguiendo a David. Saúl perdió toda la dicha que tenía debido a sus propias acciones y actitudes.

Eligiendo a Dios para que tenga el control de nuestras vidas

A pesar de los sentimientos de Saúl hacia David, David siguió honrando a Saúl como rey de Israel. En lugar de luchar contra Saúl, David huyó de él. Aunque Dios ungió a David como rey, él estaba dispuesto a servir a Saúl. Por lo tanto, en estas circunstancias, David estaba dispuesto a ser sumiso y humilde, lo cual, en el mundo de Dios, significa entregar todo a Él. Sin embargo, el mundo ve la humildad como una debilidad porque parece que otros se están aprovechando de la persona humilde. Pero en realidad, la humildad demuestra ser una fortaleza cuando la persona humilde toma la decisión de ser sumisa. Una persona no puede aprovecharse de usted si permite de manera voluntaria que se lleve a cabo ese evento o acción. Es humilde, pero no es débil, cuando se somete a Dios y le permite tener el control.

Cuando Jesús fue arrestado por el Consejo Judío, sus discípulos estaban listos para pelear y esperaban que Jesús tomara el control. Sin embargo, él respondió: "¿No te das cuenta de que yo podría pedirle a mi Padre que me enviara doce legiones de ángeles para ayudarme? Pero no va a suceder de esa manera"[3]. Aunque al mundo le parecía que su enemigo se estaba aprovechando de Él, Jesús estaba cumpliendo su propósito terrenal y podía salvar a todos los que eligieran aceptarlo como su Señor y Salvador. Por lo tanto, esté dispuesto a entregar todo a Dios, la cual es la cuarta lección para ser disciplinado y estar bajo el control de Dios. En la primera lección, aprendimos que Dios es soberano y debemos aceptar o reconocer que Dios es quien dice ser. Ahora aprendemos que entregar todo al control de Dios es un proceso. A medida que crecemos en nuestra relación con Dios, reconocemos constantemente cosas nuevas que debemos entregar a Dios y, a veces, debemos someternos a otros bajo la guía de Dios. Cuando elegimos hacerlo a nuestra manera, es probable que sigamos el camino de Saúl. En cambio, cuando estamos dispuestos a entregar, nos encontramos en el camino de David hacia la justicia, donde estamos seguros de poder enfrentar las pruebas y adversidades de la vida. Sin embargo, con Dios guiándonos y señalando el camino a seguir, podemos tener paz y seguridad[4]. Las recompensas que solo Dios puede dar serán nuestras[5].

Jonatán, así como David, también estaba dispuesto a entregar todo. Cuando Jonatán se enteró de que Saúl perseguía a David, sintió la necesidad de animarlo. Sin embargo, su visita no estuvo exenta de peligros y el temor de que Saúl se enterara. Si Jonatán hubiera sido atrapado, Saúl podría haberlo castigado, o Saúl pudo haber mandado a seguir a Jonatán para derrotar a David. Cuando Jonatán encontró a David, lo tranquilizó:

No temas, pues no te hallará la mano de Saúl mi padre, y tú reinarás, y yo seré segundo después de ti.

¡Guau! Qué gran amigo. Este apoyo es justo lo que David necesitaba. Recuerde, Jonatán tenía todo el derecho de ser rey y era bastante fuerte como para defenderse de cualquiera que intentara quitarle el trono, incluido David. Pero Jonatán eligió servir tanto a Dios como a David. Sabía que Dios ungió a David y se sentía cómodo bajo el liderazgo de su amigo. Esta reunión sería la última vez que Jonatán y David se vieron. Como aprendemos en una siguiente historia, Jonatán sería asesinado con su padre en la batalla y, por lo tanto, no podría cumplir su sueño de ser la mano derecha de David.

Esta historia me recuerda cómo Juan el Bautista proclamó que él debe debilitarse para que Jesús crezca. Tal vez Dios no pudo permitir que la presencia de Jonatán impida que David permaneciera solo como rey. Así como Juan el Bautista era muy popular y habría perjudicado el ministerio de Jesús, también la popularidad y la posición de Jonatán como hijo de Saúl podrían haber debilitado el gobierno de David y sometido a sus futuros hijos a la amenaza de ser derrotados. Solo un gobernante puede ser rey. Así como los israelitas necesitaban elegir a David, y solo a David, como el rey terrenal de Dios, nosotros debemos elegir a Jesús, y solo a Jesús, como el rey celestial de Dios.

Cada vez que Saúl estaba a punto de atrapar a David, encontraba una manera de escapar. Una vez, cuando Saúl tenía acorralado a David, los filisteos atacaron a Israel y Saúl tuvo que irse para proteger a su país. Aunque la Biblia no lo menciona de una manera específica, estoy seguro de que Dios lideró a los filisteos para que atacaran en ese preciso momento y salven a David de Saúl.

David tenía que cuidarse en cada momento, no solo de un ataque de Saúl, sino también de cualquier ataque en el reino que quería la aprobación de Saúl. A los filisteos les hubiera encantado matar a David como venganza por todas las batallas que ganó contra ellos. Pero a pesar de todos estos enemigos, David sabía que Dios estaba con él y acudía a Dios muchas veces mediante la oración. Por ejemplo, David le preguntó a Dios si debía ir a la batalla contra los filisteos para proteger el pueblo de Keila. Cuando Dios le dijo que sí, David lideró a sus hombres hacia la victoria. Cuando se enteró de que Saúl sabía que estaba en Keila, David le preguntó a Dios si las personas del pueblo lo entregarían a Saúl. Cuando Dios le dijo que sí, él se fue sin ninguna queja. En mi caso, si hubiera salvado un pueblo de su enemigo, habría esperado un poco más de ayuda de los ciudadanos. ¿Y usted?

Estas son las dos veces que David buscó la guía de Dios y en esas dos ocasiones Dios le respondió. Esto se convierte en una quinta lección para dar el control a Dios: pasar tiempo con Dios, conocerlo y buscar su sabio consejo. Si David no hubiera tenido una relación cercana con Dios, no habría podido escuchar las instrucciones de Dios.

Dios promete estar con nosotros, pero no promete una vida libre de problemas. Dios quiere que aprendamos a lidiar con nuestros problemas, no esperar que Él los resuelva todos por nosotros. Y también, a veces estamos llamados a sufrir por Dios, incluso si sufrimos por algo que no es nuestra culpa[6].

Las cuevas de En-gadi

Seguimos aprendiendo que David no siguió el camino que la mayoría de nosotros hubiera seguido. David creía que tomaría el control en el tiempo de Dios. Por lo tanto, no se vengaría tratando de matar a Saúl. De hecho, David haría todo lo contrario. Lo que sucedió en las cuevas de En-gadi es el mejor ejemplo que puede existir.

Aunque En-gadi es un lugar hermoso para visitar, era un lugar muy difícil para vivir. En-gadi es una pequeña cadena montañosa en medio del desierto con un conjunto de cascadas, hermosa vegetación y pequeños árboles. Es una especie de oasis, pero no es un lugar donde me gustaría vivir. Sin embargo, David y sus seiscientos hombres se refugiaron con sus familias en las cuevas mohosas, sucias y oscuras de las montañas de En-gadi.

Cuando Saúl descubrió que David vivía en En-gadi, se alegró porque creía que podía acorralar a David en las montañas y, por fin, derrotarlo. Sin embargo, había demasiadas cuevas y lugares para esconderse, por lo que Saúl por fin estaba listo para terminar su búsqueda. Antes de irse, Saúl entró en una de las cuevas para hacer sus necesidades. Por coincidencia, tal vez una "santa coincidencia" o una intervención divina, Saúl entró en la misma cueva donde se escondían David y algunos de sus hombres. Mientras Saúl se agachaba, uno de los hombres de David susurró: "Dios ha entregado a tu enemigo en tus manos".

Si yo hubiera sido David en esa cueva, sin dudas habría pensado que Dios me estaba liberando de todas las pruebas y adversidades que había enfrentado y que ahora era el momento de que yo fuera rey. Eso significaría dejar de correr, esconderse, pasar hambre o vivir en condiciones desagradables. Significaría poder disfrutar al fin de una vida de lujo como rey.

Además, ¿no había ungido Dios a David como rey? ¿No había sido siempre leal a Saúl? ¿No había estado alejado y permitió a Saúl tener su reino? Y, en realidad, parecía como si Dios ahora hubiera entregado a Saúl directamente en sus manos. Sin duda, él debía poder defenderse de un hombre que estaba dispuesto a matarlo. Por lo tanto,

David sacó su cuchillo y se acercó en silencio a Saúl mientras el rey estaba en esta situación excepcionalmente vulnerable. Pero en lugar de matar a Saúl, David cortó el borde de su manto como una prueba de que tuvo la oportunidad de matarlo, pero no la aprovechó. Saúl ni siquiera se dio cuenta de lo que pasó.

Solo si usted conociera a Dios bastante bien, podría haber sabido que no estaba en el plan de Dios que David matara a Saúl en esta cueva. David quería que Dios le diera el reino; no quería quitárselo a Saúl. En realidad, él estaba escuchando y siguiendo a Dios. Aunque se necesita mucha humildad y prudencia, estas historias han demostrado que poner a los demás por encima de sus propias necesidades[7] y entregar todo a Dios son aspectos fundamentales para servirlo. Lamentablemente, solemos pensar primero en nosotros mismos, pero Dios nos dice que seamos como Jesús, poniendo a los demás primero y permitir que nos cuide[8]. Estas lecciones son herramientas que Dios quería que David descubriera antes de convertirse en rey. Todavía hay más lecciones que tenemos que aprender.

Mientras Saúl bajaba de la montaña, David salió de la cueva y gritó: "Mi señor, el rey". Saúl miró hacia arriba para ver a David, quien inclinó su rostro a tierra en honor al rey. David dijo:

¿Por qué oyes las palabras de los hombres? He aquí, no quiero hacerte daño. Han visto hoy tus ojos cómo el Señor te ha puesto hoy en mis manos. Mis hombres me dijeron que te matase, pero dije que no extenderé mi mano contra mi señor, porque es el ungido del Señor. Ahora mira, tengo el borde de tu manto en mi mano; porque yo corté la orilla de tu manto. Ya que no te maté, ¿no ves que no pretendo hacerte daño, a pesar de que tú acechas mi vida para quitármela? [...] Que el Señor sea el juez entre tú y yo, y que me libre.

Saúl lloró y dijo:

Más justo eres tú que yo, que me has pagado con bien, habiéndote yo pagado con mal. Jehová te pague con bien por lo que en este día has hecho conmigo. Y ahora, como yo entiendo que tú has de reinar. Júrame, pues, que no destruirás mi descendencia después de de mí.

David aceptó enseguida el pedido de Saúl. ¿No sería genial si la historia terminara aquí? Por desgracia, Saúl solo se arrepintió por un momento. Tal vez recuerde de las historias anteriores que para estar realmente arrepentido se necesita un compromiso de no volver a hacer el mal. La Biblia lo denomina arrepentimiento[9]. Lamentablemente, para Saúl, tan pronto como regresó a casa, los espíritus malvados entraron en él, y otra vez buscó formas de derrotar a David.

¿Quién debía ser rey?

Algún tiempo después, David otra vez le perdonó la vida a Saúl. Saúl estaba persiguiendo a David cuando el pueblo de Zif le dijo que David estaba en su territorio. Mientras Saúl acampaba en el valle, David y su sobrino Abisai entraron al campamento del rey y tuvieron la oportunidad de tomar la propia espada de Saúl y matarlo mientras él y su ejército dormían. Abisai le propuso a David matar a Saúl, pero David dijo: "Seguro que el Señor lo herirá, o llegará el día en que muera, o su enemigo lo matará en la batalla". Es decir, la muerte de Saúl y el turno de David para ser rey estaba completamente en las manos de Dios. ¿Podemos aprender a entregar todo a Dios de la misma manera? Si pudiéramos, nuestras vidas serían enriquecedoras y gratificantes.

Entonces, ¿quién debía ser rey? La respuesta no es tan clara. El Espíritu de Dios ya no estaba con Saúl, y ya no lo consideraba rey de su pueblo. Por esta razón, Dios envió a Samuel a la casa de David para ungirlo como el nuevo rey años antes, incluso antes de que David matara a Goliat. Sin embargo, David creía que Saúl permanecería como rey hasta que Dios le quitara ese puesto a Saúl. Y también, los israelitas seguían honrando a Saúl como rey. David estaba preparado para esperar con paciencia el tiempo de Dios. Esto nos lleva a la sexta lección para dar el control a Dios: sea paciente y espere el tiempo de Dios[10].

¿Se imagina cómo se debe haber sentido David? Se necesita mucha disciplina para seguir enfrentando las pruebas y dificultades de la vida cuando sabe que una pequeña acción en su nombre terminaría con sus problemas, haciendo que todo lo que quiera sea suyo. Pero cuando vivimos según las normas de Dios, debemos seguir su guía, incluso si eso significa sufrir mientras esperamos con paciencia sus planes, tal como lo hizo David en esta historia o como lo hizo José años antes cuando vivía en la cárcel, aunque no había hecho nada malo, o como Jesús hizo por todos nosotros cuando sufrió y murió en la cruz para que podamos salvarnos del castigo por nuestros pecados. Cuando elijamos a Dios, nos daremos cuenta, así como lo hicieron José, David y Jesús, que todas las bendiciones nos llegarán en el tiempo de Dios. ¡Cuán grande será la recompensa! ¡Qué grande será la victoria![11]

Preguntas para profundizar

- ¿Alguna vez sus amigos lo han ayudado aunque eso implicara que tendrían problemas? ¿Qué debe hacer cuando esto sucede? ¿Cómo intentaría ayudar a un amigo?

- ¿Alguna vez ha estado fuera de control? ¿Hizo algo de lo que ahora se arrepiente? ¿Cómo puede evitar que esto vuelva a suceder?
- ¿Qué aprendió sobre la voluntad de David de no matar a Saúl cuando se le dieron muchas oportunidades?
- Describe lo que piensa que significa ser disciplinado y estar bajo el control de Dios. ¿Eso incluye sufrir, aun cuando no ha hecho nada malo?

Para estudio adicional

1. Romanos 5:3-5: El sufrimiento produce perseverancia; la perseverancia produce carácter; y el carácter, esperanza; y la esperanza no desilusiona porque Dios nos ha dado el Espíritu Santo como promesa.
2. Romanos 4:16-20: La fe en la gracia de Dios garantiza la promesa de salvación. "En esperanza contra esperanza" (es decir, Abraham tenía la esperanza de que Dios lo liberaría, aunque desde un punto de vista mundano, eso era imposible), Dios hizo existir lo que no existía (un hijo para Abraham y Sara), y a través de esta esperanza, también, puede estar completamente seguro de lo que Dios ha prometido. Él es capaz de entregar (Ver también Romanos 8:24-30).
3. Mateo 26:53-54: Jesús le dijo a sus discípulos que si le pedía a su Padre, le enviaría doce legiones de ángeles para ayudarlo, pero ese no era el plan de Dios.
4. Las pruebas y adversidades producen perseverancia, y a través de todo eso, Dios nos da una paz que supera nuestra capacidad de comprensión:
    a. Santiago 1:2-4: Hermanos míos, tened por sumo gozo cuando os halléis en diversas pruebas, sabiendo que la prueba de vuestra fe produce paciencia. Mas tenga la paciencia su obra completa, para que seáis perfectos y cabales, sin que os falte cosa alguna.
    b. Filipenses 4:7: La paz de Dios, que sobrepasa todo entendimiento, guardará vuestros corazones y vuestros pensamientos en Cristo Jesús.
5. 1 Corintios 3:10-14: Si nuestro fundamento se basa en nuestra fe en Jesús, las obras que construyamos en esta vida serán recompensadas por Dios.
6. 1 Pedro 4:12-14: No os sorprendáis del fuego de prueba que os ha sobrevenido, como si alguna cosa extraña os aconteciese, sino gozaos por cuanto sois participantes de los padecimientos de Cristo, para que también en la revelación de su gloria os gocéis con gran alegría. Si sois vituperados por el nombre de Cristo, sois bienaventurados, porque el glorioso Espíritu de Dios reposa sobre vosotros.
7. Filipenses 2:3: Nada hagáis por contienda o por vanagloria; antes bien con humildad, estimando cada uno a los demás como superiores a él mismo.
8. Mateo 6:24-26: No os afanéis por vuestra vida, qué habéis de comer o qué habéis de beber; ni por vuestro cuerpo, qué habéis de vestir. ¿No es la vida más que el alimento, y el cuerpo más que el vestido? Mirad las aves del cielo, que no siembran, ni siegan, ni recogen en graneros; y vuestro Padre celestial las alimenta. ¿No valéis vosotros mucho más que ellas?

9. 2 Corintios 7:9: Después de que Pablo criticó a la iglesia en Corinto, le dice al pueblo que ahora se regocija, no porque los entristeció, sino que los entristeció para que se arrepientan.

10. Espera con paciencia el tiempo de Dios:

    a. Romanos 8:24-30: La esperanza que se ve no es esperanza en absoluto. ¿Quién espera lo que ya tiene? Pero si esperamos lo que aún no tenemos, lo esperamos con paciencia.

    b. 2 Tesalonicenses 1:4-5: Nosotros mismos nos gloriamos de vosotros en las iglesias de Dios, por vuestra paciencia y fe en todas vuestras persecuciones y tribulaciones que soportáis. Esto es demostración del justo juicio de Dios, para que seáis tenidos por dignos del reino de Dios, por el cual asimismo padecéis.

11. 1 Corintios 15:57: Mas gracias sean dadas a Dios, que nos da la victoria por medio de nuestro Señor Jesucristo.

24

La vida de David como un prófugo

1 Samuel 25

Ya hemos conocido acerca de muchas de las situaciones difíciles donde David se vio obligado a escapar de la ira de Saúl, pero aún hay más. Dios estaba preparando a David para liderar su reino. Debido a las luchas que David enfrentó, aprendió cómo vivían las personas comunes. Si bien no es la manera como el mundo prepararía a un rey, es la manera de Dios, muy parecida a cómo vivió José después de que sus hermanos lo vendieron como esclavo[1]. Aprender a ser humilde y a servir es el camino para lograr el liderazgo en el reino de Dios. Jesús fue nuestro ejemplo perfecto; Él es nuestro rey, sin embargo, les dijo a sus discípulos que vino a servir y no a ser servido[2]. Renunció a sus poderes y su igualdad con Dios para convertirse en un ser humano, lo cual ocasionó que sufra y muera en la cruz para salvarnos del castigo por nuestros pecados[3].

Nuestra séptima lección para ser disciplinado y estar bajo el control de Dios es aprenda a vivir según las reglas del cielo (el mundo/reino de Dios), no las de la tierra. Las reglas de Dios son muy diferentes a las reglas que enseña nuestro mundo (el reino de Satanás). En la historia de la "Torre de Babel" del Tomo 1, compartí que Pedro dijo que nosotros, como creyentes, debemos actuar como extranjeros y forasteros en este mundo[4]. Pablo también nos dijo que nuestra ciudadanía está en los cielos[5]. Debemos poner a los demás antes que nosotros mismos[6] y orar por aquellos que nos persiguen, y si alguien le da una bofetada en la mejilla, ofrécele también la otra[7]. Estos mandamientos no parecen correctos porque el mundo donde vivimos nos ha enseñado el camino equivocado durante muchos años. Y también, nuestro instinto es ponernos a nosotros mismos primero y contraatacar. Sin embargo, en las últimas historias que he compartido, David ha demostrado cómo es vivir según las reglas del cielo, y seguiremos observando su ejemplo en las próximas historias.

Poco tiempo después de que Saúl partiera de En-gadi, Samuel murió y todo Israel lo lloró. Samuel había estado sirviendo a Dios desde que era niño. Primero se convirtió en el principal sacerdote de la nación, luego en su juez y protector. Y por último, al igual que lo hizo Juan el Bautista cuando Jesús se presentó con su ministerio, Samuel marcó el comienzo del nuevo sistema de gobierno en Israel cuando ayudó a establecer la monarquía, primero a través de la elección de Saúl y luego de David.

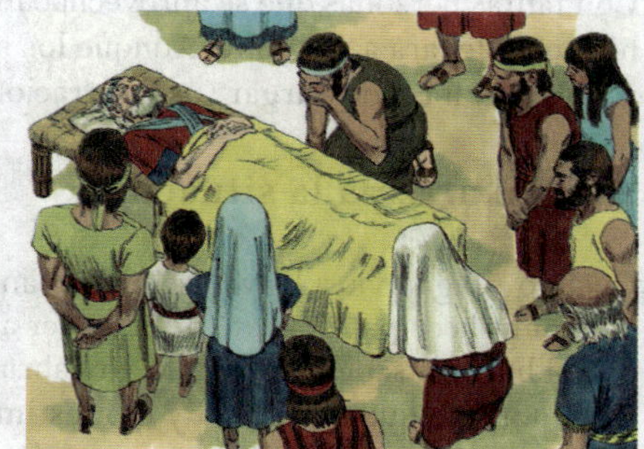

David se ve obligado a seguir adelante

Por mucho que quiso asistir al funeral de Samuel, David no pudo hacerlo porque Saúl lo habría atrapado de inmediato. En cambio, David escapó al desierto al sur de Hebrón, una ciudad importante en Judá. Nabal, un hombre muy rico, vivía en esa región con su bella esposa, Abigail. David ayudó a proteger a los pastores de Nabal y sus ovejas de aquellos que podrían estar deambulando por las extensas tierras que se necesitaba para alimentar a sus tres mil ovejas. Después de un tiempo, David envió un mensaje a Nabal de que le gustaría recibir un gesto amable de gratitud en forma de alimentos y provisiones que eran muy necesarios para sus hombres. Sin embargo, Nabal era un hombre malvado y egoísta que se burló de la petición de David y lo insultó al cuestionar su integridad.

David estaba furioso y preparó a sus hombres para una pelea. Afortunadamente, para David, y también para Nabal, Abigail se enteró de lo que Nabal había hecho. Abigail no solo era hermosa, sino que también era inteligente y sabia. Los pastores de Nabal le contaron a Abigail lo bien que David y sus hombres los habían protegido todo el tiempo que estuvieron en los campos. Estos pastores sabían lo molesto que estaba David y que planeaba vengarse. Y también, sabían cuán terco y perverso era su amo.

Abigail se encargó de reunir el pan, vino, la carne y las frutas que se necesitaba para alimentar a David y sus seguidores; luego ordenó a sus sirvientes que entregaran esta comida antes de que David llegara a su casa. Pero ella no le dijo a su esposo lo que estaba haciendo. Cuando se encontró con David en su camino para buscar venganza, él seguía muy enojado. Él le dijo que Nabal lo insultó, ya que había pagado las buenas obras que hizo David con maldad, por lo que su venganza no terminaría hasta que todos los hombres que pertenecían a Nabal estuvieran muertos.

Sin dudas, David estaba fuera de control. Este no es el David que hemos visto hasta ahora. Era como muchos de nosotros que al final nos derrumbamos cuando no podemos soportar más; el rechazo egoísta de Nabal fue "la gota que derramó el vaso". Con tantas personas que se aprovechaban de él, David se cansó y este último rechazo hizo que llegara a su límite. Aunque los sirvientes de Nabal no le habían hecho nada a David, él iba a descargar sus frustraciones sobre ellos.

Abigail arregla la situación

Cuando Abigail vio a David, se inclinó ante él y le suplicó que la escuchara. Ella trató de asumir la culpa. No trató de defender a su esposo perverso, más bien le dijo a David que si hubiera sabido su pedido, lo habría cumplido con mucho gusto. Ella afirmó el gran hombre que era David y dio testimonio que él estaba sirviendo a Dios de una manera poderosa; ella sabía que él estaba destinado a convertirse en rey de Israel y le recordó que no valía pena arruinar su buen comportamiento por vengarse de Nabal.

Además, le preocupaba que el mal pudiera apoderarse de él si empezaba a seguir
ese camino. David no solía buscar venganza, a pesar de que Nabal la merecía. Abigail no quería que la grandeza de David se
opacara por el derramamiento de sangre de
siervos inocentes. Ella imploró a David que
aceptara sus regalos como agradecimiento
por la protección que sus hombres le brin-
daron y como recompensa por no vengarse
de un hombre perverso.

¡Guau! ¡David estaba impresionado! Él le dijo:

Bendito sea Jehová Dios de Israel, que te envió para que hoy me encontrases. Y bendito sea tu razonamiento. Gracias por impedirme cometer este acto tonto de derramar sangre y dañar mi propia reputación. Si no hubieras venido, seguro que habría terminado mi venganza hasta que todos los siervos varones de Nabal estuvieran muertos.

David aceptó su amable regalo de comida y le dijo que se fuera en paz y que supiera que había escuchado sus sabias palabras. En esta historia, aprendemos otra gran ver-dad de Dios: "Dad, y se os dará; su ofrenda será retribuida en medida buena, apretada, y rebosando"[8]. Sin dudas, David recibió una recompensa por su protección, pero las acciones de Abigail brindan la verdad real de la lección que debemos aprender. Lo importante aquí es que ella lo hizo porque era lo correcto, no porque esperara algo a cambio. Como verá al final de esta historia, Dios la recompensó con un regalo que solo Él le dio, mucho más de lo que Abigail pudo haber imaginado. No se puede superar lo que Dios nos puede dar.

Esto nos lleva a nuestra octava lección para ser disciplinado y estar bajo el control de Dios: busque y escuche los sabios consejos de los demás. Dios puede colocar a otra persona en nuestras vidas para que regresemos al camino correcto. Habrá momentos en esta vida cuando podemos perder el control y nuestra capacidad para escuchar a Dios puede ser débil. Cuando nos sentimos tentados a seguir el camino equivocado, es posible que necesitemos que alguien nos confronte con respecto a nuestras acciones.

Abigail era como un ángel de misericordia; ella fue sabia y generosa, apelando a la bondad de David y evitando que cometiera un acto del cual luego se arrepentiría. De Abigail, David aprendió una lección de modestia y humildad (no ser débil, sino tener la fortaleza de carácter para permitir que Dios lo ayude a controlar sus emociones y reacciones). Dios enviará a otras personas a nuestras vidas para que nos ayuden en nuestro objetivo de permanecer bajo su control.

Dios toma el control

Entonces, ¿qué estuvo haciendo Nabal todo este tiempo? Estaba con sus amigos en una fiesta como si fuera un rey. Estaba tan ebrio que Abigail no le contó nada sobre su encuentro con David hasta la mañana siguiente. Cuando lo hizo, "desmayó su corazón en él, y se quedó como una piedra" (esto se ha interpretado en el sentido de que se quedó paralizado). Diez días después, Dios hizo que Nabal tuviera un derrame cerebral y murió.

Cuando David se enteró de eso, agradeció haber escuchado el sabio consejo de Abigail. Dios se había vengado por David; no tuvo que arrepentirse de sus acciones en contra de los hombres inocentes de la casa de Nabal, ya que aun así obtuvo su venganza. Qué gran lección podemos aprender de esto. La ira hará que hagamos cosas que no debemos. Debemos permitir que Dios nos enseñe y comparta con nosotros lo que quiere que hagamos. A veces, nos dirá que ignoremos el problema, y él se encargará de ese problema por nosotros. Tal vez no tan rápido como lo hizo con Nabal, pero podemos confiar en que Dios se vengará por nosotros en el momento perfecto.

De inmediato, David envió a sus siervos para que le dijeran a Abigail que quería que sea su esposa. Debido a que ella tenía un gran respeto y aprecio por quien era David, aceptó con gusto la propuesta de matrimonio. También recuerde, ella ya había profetizado que David se convertiría en rey de Israel. Por lo tanto, aunque podría haber un camino difícil por delante, ella esperaba ser parte de la familia real algún día. Ahora aprendemos aún más acerca de Dios en la historia de Abigail. Se convirtió en sierva de Dios cuando entregó el mensaje que evitó que David cometiera un acto malvado, y fue recompensada al convertirse en su esposa. Es interesante tener en cuenta que Mical, la esposa que Saúl le entregó a David, permaneció en el palacio; no se nos dice si David lo sabía, pero Saúl la había entregado para que se casara con otro hombre.

Aunque David fue quien le pidió a Abigail que se casara con él, Dios fue quien mató a Nabal y le dio la oportunidad de casarse. A Abigail se le retribuyó con mucho más de lo que dio: una recompensa apretada y rebosando. Al final, ella se convirtió en la esposa del rey de Israel.

Lamentablemente, este mundo nos ha enseñado que la sumisión es humillante e incorrecta. De hecho, la "sumisión" se percibe como una mala palabra en la cultura actual. Pienso que Satanás ha ocasionado este cambio a propósito para evitar que nos acerquemos a Dios. El deseo más fuerte de Satanás es evitar que nuestra relación con Dios y entre nosotros sea profunda. Queremos ser independientes. Nos preguntamos: "¿Por qué tengo que hacer lo que me dice mi jefe cuando no estoy de acuerdo? ¡Debo poder hacerlo a mi manera!". En este mundo, todo se trata de mí. El eslogan de Burger King durante muchos años ha sido "Hazlo a tu manera". Y la compañía de cosméticos L'Oréal dice: "Porque tú lo vales". La publicidad sabe cómo explotar nuestras tendencias egoístas.

Por otra parte, Abigail y David representan un retrato de la iglesia y Cristo[9] como novia y el Novio[10]. Sométase a Jesús, y será gobernante con Él en su reino para siempre. Sométase a los que tienen autoridad, primero a Dios y luego a quienes Dios ha puesto por encima de usted. En el mundo de Dios, usted es parte de la familia real.

Preguntas para profundizar

- ¿Puede pensar cómo las reglas de Dios son diferentes de las reglas del mundo? ¿Por qué debemos vivir nuestra vida según las normas de Dios, en lugar de la manera como el mundo nos ha enseñado?
- David tenía derecho a estar molesto con Nabal, entonces ¿por qué la sugerencia de Abigail fue mejor de lo que David había planeado?
- ¿Por qué fue una buena idea que Abigail sea sumisa ante David?
- ¿Cómo hará esta historia que obre de manera diferente cuando le sucedan cosas malas e injustas?

Para estudio adicional

1. Génesis 37:26-28, 36: Los hermanos de José estaban tan celosos de él que lo vendieron a los madianitas, quienes lo vendieron a Potifar; José luego sirvió a Potifar como su esclavo.

2. Mateo 20:25-28: Este mundo dice que los esclavos deben servir a sus amos, pero Jesús, nuestro Rey, dice que vino a servir, no para ser servido. El más grande en su reino es la persona que sirve.

3. Filipenses 2:5-9: Jesús renunció a sus poderes divinos para hacerse hombre y morir en la cruz para salvarnos.

4. 1 Pedro 2:11-12: Pedro nos anima a ser extraños y peregrinos en este mundo, lo que significa que nos demos cuenta de que este mundo tiene un conjunto de reglas diferente al que Dios nos llama a vivir. Si obráramos como Dios nos ha llamado a hacerlo, seremos testigos de Dios. Debemos reconocer que este mundo no estará de acuerdo con la forma en la que vivimos.

5. Filipenses 3:20: Pablo declara claramente que nuestra ciudadanía está en los cielos, no aquí en la tierra, lo que ayuda a explicar 1 Pedro 2:11-12: somos extranjeros y peregrinos mientras vivimos en la tierra.

6. Filipenses 2:3-4: Trátense unos a otros como más importantes que ustedes mismos; cuidando de los demás.

7. Lucas 6:27-29: Necesitamos orar por nuestros enemigos y bendecir a los que nos persiguen; si alguien nos abofetea una vez, debemos dejar que lo haga de nuevo, en lugar de contraatacar.

8. Lucas 6:38: Cuanto más dé, más le dará Dios. Comprende que si da solo para recibir algo a cambio, no sucederá; pero si da de corazón, entonces Dios lo bendecirá de maneras que nunca imaginó.

9. Efesios 5:23, 25: El esposo es la cabeza de la esposa así como Jesús es la cabeza de la iglesia; los esposos deben amar a sus esposas como Jesús ama a la iglesia y estuvo dispuesto a morir por la iglesia.

10. Apocalipsis 19:7:21:2, 9: La iglesia (el cuerpo de Cristo) representa a la novia y Jesús (el cordero) es el Novio.

25

La vida de David en la tierra de su enemigo

1 Samuel 27-30

*¿*Qué le esperaba ahora a David? Como compartí en una historia anterior, Saúl siguió persiguiendo a David, aunque sabía que David había resistido las oportunidades de matarlo en dos ocasiones. Cada vez que David se iba, le decía a Saúl que deseaba que pudieran volver a estar juntos. Sin embargo, eso no iba a suceder. Por lo tanto, David se fue del territorio de Israel sintiéndose perdido en su tierra natal.

David en Filistea

¿A dónde fue David? Decidió entrar en el territorio enemigo y fue a Filistea. Si podía convencer a los filisteos de que había sido exiliado de su hogar, creía que lo aceptarían. Saúl no podía entrar en la fortaleza del enemigo, por lo que David deseaba que su familia pudiera vivir en Filistea de una manera más cómoda que en el desierto. Sin embargo, David peleó y ganó muchas victorias contra este enemigo, entonces ¿cómo lo recibirían? ¿Intentarían matarlo?

Los filisteos tenían cinco territorios, cada uno era gobernado por su propio rey en su propia ciudad principal. Si bien estoy seguro de que los filisteos tenían discrepancias entre ellos, se unían en tiempos de guerra. David pudo negociar un trato con el hijo del rey de Gat, Aquis. Aquis sabía del problema que había entre Saúl y David, por lo tanto, decidió que, como un enemigo de Saúl, David sería amigo de los filisteos.

Durante su estadía en Filistea, David atacó a los países vecinos, pero le dijo a Aquis que los ataques se habían hecho en Israel. Este comportamiento ayudó a convencer a Aquis de que los lazos de David con su país ya no existían. De esta manera, Aquis creyó que David sería su siervo para siempre. Cuando David aceptó ir a la guerra y ayudar a Aquis, el rey estaba listo para nombrar a David como su guardaespaldas.

La vida aquí en la tierra no siempre seguirá el camino que esperamos. La Biblia nos dice que Jesús sufrió por nosotros, y como sus soldados, también se espera que nosotros suframos. Afortunadamente, Dios promete estar con nosotros, tal como lo estuvo con David. David no había hecho nada malo para merecer este tipo de trato por parte de Saúl. De hecho, había sido un súbdito leal, lo que produjo un gran honor y victorias para Saúl y su reino. Sin embargo, parecía que la recompensa terrenal de David era ser atacado y expulsado de su país; se solía quedar sin comida ni refugio, viviendo en cuevas o en el desierto. Y ahora, vivía al servicio de sus enemigos.

¿Por qué se le pediría a David que soportara estas dificultades? Como he compartido, nuestras pruebas y adversidades en esta tierra nos brindan la oportunidad de aprender a ser perseverantes. Esta fue nuestra tercera lección para ser disciplinados y estar bajo el control de Dios: la perseverancia desarrolla nuestro carácter para que podamos ser útiles a Dios con la expectativa (la esperanza cristiana) de la vida eterna[1] con Dios, reinando junto a Él como coherederos en el reino de Jesús[2]. Si bien aceptar las pruebas que este proceso puede conllevar no es fácil, al final es gratificante de una manera maravillosa.

Saúl busca guía en el lugar equivocado

Algún tiempo después, los filisteos se prepararon para la batalla contra Israel. Cuando Saúl se enteró del ataque inminente, decidió consultar a un médium/adivino, una persona que dice que habla con el mundo de los espíritus. Como Dios ya no le hablaba, Saúl se sintió obligado a hablar con Samuel, quien había muerto hace poco. Una vez más, Saúl estaba yendo en contra de Dios. Sin embargo, esta vez su comportamiento también fue en contra de una de sus propias leyes. Al principio de su reinado, Saúl complació a Dios cuando purificó la tierra de los adivinos que intentaban hablar con el mundo de los espíritus en lugar de buscar a Dios.

Hay personas en la actualidad que afirman tener acceso al mundo espiritual. Si bien reconozco que la mayoría de los adivinos son falsos, creo que los espíritus malvados (o demonios y ángeles que eligieron ponerse del lado del diablo) se comunican con una cantidad limitada de adivinos. Sin embargo, relacionarnos con los adivinos (o videntes, como se les suele llamar hoy día) en el mejor de los casos nos aleja de Dios y, solemos terminar en problemas. Debemos confiar en que Dios sabe lo mejor y alejarnos de cualquiera que practique estos actos malvados[3].

Lo más importante es que necesitamos aprender que Dios se comunicará con nosotros desde el mundo espiritual, pero a su manera, no a la manera de los "adivinos". Por ejemplo, Dios puede enviar un ángel como mensajero, así como lo hacía con frecuencia en las historias del Antiguo Testamento, pero la mayoría de las veces habla directamente a nuestro corazón y a nuestra mente a través del Espíritu Santo que vive dentro de todos los que creen que Jesús es su Señor y Salvador (los creyentes)[4]. Ahora, volvamos a la historia. Saúl se disfrazó para que nadie descubriera lo que estaba haciendo. La adivina que Saúl encontró estaba asustada y no quería ayudar a este extraño que le pedía que incumpliera la ley. Pero ella aceptó ayudarlo después de que él la amenazó. Y en esta circunstancia inusual y muy concreta, Dios permitió que Samuel hablara a través de la adivina. Cuando ella se dio cuenta de que era Samuel con quien estaba hablando, también se dio cuenta de que era Saúl quien hizo la petición. Entonces ella se asustó mucho y temió por su vida.

Samuel estaba enojado con Saúl por molestarlo y dijo que si Dios no le respondía, debió haber sabido que era por las malas noticias. Samuel le dijo a Saúl: "Mañana tú y tus hijos estarán conmigo, y David será rey de Israel". Esta profecía de entre los muertos fue una noticia devastadora para Saúl. Se derrumbó cuando los años de lucha contra Dios y David lo abrumaron. La adivina y los hombres de Saúl lo hicieron descansar y comer algo. Esto ayudó un poco, y Saúl regresó a casa; luego se fue al campo de batalla, con la esperanza de que de alguna manera pudiera evadir la predicción de Samuel.

¿Regresó Samuel de entre los muertos? ¿Dónde había estado? ¿Dónde estaría Saúl después de su muerte? Samuel no volvió a la vida; Dios permitió que el espíritu de Samuel le respondiera a Saúl. Compartí en una historia anterior que el Seol (la palabra griega es "Hades") era el lugar a donde iba el espíritu de una persona después de la muerte. En el Seol, había un lugar de paz y alegría para los que creían y confiaban en Dios (a veces la Biblia se refiere a este lugar como "paraíso"), con un lugar separado para castigar a aquellos que no son creyentes[5].

Sin dudas, Jonatán estaría con Samuel en el paraíso. ¿Y Saúl? No se nos dice nada específico para hacer una afirmación. Pero yo lo veo así: Saúl era un creyente que se perdió en el camino. Su propio interés egoísta y amor por sí mismo tenían más valor de lo que sabía que era correcto. Jesús murió por nuestros pecados, por los que vivieron antes que Él y por los que vivieron después. No llegamos al "cielo" de acuerdo a nuestros propios méritos; es por la obra de vida de Jesús que realizó en la cruz cuando resucitó de entre los muertos y se ganó el derecho de brindarnos la salvación. Por lo tanto, no podemos "pecar" nuestro camino hacia al infierno si hemos aceptado el regalo de la salvación de Dios a través de Jesús, y tampoco Saúl pudo hacerlo. Era un creyente que cometió muchos errores. Aun así, creo que encaja en la categoría de "recompensas que se salvarán, pero sufrirán perdidas" que describió Pablo en I

Corintios, donde dice que aquellos cuyos cimientos están edificados sobre Jesucristo serán salvos por medio del fuego, pero aquellos que construyeron poco o nada sobre el cimiento perderán recompensas en la próxima vida[6].

Decisiones complicadas en tiempos difíciles

Mientras tanto, los reyes compañeros de Aquis no creían que David estuviera de su lado y no le permitieron ir a la batalla con ellos. Recordaron la batalla con Goliat y las canciones que cantaban los israelitas: "David mató a sus diez mil". Aquis argumentó que David había sido su fiel servidor durante más de un año; además, abandonó su tierra natal y era evidentemente un enemigo de Saúl. David había engañado a Aquis, pero no a los demás.

Aquis le dio la noticia a David. Aunque se veía que David estaba molesto, creo que en secreto estaba muy contento de que no estuviera en una posición tan difícil para pelear contra Saúl y sus compañeros is-raelitas. Los filisteos estaban muy preocu-pados de que David se pusiera en contra de ellos en medio de la batalla, y quizás tenían razón. Sin dudas, David no habría matado a sus compatriotas. Ya había tenido dos oportunidades de matar a Saúl y optó

por no hacerlo. ¿Ayudaría ahora a sus enemigos en la batalla?

Si lo hubiera hecho, ¿en qué tipo de posición eso habría puesto a David? Creo que esta fue una situación donde Dios intervino para proteger a David y sus compatriotas. Samuel había profetizado que Israel iba a perder esta batalla y que Dios estaba listo para que David fuera rey. Por lo tanto, este no era un buen momento para relacionarse con el enemigo y, de esta manera, perder el favor de su pueblo. David y Aquis partieron como amigos, o eso le permitió creer David.

De esta historia podemos aprender que, si bien Dios espera que soportemos las pruebas y las adversidades, nos protegerá, incluso cuando no podamos verlo.

Cuando David y sus hombres regresaron a Gat, descubrieron que los amalecitas (otro enemigo) les habían quitado sus esposas e hijos, y les habían robado sus perte-nencias. Los hombres estaban enojados con David, pero ¿qué hubiera pasado si a David y su ejército se les hubiera permitido ir a la batalla contra los filisteos? No habrían regresado a tiempo para ir a perseguir al enemigo y rescatar a sus familias. Gracias a la intervención de Dios, pudieron recuperar a sus familias, recuperar sus posesiones y reclamar el botín que los amalecitas habían tomado de muchas otras ciudades.

El momento era el correcto. Aunque no habían escuchado la profecía de Samuel, David y sus hombres podrían regresar a su tierra natal (Israel), llevándose con ellos sus nuevas riquezas. La espera valió la pena. Muchos de estos hombres acudieron al principio a David porque estaban en problemas y huyendo. Ellos también podrían volver a casa con la cabeza en alto, con sus problemas olvidados y sus crímenes perdonados.

Pasa lo mismo con nosotros. Dios es muy misericordioso al mirar más allá de nuestros problemas y errores, y acogernos como miembros de su familia. Él está preparado para enriquecernos más allá de lo que podemos entender, con tesoros tales como alegría, paz, bondad, dominio propio, paciencia, amor, amabilidad, fidelidad y humildad[7]; y lo más importante, también tenemos la promesa de la eternidad con Él. Estas riquezas son mucho mejores  que las posesiones materiales de este mundo. Me temo que muchos de nosotros nos daremos cuenta de esta verdad demasiado tarde. Aprenda a hacer un esfuerzo para hacerlo a la manera de Dios. Y cuando nos alejemos de los problemas y errores del pasado, descubriremos que Dios está allí para perdonar y olvidar, e incluso estará listo para compartir su bendición con nosotros[8].

Trabajando juntos para Dios

Los hombres de David todavía tenían mucho que aprender. Algunos no querían compartir el botín de la victoria con aquellos que estaban demasiado exhaustos para continuar persiguiendo el enemigo. Como acabo de mencionar, muchos de los hombres de David eran marginados y varios de ellos habían huido de casa por los crímenes que habían cometido. David siempre había hecho un buen trabajo manteniéndolos juntos y en el camino correcto, por lo que no tenía nada que ver en esta discusión. Dijo que todos eran parte del equipo; todos tenían un trabajo que hacer, desde los pequeños hasta los grandes, y todos participarían de las recompensas de la victoria. Esto sentó un precedente. En el reino de David, todos harían su rol asignado, ya sea grande o pequeño, y todos compartirían el botín y las recompensas de la victoria. Esta es la novena lección para ser disciplinado y estar bajo el control de Dios: comparta su riqueza y dicha con su prójimo. No hay lugar en el reino de Dios para el egoísmo.

David les dijo a sus hombres que cada persona tenía un rol importante que desempeñar. Nadie debía pensar que su trabajo era más importante que el de su compatriota. Esto también sucede en el reino de Dios: todos tienen un rol. En el Nuevo Testamento, Pablo brinda un ejemplo, diciendo que todos los creyentes son parte del cuerpo de Cristo, cada uno con una función/trabajo con la misma importancia. Algunas personas son los ojos del cuerpo; algunos son las manos; y otros son los dedos de los pies. Dios quiere que cada uno de nosotros realice la función que nos ha dado. Si un miembro sufre, todo el cuerpo sufre. Si se honra a un miembro, todos los miembros reciben honra[9].

Concluyo las lecciones sobre cómo ser disciplinado y estar bajo el control de Dios con esta décima y última lección: desempeñe su rol específico en el reino de Dios. Dios recompensará a cada uno de nosotros por lo que hacemos[10]. Y lo que el mundo puede percibir como trabajos "inferiores" son igual de importantes para Dios e igual de gratificantes. A los ojos de Dios, el rol del sacristán es tan importante en el servicio de la iglesia como el rol del predicador. Esto destaca el plan de Dios para que nos unamos como una comunidad de creyentes trabajando para traer la voluntad de Dios a la tierra como lo es en el cielo, con cada uno de nosotros ofreciendo diversas habilidades que ayudan a formar el cuerpo de Cristo, la iglesia.

Cada persona es recompensada de acuerdo a lo bien que hace el trabajo, no en función del trabajo que se le asigna. Jesús nos brinda esta lección en la parábola de los talentos. El amo le dijo lo siguiente a cada uno de los siervos que hizo un buen desempeño de los talentos que le habían dado:

Bien, buen siervo y fiel; sobre poco has sido fiel, sobre mucho te pondré; entra en el gozo de tu señor[11].

El amo estaba contento con el desempeño que cada siervo hacía y no hacía distinciones sobre cuánto más ganaba un siervo que otro. A ambos siervos se les dijo "bien hecho". Pero al que escondió su talento y no dio nada a cambio, el amo se enojó mucho con él y le quitó el talento[12]. Ya que esta parábola tenía como objetivo demostrar lo que se espera de nosotros por los talentos que recibimos, esforcémonos por servir a Dios usando los dones que hemos recibido. Al final, el honor y la gloria serán nuestros cuando recibamos el privilegio de servir como gobernantes en la eternidad con Jesús[2].

Preguntas para profundizar

- ¿Por qué cree que Dios se demoró tanto en darle el reino a David?
- ¿Ha oído hablar de alguien que visita a un adivino, una persona que dice escuchar y hablar con los muertos? ¿Por qué Dios diría que esto está mal?
- ¿Alguna vez se ha encontrado en una circunstancia de la que no sabía cómo salir, pero que de alguna manera encontró una solución para no tener que lidiar con el problema? ¿Ha considerado alguna vez que Dios pudo haber intervenido y solucionado el problema por usted?
- ¿Por qué cree que Dios quiere que compartamos con nuestros hermanos cristianos? ¿Se da cuenta cómo todos somos iguales a los ojos de Dios?
- Dios nos ha dado talentos a cada uno de nosotros para que lo ayudemos en la obra de su reino. La parábola de los talentos (el dinero que se entregó a los siervos para invertir) nos dice que Dios espera algo a cambio de estos talentos. ¿Cuáles son sus talentos? ¿Cómo puede usarlos para hacer avanzar el reino de Dios?

Para un estudio adicional

1. Romanos 5:3-5: Las pruebas y adversidades desarrollan la perseverancia, la cual edifica el carácter y conduce a la esperanza de la vida eterna con Jesús.
2. Romanos 8:16-17: Cuando creemos en Jesús, nos convertimos en hijos de Dios; como hijos de Dios, somos coherederos con Jesús.
3. Éxodo 22:18; Deuteronomio 18:10-11: La Ley de Moisés proporciona una guía para nuestra visión de los adivinos: "A la hechicera no dejarás que viva"; "No sea hallado en ti quien [...] practique adivinación, ni agorero [...] ni hechicero [...] ni adivino, ni quien consulte a los muertos".
4. Los siguientes pasajes comparten formas en las que Dios nos habla desde su mundo:
   a. Romanos 8:11: Jesús da vida a nuestros cuerpos mortales por el Espíritu Santo, que vive en nosotros.
   b. Juan 16:7, 13: Cuando Jesús dejó nuestro mundo, envió al Espíritu Santo para guiarnos hacia todas las verdades. El Espíritu Santo compartirá solo lo que Jesús y el Padre le digan.

   c. Hebreos 8:10: Dios declara que pondrá sus leyes en nuestra mente y las escribirá en nuestro corazón.
   d. 1 Corintios 14:1-3, 29-31: Dios da el don de profecía a los creyentes que deben compartir el mensaje de Dios para la edificación (formación) del cuerpo de Cristo (miembros de la iglesia).
   e. Hechos 5:19-20: Un ángel de Dios se acercó a Pedro y a Juan, y abrió las puertas de la prisión y les indicó que hablaran la Palabra de Dios en el templo.
   f. 1 Corintios 3:16: ¿No sabe que su cuerpo es templo del Espíritu Santo?
5. Lucas 16:22-25: Cuando murió el mendigo, fue al regazo de Abraham (paraíso); el hombre rico que no había compartido con el mendigo mientras estaba vivo fue a otro lugar en el Hades donde fue castigado y en agonía. Podía ver al mendigo, pero había un abismo entre ellos, sin ninguna ayuda para el hombre rico.
6. 1 Corintios 3:10-15: Todos los cristianos tienen algo en común: la creencia de que Jesús es el Hijo de Dios que murió en la cruz y resucitó al tercer día para salvarnos del castigo por nuestros pecados. Todos debemos servirlo. Nuestras obras serán puestas a prueba de fuego. Si la obra de alguno se quemare, él sufrirá pérdida, si bien él mismo será salvo, aunque así como por fuego.
7. Gálatas 5:22-23: El fruto del Espíritu es amor, gozo, paz, paciencia, benignidad, bondad, fe, mansedumbre, templanza; contra tales cosas no hay ley.
8. Salmos 103:3, 8-12: Bendito sea el Señor que perdona todos mis pecados; el Señor es compasivo y lento para la ira. Porque como la altura de los cielos sobre la tierra, engrandeció su misericordia sobre los que le temen. Cuanto está lejos el oriente del occidente, hizo alejar de nosotros nuestros pecados.

9. 1 Corintios 12:12-26: Pablo explica que todos los miembros de la iglesia son indispensables. Compara el cuerpo de Cristo (la iglesia) con los diversos miembros de nuestro cuerpo físico y afirma que cada uno es indispensable, desde nuestros ojos hasta nuestras manos y nuestros dedos de los pies. Todos tienen un propósito importante y son iguales a los ojos de Dios.

10. 1 Corintios 3:14: Para profundizar en Lucas 16:22–25, Pablo comparte: "Si permaneciere la obra de alguno que edificó sobre [su fundamento] [a través del fuego], recibirá recompensa".

11. Mateo 25:21: Su señor le dijo: "Bien, buen siervo y fiel; sobre poco has sido fiel, sobre mucho te pondré; entra en el gozo de tu señor".

12. Mateo 25:14-30: A cada siervo se le dio dinero para invertir para su amo. Después de un tiempo, el amo se acercó a los siervos para ver qué había hecho cada uno con el dinero que le había dado. Cada uno que hizo al menos alguna obra con el dinero fue bendecido de una manera maravillosa por el amo. Aquel que estaba tan asustado que escondió el dinero y ni siquiera trató de ganar nada fue condenado a ser castigado.

26

David, el nuevo rey de Israel

1 Samuel 31 y 2 Samuel 1-2

En la historia anterior, Saúl estaba muy preocupado por la próxima batalla con los filisteos. No podía preguntarle a Dios qué debía hacer porque Dios no le estaba hablando. Entonces, Saúl decidió acudir a Samuel. Como Samuel había muerto unos años antes, Saúl tuvo que consultar a una adivina. Sin embargo, conversar con una adivina estaba en contra tanto de la voluntad de Dios como de la propia ley de Saúl. Por sorpresa, funcionó, pero para desgracia de Saúl, Samuel le dijo que él y sus hijos pronto morirían en la batalla. Saúl tenía esperanzas de poder superar este destino.

Mientras tanto, David vivía en la tierra de los filisteos, pero no se le permitió pelear con ellos. En el momento de la batalla, tuvo que salvar a su propia familia de las manos de otro enemigo, lo cual él y sus hombres lograron con gran éxito. Si Saúl y sus hijos morían en la batalla, eso significaría que Dios al fin estaba listo para que David se convirtiera en rey.

La última batalla de Saúl y Jonatán

Saúl entró al campo de batalla en el famoso sitio de batalla donde Gedeón condujo a Israel contra los madianitas muchos años antes. ¿Recuerda cómo Dios escogió solo a trescientos hombres para pelear con Gedeón contra 135.000 soldados enemigos y, aun así, Israel ganó la batalla?[1] Esta vez, las cosas no salieron tan bien. La batalla iba mal; Jonatán y dos de sus hermanos murieron durante la batalla, y los arqueros filisteos hirieron gravemente a Saúl. Tenía miedo de que lo capturaran y lo torturaran, por lo que Saúl le pidió a su escudero que lo matara. Cuando el escudero no quiso, Saúl decidió caer sobre su propia espada y morir. Debido a que el trabajo del escudero era proteger a Saúl, sintió que había fracasado y decidió dejar caer su espada sobre él y morir con Saúl.

Los filisteos estaban tan contentos de haber matado a estos valientes enemigos que colgaron los cuerpos de Saúl y sus hijos en los muros de una de sus ciudades como una celebración especial de la victoria. Mientras que el resto de Israel se fue con miedo, algunos hombres valientes se armaron de valor y robaron los cuerpos de Saúl, Jonatán y los otros dos hijos de Saúl de los filisteos. Se reunieron en Israel para enterrar a sus líderes derrotados y honraron su memoria con un luto durante siete días.

David y sus hombres regresaron a su casa cerca de Gat y esperaban saber los resultados de la batalla entre los israelitas y los filisteos. Un hombre del campamento de Saúl llegó tres días después de la muerte de Saúl para darle la noticia a David. Era un esclavo y seguro pensó que la muerte de Saúl sería una buena noticia para David. Incluso afirmó haber matado a Saúl, esperando que David lo honrara por este hecho.

Había robado la corona y el brazalete de Saúl del campo de batalla donde Saúl fue asesinado para mostrarlos como una prueba de su acto. Al parecer, encontró a Saúl poco después de que se suicidara, pero antes de que los filisteos descubrieran que estaba muerto.

El esclavo, por supuesto, no conocía a David en absoluto. En lugar de regocijarse, David y sus hombres rasgaron sus vestiduras como una señal de tristeza y lloraron por Saúl, Jonatán y toda la casa de Israel. Si recuerda, David era un músico magistral. En memoria de Saúl y Jonatán, escribió una canción en forma de un lamento que se llamó "Canción del arco".

Más tarde esa noche, David llamó al hombre que afirmó haber matado a Saúl y le dijo: "¿Cómo no tuviste temor de extender tu mano para matar al ungido de Jehová? Tu sangre está sobre tu propia cabeza". Luego, David hizo que uno de sus jóvenes matara al esclavo. Esta es una lección difícil que debemos aprender. Ahí estaba un joven que murió por algo que no hizo, pero eso fue por su culpa. David no tenía forma de saber que estaba mintiendo porque el esclavo incluso tenía la corona y el brazalete de Saúl como una prueba de que lo había matado. Creo que David habría estado igual de molesto si hubiera sabido que el hombre mintió acerca de este acto solo para congraciarse con él.

Si el esclavo hubiera estado más en armonía con lo que sucedía a su alrededor, habría sabido cuánto amaba David a Saúl, y sobre todo a Jonatán. Podría haberle dado la horrible noticia con una actitud afligida y haberle ofrecido la corona y el brazalete a David para que los guardara. Creo que esto habría ocasionado que se honrara al esclavo; y probablemente hubiera sido invitado a unirse al ejército de David. Esto señala lo importante que es ser consciente de nuestras circunstancias y nuestro entorno. Y más aún, de lo que está pasando con Dios y sus planes para nosotros. Cuando no estamos en armonía con Dios, es probable que nos interpongamos en su camino y nos perdamos en la batalla a la cual nos ha llamado a unirnos. Es por ello que no queremos cerrar los ojos a las cosas que suceden en este mundo; también necesitamos familiarizarnos mucho con la Biblia y pasar tiempo orando y meditando para buscar y conocer la voluntad de Dios para nosotros y sus planes para el mundo[2].

David regresa a Israel y se convierte en rey

Después de que terminaron los siete días de luto, David consultó al Señor: "¿Subiré a alguna de las ciudades de Judá?". Dios le dijo: "Sí, ve a la ciudad de Hebrón". Recuerde, David era miembro de la tribu de Judá, y allí se establecieron David y su familia con su ejército y todas sus familias. Poco tiempo después, los hombres de Judá acudieron a David y oficialmente lo ungieron rey de la tribu de Judá. Entonces, David envió mensajeros para agradecer a los hombres valientes que rescataron los cuerpos de Saúl y Jonatán; él prometió tratarlos con amabilidad y bondad por su gran acción. Y también les contó que había sido ungido rey de Judá.

¿Puede darse cuenta lo sabio que era David? Sí, estaba complacido con lo que estos hombres habían hecho, pero también se estaba preparando para quedar bien con ellos y hacerles saber que había sido coronado rey de Judá. Esta fue una manera sutil de invitarlos a que lo hagan rey en todo Israel. Al final, resultó que no se unieron a David de inmediato, pero causó una buena impresión que lo beneficiaría más adelante. Esto nos recuerda que para vivir en este mundo, debemos seguir el dicho: "Sean astutos como los zorros y mansos como los corderos". Halagar a alguien nunca es malo, sobre todo cuando es verdad. Si bien debe tener cuidado de que el halago sea sincero, eso no significa que no pueda usarlo de una manera positiva para su beneficio.

David es disciplinado y está bajo el control de Dios

David ahora estaba listo para ser rey. Resumamos cómo Dios lo había estado entrenando con las diez lecciones que aprendimos en varias historias anteriores con respecto a ser disciplinado y estar bajo el control de Dios:

Entregue su vida a Dios y reconozca su soberanía. Cuando David escuchó las burlas de Goliat contra el Dios de Israel, declaró que nadie podía hablar así del Dios todopoderoso. Y él, confiando en que Dios tenía el control, ganó contra viento y marea, incluso contra un gigante del tamaño de Goliat (capítulo 21).

Ponga las necesidades de los demás por delante de las suyas. Jonatán renunció a su derecho al trono para servir a David (capítulo 22).

Persevere a través de las pruebas y adversidades con la expectativa (esperanza) de que Dios le ayudará. David y sus hombres no tenían a dónde ir, y mientras se desplazaban de un lugar a otro, tenían que soportar el rechazo de los demás y vivir en las circunstancias más horribles, pero soportaron con la esperanza (expectativa) de que Dios los liberaría al final (capítulo 23).

Esté dispuesto a entregar todo a Dios. David fue ungido rey, pero eligió servir a Saúl y dejó que Dios eligiera el momento para que él tomara el trono; a pesar de que hubo mucha tensión y dificultades, David soportó cuando eligió el camino de Dios (capítulo 23).

Pase tiempo con Dios, conociéndolo y buscando su consejo. En dos ocasiones, David le preguntó a Dios qué hacer, y en ambas ocasiones siguió el consejo de Dios. Si no se hubiera tomado el tiempo para meditar y conocer a su padre celestial, no habría podido reconocer y escuchar la voz de Dios (capítulo 23).

Sea paciente y espere el tiempo de Dios. A David se le dan dos oportunidades para matar a Saúl y apoderarse del reino, pero decidió que debe recibir el reino en el tiempo de Dios. Dios lo estaba poniendo a prueba, y David la superó con gran éxito (capítulo 23).

Viva según las reglas del cielo (el mundo/reino de Dios), no las de la tierra. David aprendió a vivir según las reglas de Dios, no las leyes terrenales establecidas por Satanás o la naturaleza pecaminosa del hombre (capítulo 24).

Busque y escuche los sabios consejos de los demás. Cuando la ira de David estaba a punto de vencerlo, Abigail salvó a David de cometer el horrible acto de matar a los siervos de Nabal (capítulo 24).

Comparta su riqueza y dicha con su prójimo. Algunos de los hombres de David estaban exhaustos y no pudieron continuar después de que el enemigo se llevó a sus familias, pero David compartió el botín de la victoria con todos (capítulo 25).

Desempeñe su rol específico en el reino de Dios. Todos los miembros del equipo de David eran igual de valiosos, y cada miembro era responsable de descubrir y desempeñar el rol que Dios le dio. David estableció una regla: todos los miembros tenían trabajos que hacer, y ningún trabajo tenía más privilegios que los demás (capítulo 25).

Enseñar a David con estas diez lecciones fue la manera en que Dios lo preparó para ser rey de su pueblo (de Dios). De la misma manera, Dios usa las lecciones de estas historias para compartir cómo nosotros también necesitamos vivir nuestras vidas y guiar a otros. Sí, como miembros del cuerpo de Cristo, estamos llamados a ser líderes y "traer el reino de Dios a la tierra como lo es en el cielo"[3].

Si bien el mensaje principal en estas diez lecciones fue el desarrollo y la preparación de David para ser rey, es igual de importante que entendamos que Dios está compartiendo cómo nosotros también debemos prepararnos para servirlo. ¿Cómo sería nuestra iglesia si todos siguiéramos este conjunto de normas establecidas por Dios? ¿Qué podríamos lograr? Creo que sería algo increíble de ver. Reinaría la armonía y la paz, y pienso que entonces comenzaríamos a contagiar al mundo con esta misma actitud. La vida sería como Dios la planeó al principio. Lamentablemente, Dios dice que no veremos esto hasta que Jesús regrese para ser el gobernante de la tierra. ¡Qué glorioso será ese día! Hasta entonces, podemos desempeñar los roles específicos que Dios nos ha dado a cada uno de nosotros y así comenzar el proceso de formar el cuerpo de Cristo, la iglesia.

Mientras el diablo todavía reina aquí en la tierra, nuestra ciudadanía está en el cielo[4]. Por lo tanto, debemos estar bajo el gobierno de nuestro Rey Jesús. Debemos obedecer sus leyes, llevar nuestras necesidades ante su trono, estar preparados para escuchar los mensajes que envía y, finalmente, obedecer todo lo que dice.
David ahora está listo para ser rey; y lo más importante es que Dios está listo para que David sea rey. De la misma manera, si está dispuesto a ser obediente, Dios lo preparará para que sea un líder en la iglesia/cuerpo de Cristo.

Preguntas para profundizar

- ¿Por qué David siempre se molesta cuando las personas le dicen lo que ellos creen que son buenas noticias acerca de sus enemigos? ¿David ve a Saúl y a sus hijos como enemigos? ¿Cómo ve a los compañeros cristianos que han sido malos o no se han portado bien con usted?
- ¿Por qué era importante para David llevarse bien con los que estaban a favor de Saúl y Jonatán?
- Ser disciplinado y estar bajo el control de Dios requiere que usted tome el yugo de Jesús. ¿Qué significa esto? Darle a Dios el control de su vida es difícil. ¿Cómo esta acción de sumisión cambia la manera en que vivirá su vida?
- ¿Cuál de las diez lecciones para ser disciplinado y estar bajo el control de Dios le parece que es la más difícil? ¿Se da cuenta de que tiene que estar dispuesto a obedecer las diez lecciones para complacer a Dios por completo? ¿Cómo será bendecido si se esfuerza por creer y practicar todas ellas?

- Dedique algún tiempo a imaginar cómo puede incorporar cada lección a su estilo de vida.

Para estudio adicional

1. Jueces 7:1-8: Dios le pidió a Gedeón que tomara solo trescientos hombres para pelear contra el ejército enemigo de 135.000 soldados. Dios quería que todos supieran que fue él (Dios) quien logró la victoria, ya que trescientos hombres no podían derrotar a un ejército de 135.000 sin la intervención de Dios.
2. Mateo 6:33: Buscad primeramente el reino [de Jesús] y su justicia, y todas estas cosas os serán añadidas.
3. Mateo 6:10: Venga tu reino. Hágase tu voluntad, como en el cielo, así también en la tierra.
4. Filipenses 3:20: Nuestra ciudadanía está en los cielos, lo que ayuda a explicar por qué Jesús nos dijo que el diablo es el gobernante de este mundo (Ver también Juan 12:31; 14:30).

¿Qué es lo que sigue?

El Tomo 3 de la serie Devocional para la Familia se enfocará en David y sus descendientes (los reyes de la Familia Elegida de Dios), así como en los profetas que entregaron los mensajes de Dios y su Palabra. Aprenderemos cómo después de dos años, David aseguró que todo Israel estuviera bajo su control. Como consecuencia, la paz y la armonía fueron la regla general entre el pueblo de Dios. Sin embargo, David y los reyes que lo siguieron se enorgullecieron de estos logros, con demasiado orgullo. Esto suele suceder cuando nos va bien.

Durante los próximos trescientos años, las historias mostrarán cómo estos reyes y la Familia Elegida se apartaron de Dios varias veces. Pero cuando clamaron por ayuda, Dios permitió que los grandes reyes y grandes hombres se levantaran y guiaran al pueblo de Dios. Por un tiempo las cosas iban bien, hasta que los placeres y las tentaciones de este mundo desviaron el enfoque que los israelitas tenían en Dios. Finalmente, la familia de Dios se perdió sin esperanzas. Dios permitió que fueran llevados cautivos a una tierra extranjera donde por fin entendieron y reconocieron lo que significaba servir al único Dios verdadero. Al final, se les permitió regresar a la Tierra Prometida para reconstruir el Templo y Jerusalén. Y ahí es donde termina la historia del Antiguo Testamento. Entre el momento en que termina la historia registrada del Antiguo Testamento y comienza el Nuevo Testamento, la adoración de un solo Dios está firmemente consolidada.

Pero incluso entonces, la Familia Elegida no pudo someterse por completo a Dios; los líderes adoraban sus propias reglas y deseos egoístas. Los descendientes de Adán (la humanidad) nunca podrían reconciliarse con Dios sin su ayuda debido a su naturaleza pecaminosa. Por fin, Dios estaba listo para enviar a su Hijo, Jesús, para rescatarnos. Y ahí es donde comienza el Nuevo Testamento.

En el próximo Tomo, continuaré ilustrando las similitudes de las historias del Antiguo Testamento con nuestro mundo actual. Por ejemplo, en ocasiones en la historia de los Estados Unidos, hemos visto a grandes hombres levantarse y llevar al país a nuevos horizontes. Pero luego nos volvemos arrogantes y presumidos; tropezamos y caemos. Tenemos mucho más que aprender de las enseñanzas de la Palabra de Dios en el Antiguo Testamento.

Espero que continúen siguiéndome a través del Tomo 3 mientras comparto lo que le sucede a David y sus descendientes. Esperamos que aprenda nuevas lecciones que se presentan a través de las demás historias del Antiguo Testamento y seremos muy sabios para evitar las trampas que nos atrapan con mucha facilidad.

Sobre el autor

Michael Grady es un contador público certificado. Durante su carrera profesional, Michael se convirtió en un educador experimentado y en un orador profesional. Como resultado, ha escrito y presentado numerosos cursos a nivel de educación continua, cursos universitarios y presentaciones de publicidad.

Aunque ha tenido una exitosa carrera empresarial, le dirá que su ministerio cristiano es el aspecto más importante de su vida. Al igual que el apóstol Pablo hacía tiendas para mantener su ministerio, Michael da consejos a la gente. Es padre de un hijo y una hija y abuelo de tres nietos. Michael vive con su esposa, Nan, en Florence, Carolina del Sur.

Michael ha enseñado en la escuela dominical y en grupos de estudio bíblico de todas las edades (niños de primaria, adolescentes y adultos) durante más de treinta años. Continúa ejerciendo como orador invitado en múltiples iglesias, orador laico certificado dentro de la Iglesia Metodista Unida y líder de una asociación evangelística. Tiene una gran facilidad exponiendo todo tipo de temas cristianos. Michael ofrece charlas en iglesias, escuelas o eventos cristianos especiales. Cuenta con un equipo que puede organizar un evento dominical o durante un fin de semana entero que incluya enseñanzas bíblicas para todas las edades y servicios de adoración llenos de música y testimonios.

Esta serie de libros ha sido un deseo de Michael durante más de veinticinco años. A través de sus años como profesor, descubrió que muy pocas personas tienen un conocimiento básico de la Biblia. Para ayudar a los cristianos a aprender fuera de los servicios del domingo por la mañana, diseñó este libro de estudio en forma de historias. Estos volúmenes iluminan los mensajes bíblicos que brindan beneficios prácticos para nuestra vida diaria y recompensas eternas para todos los que creen en las buenas nuevas de Jesús.